अनुवाद क्या है

अनुवाद क्या है

सम्पादक
डॉ. भ.ह. राजूरकर
राजमल बोरा

वाणी प्रकाशन
प्रकाशन के उत्कृष्टतम 61 वर्ष

सजिल्द पहला संस्करण : 2000
सजिल्द दूसरा संस्करण : 2024

vaniprakashan.com

वाणी प्रकाशन
4695, 21-ए, दरियागंज, नयी दिल्ली-110 002
फ़ोन : +91 11 23273167, 23275710
शाखाएँ
अशोक राजपथ, पटना-800 004, बिहार
कॉफ़ी हाउस कैम्पस, महात्मा गांधी मार्ग, प्रयागराज-211 001, उत्तर प्रदेश
महात्मा गांधी अन्तरराष्ट्रीय हिन्दी विश्वविद्यालय, वर्धा-442 001, महाराष्ट्र
36/ए, शेक्सपियर सरणी, रानी बिरला गर्ल्स कॉलेज के पास, कोलकाता-700 017, प. बंगाल
sales@vaniprakashan.in
vaniprakashan@gmail.com

Anuvad Kya Hai
Edited by Dr. Bh.H. Rajoorkar & Dr. Rajmal Bora

ISBN : 978-81-7055-266-6
Linguistics

मूल्य : ₹ 600

जी.एस. ऑफ़सेट, दिल्ली-110 095 में मुद्रित

वाणी प्रकाशन का लोगो मक़बूल फ़िदा हुसेन की कूची से

विभागीय योजना

हिन्दी विभाग मराठवाड़ा विश्वविद्यालय ने अब तक कई पुस्तकें प्रकाशित की हैं। आरम्भ से ही इस दिशा में विभाग के सदस्यों ने योजनाबद्ध कार्य किया है और समय-समय पर विद्वानों से सहयोग प्राप्त कर पुस्तकें प्रकाशित की हैं। एम० फिल० का पाठ्यक्रम विश्वविद्यालय में स्वीकृत हो जाने के बाद तदर्थ योजनाबद्ध कार्य विभाग में आरम्भ हुआ। इस दृष्टि से चार पुस्तकों का सम्पादन हुआ है। वे हैं— (1) हिन्दी अनुसन्धान का स्वरूप, (2) हिन्दी अनुसन्धान के आयाम, (3) आधुनिक साहित्य और अनुसन्धान तथा (4) साहित्य और समवर्गी विद्याशाखाएँ। इन चारों में से आरम्भ की दो पुस्तकें प्रकाशित हो चुकी हैं और शेष प्रकाशनाधीन हैं।

19 नवम्बर 1984 से 24 नवम्बर 1984 ई० तक विभाग में 'नाटक रंगमंच' संगोष्ठी का आयोजन हुआ। उक्त आयोजन में डॉ० नगेन्द्र और देश के गणमान्य विद्वान् आये थे। उसे आधार बनाकर 'हिन्दी नाटक और रंगमंच' पुस्तक का सम्पादन हुआ।

विश्वविद्यालय अनुदान आयोग की ओर से विभाग में प्रति वर्ष व्याख्यान होते हैं। जो विद्वान् व्याख्यान के लिए आते रहे हैं, उनके व्याख्यानों को प्रकाशित करने का प्रयत्न हुआ। इस रूप में आचार्य विष्णुकान्त शास्त्री के व्याख्यान नवम्बर 24, 25, 26, 1984 को रखे गये। नवम्बर 24,1984 को उनका व्याख्यान अन्तरंग रंगमंच पर हुआ। वह नाटक रंगमंच संगोष्ठी का समापन व्याख्यान था। बाद के दो दिनों के व्याख्यान उस समय नहीं हुए। बाद में वे मार्च 25, 26, 27, 1985 में आये। उनके व्याख्यानों को क्रम देकर उन्हीं की योजनानुसार, 'अनुचिन्तन' पुस्तक विभाग ने 1986 ई० में प्रकाशित की हैं।

वेंक्टेश्वर विश्वविद्यालय के आचार्य एवं अध्यक्ष डॉ० नरसिंहाचारी के तीन व्याख्यान हिन्दी विभाग में हुए। उनके व्याख्यान आचार्य रामचन्द्र शुक्ल से सम्बन्धित थे। उन व्याख्यानों को विस्तार देकर और कुछ नये आलेख लिख कर आचार्यजी ने 'आचार्य रामचन्द्र शुक्ल' पर पुस्तक लिख ली है। वह शीघ्र ही छपने वाली है। विभाग में उनके जो तीन व्याख्यान हुए वे प्रकर [ए-8/42, राणाप्रताप बाग, दिल्ली-110007] के अगस्त 1991, जनवरी 1992 में छप गए हैं। तीसरा व्याख्यान भी क्रमशः छप रहा है।

मार्च 1989 ई० में विभाग में 'तुलनात्मक अध्ययन संगोष्ठी' का आयोजन हुआ। तदर्थ विभाग को 'महाराष्ट्र राज्य हिन्दी साहित्य अकादमी' का सहयोग भी मिला है। उक्त संगोष्ठी में डॉ० प्रेमशंकर, डॉ० विजेन्द्र नारायणसिंह, डॉ० सुन्दरलाल कथूरिया, डॉ० नवल किशोर, डॉ० चन्द्रकान्त बान्दिवडेकर, डॉ० जयप्रकाश, डॉ० वी० सत्यनारायण, डॉ० टी० मोहन सिंह, डॉ० केशव फालके, डॉ० दयाशंकर शुक्ल आदि विद्वान् बाहर से आए। स्थानीय विद्वान् भी थे। उक्त अवसर पर पढ़े गये आलेखों के आधार पर विभाग की ओर से दो पुस्तकें प्रकाशित हो गई हैं—(1) तुलनात्मक अध्ययन : स्वरूप और समस्याएँ तथा (2) तुलनात्मक अध्ययन : भारतीय भाषाएँ और साहित्य। दोनों ही पुस्तकें वाणी प्रकाशन, दिल्ली द्वारा छपी हैं।

विभाग के सदस्यों की पुस्तकें भी विभागीय अनुदान योजना द्वारा छपी हैं। ऐसी पुस्तकें निम्नलिखित हैं—

1. **डॉ० राजमल बोरा**—राजस्थान के गौरव ग्रन्थ/जुझौते बुन्देलों की शौर्यगाथाएँ/भाव उद्वेग और सम्वेदना/

2. **डॉ० चन्द्रभानु सोनवणे**—धर्मवीर भारती का साहित्य : सृजन के विविध रंग/यशपाल की कहानियाँ : कथ्य और शिल्प/कथाकार राजेन्द्र यादव/

3. **डॉ० गणेश अष्टेकर**—भारतेन्दु हरिश्चन्द्र एवं विष्णु शास्त्री चिपळूणकर/कटघरे का कवि धूमिल/मराठी सन्त कवियों की सामाजिक भूमिका/दुष्यन्त कुमार : रचनाएँ और रचनाकार/

4. **डॉ० राजमल बोरा एवं डॉ० गणेश अष्टेकर**—मराठी भाषा और साहित्य

विभागीय प्रकाशनों की योजना के अन्तर्गत ही 'अनुवाद क्या है ?' पुस्तक प्रकाशित हो रही है। सन् 1968 ई० में हिन्दी विभाग की स्थापना हुई। विभाग से सेवा निवृत्त होने वाले प्रथम सदस्य डॉ० चन्द्रभानु सोनवणे हैं। अतः निर्णय हुआ कि उनके सम्मान में ग्रन्थ छपे। विभाग के सदस्यों ने, उनको चाहने वाले मित्र परिवार ने एवं छात्र-छात्राओं ने इस कार्य में रुचि ली है। तदर्थ सदस्यों से आर्थिक सहयोग भी मिला है। इस कार्य को सम्पन्न करने में प्रत्यक्ष-अप्रत्यक्ष रूप में जिस किसी से सहयोग मिला है, उन सबके प्रति हिन्दी विभाग

आभार व्यक्त करता है। और अन्त में विभाग, वाणी प्रकाशन के प्रति भी आभार व्यक्त करता है। विभागीय योजना प्रकाशक के सहयोग से ही मूर्त रूप धारण कर रही है। इति/नमस्कार।

आचार्य, हिन्दी विभाग
मराठवाड़ा विश्वविद्यालय — भ० ह० राजूरकर
औरंगाबाद (महाराष्ट्र) 431004 — संयोजक

सम्पादकीय

विश्वविद्यालय अनुदान आयोग, दिल्ली के सहयोग से हिन्दी विभाग में अनुवाद प्रविधि संगोष्ठी का आयोजन 25 मार्च से 31 मार्च 1990 तक हुआ। इसमें देश के गणमान्य विद्वान् आए थे। उनमें प्रधान नाम आचार्य कल्याणमल लोढ़ा, (कलकत्ता), डॉ० धर्मपाल मैनी (चण्डीगढ़), डॉ० गंगाप्रसाद विमल (दिल्ली) डॉ० सुरेश कुमार (आगरा), डॉ० गोपालराय (पटना), डॉ० कृष्णकुमार गोस्वामी (हैदराबाद),…आदि हैं। आचार्य कल्याणमल जी लोढ़ा ने उद्घाटन भाषण दिया (रविवार, 25 मार्च 1990)। संगोष्ठी ने कार्यशाला का रूप लिया। एक ओर जहाँ विद्वानों के आलेख पाठ हुए वहाँ दूसरी ओर उपस्थित सदस्यों ने अपनी प्रतिक्रियाएँ भी व्यक्त कीं। विचारों का आदान-प्रदान मौखिक और लिखित दोनों रूपों में हुआ है। यों इस संगोष्ठी में लिखित सामग्री अपने आप एकत्रित हो गई। मराठवाड़ा विश्वविद्यालय से सम्बद्ध महाविद्यालयों के प्राध्यापक प्रतिनिधि इस कार्यशाला में उपस्थित थे। इसी तरह विश्वविद्यालय के अन्य विभागों के विद्वान् भी इसमें सम्मिलित हुए। विशेष रूप से अंग्रेजी विभाग के सदस्य भी इसमें रुचि लेते रहे। विभाग के सदस्यों एवं सम्बद्ध महाविद्यालयों के सदस्यों ने आलेख पाठ किया। कुल मिलाकर सात दिन तक यह कार्यशाला निरन्तर उत्साहपूर्वक सजीव रूप में चलती रही है।

उक्त संगोष्ठी के गठित आलेखों को देखकर **अनुवाद क्या है** पुस्तक के प्रकाशन की योजना बनी। डॉ० भ० ह० राजूरकर जी साहब अनुवाद, संगोष्ठी के संयोजक और सूत्रधार थे। उन्हीं के कारण आयोजन भी हुआ। उन्होंने बाद में कहा कि हमारे विभाग से डॉ० चन्द्रभानु सोनवणे सेवा निवृत्त हो रहे हैं। अतः इस संगोष्ठी से सम्बन्धित सामग्री का सम्पादन कर डॉ० चन्द्रभानु सोनवणे के सम्मान में [अभिनन्दन ग्रन्थ के रूप में] पुस्तक प्रकाशित की जाए।

डॉ० भ० ह० राजूरकर जी साहब की योजना के अनुसार पुस्तक के लिए सामग्री संकलित की गयी है। वे ही इस योजना के संयोजक हैं। अनुवाद से सम्बन्धित आलेख इसमें हैं। वे सबके सब प्रायः अनुवाद के स्वरूप को स्पष्ट करते हैं। अनुवाद क्या है ? प्रश्न का उत्तर विविध रूपों में इन आलेखों में है। इसीलिए पुस्तक का नाम 'अनुवाद क्या है' रखा है। सामान्य रूप में जिन शीर्षकों पर आलेख हैं, वे इस प्रकार हैं—आदान-प्रदान का सशक्त माध्यम/स्वरूप और क्षेत्र/भारतीय बहु भाषिक स्थिति/पर्यायवाची शब्द/आन्ध्र के आदि कवि नन्नया की अवधारणा/भाषा का आधुनिकीकरण सम्प्रेषण सेतु/विविध रूप/काव्यानुवाद/सीमाएँ/समीक्षा का प्रारूप साहित्यिक अनुवाद/समस्याएँ/तथा मराठीभाषी हिन्दी अनुवादक/—ये सभी आलेख विषय का परिचय अनेक स्तरों पर देते हैं और विषय की महत्ता से अवगत कर इस क्षेत्र में कार्य करने की प्रेरणा भी देते हैं।

डॉ० भ० ह० राजूरकर जी साहब की योजना सभी लेखक बन्धुओं के सहयोग से फलीभूत हो रही है। 'अनुवाद क्या है' पुस्तक, हिन्दी विभाग मराठवाड़ा विश्वविद्यालय, औरंगाबाद 431005—की ओर से डॉ० चन्द्रभानु सोनवणे को सम्मान सहित प्रदान की जा रही है। इस योजना हेतु लेखकों, लेखिकाओं, हितचिन्तकों, छात्रों, छात्राओं एवं मित्र परिवार से सहयोग प्राप्त हुआ है। प्रकाशक बन्धु के सामयिक सहयोग के कारण पुस्तक ने आकार ग्रहण किया है। तदर्थ सभी का हृदय से आभारी हूँ। इति शुभम्।

हिन्दी विभाग, मराठवाड़ा विश्वविद्यालय — राजमल बोरा
औरंगाबाद (महाराष्ट्र) 431004

अनुक्रम

प्रथम खण्ड : अनुवाद क्या है ?

आदान प्रदान का सशक्त माध्यम — कल्याणमल लोढ़ा / 15
स्वरूप और क्षेत्र (1) — गोपाल राय / 28
स्वरूप और क्षेत्र (2) — घनश्याम व्यास / 36
भारतीय बहुभाषिक स्थिति — गणेश अष्टेकर / 43
पर्यायवाची शब्द — चन्द्रभानु सोनवणे / 49
आन्ध्र के आदिकवि नन्नया की अवधारणा — वै० वेंकटरमण राव / 62
भाषा का आधुनिकीकरण — राजमल बोरा / 68
सम्प्रेषण सेतु — उमा शुक्ल / 74
विविध रूप — र० वा० बिवलकर / 79
काव्यानुवाद — निशिकान्त ठकार / 83
अनुवाद की सीमाएँ (1) — कृष्णकुमार गोस्वामी / 89
अनुवाद की सीमाएँ (2) — डॉ० नन्दकिशोर शागा / 99
अनुवाद क्यों और किसका ? — सूर्य नारायण रणशूभे / 103
समीक्षा का प्रारूप — सुरेश कुमार / 108
अनुवाद समीक्षा — पुष्पा विधाते / 110
साहित्यिक अनुवाद (1) — माधुरी छेड़ा / 114
साहित्यिक अनुवाद (2) — ह० श्री० साने / 119
समस्याएँ (1) — भीमसेन निर्मल / 127
समस्याएँ (2) — वेदकुमार वेदालंकार / 135
समस्याएँ (3) — रमाकान्त आपरे / 140
मराठी भाषी हिन्दी अनुवादक — कमलाकर गंगावणे / 146

प्रथम खण्ड

अनुवाद क्या है

कल्याणमल लोढ़ा

आदान-प्रदान का सशक्त माध्यम[1]

वर्तमान युग में अनुवाद की महत्ता और उपयोगिता केवल भाषा और साहित्य तक ही सीमित नहीं है, वह हमारी सांस्कृतिक, ऐतिहासिक और राष्ट्रीय संहति और ऐक्य का माध्यम है, जो भाषायी सीमाओं को पार करके भारतीय चिन्तन और साहित्य की सर्जनात्मक चेतना की समरूपता के साथ-साथ, वर्तमान तकनीकी और वैज्ञानिक युग की अपेक्षाओं की पूर्ति कर, हमारे ज्ञान-विज्ञान के आयामों को देश-विदेश से संपृक्त करती है। आज अनुवाद के विषय में इतालवी भाषा के इस कथन के अनुपयुक्त आक्षेप की सारहीनता स्वतः सिद्ध है। आज कोई यह स्वीकार नहीं करता कि अनुवादक निरर्थक है। यह सही है कि भाषा शास्त्री आज भी अनुवाद को दुरूह और दुष्कर बताते हैं, पर इससे उसकी महत्ता क्षीण नहीं होती। अनुवाद प्रक्रिया विवादास्पद हो सकती है पर निष्प्रयोजन और निरर्थक नहीं।

यों तो भारत में अनुवाद की परम्परा प्राचीन काल से ही चली आती है पर स्वातंत्र्योत्तर युग में इसकी आवश्यकता और सार्थकता अधिक सक्षम हुई। यदि मानवता की परम्परा संस्कृति की परम्परा है, तो भाषा और साहित्य उसके उद्‌गाता और संवाहक हैं। मानव-ज्ञान की उत्तरोत्तर और सतत गतिशीलता में अनुवाद की सम्पन्नता स्वतः सिद्ध है। यही कारण है कि राष्ट्रीय स्तर पर इसके लिए अनेक संगोष्ठियाँ और सम्मेलन आयोजित हुए। सन् 1976 में अखिल भारतीय संगोष्ठी का विषय था, "वैज्ञानिक और तकनीकी अनुवादों का भारत के विकास में महत्त्व"। सन् 1983 में पुनः अखिल भारतीय संगोष्ठी का विषय रहा—"भारत में तकनीकी अनुवाद की समस्या और सम्भावना"। इन संगोष्ठियों का आयोजन अनेक संस्थाओं ने किया था। सन् 1988 में जवाहरलाल नेहरू विश्वविद्यालय ने 'साहित्यिक अनुवाद' पर अन्तर्राष्ट्रीय सम्मेलन विश्वविद्यालय अनुदान आयोग के आर्थिक अनुदान से आयोजित

1. मराठवाड़ा विश्वविद्यालय के हिन्दी विभाग द्वारा अनुष्ठित अनुवाद कार्यशाला में दिया गया उद्‌घाटन भाषण [25 मार्च, 1990]

किया, जिसमें देश-विदेश के लगभग 350 विद्वानों ने भाग लिया। इनके अतिरिक्त भी अनेक संगोष्ठियाँ निष्पन्न हुईं। श्रीमती लीला रे की अध्यक्षता में अन्तर्राष्ट्रीय अनुवाद समिति की स्थापना सन् 1961 में हुई और एक बहुभाषायी सम्मेलन भी सन् 1962 में कलकत्ते में आयोजित हुआ। भारत सरकार के मानव संसाधन मन्त्रालय के अन्तर्गत वैज्ञानिक और तकनीकी आयोग और केन्द्रीय हिन्दी निदेशालय ने भी विभिन्न योजनाओं से अनुवाद के क्षेत्र में महत्त्वपूर्ण कार्य किया है, जिसमें बहुभाषायी पर्याय कोश, अनुवाद पत्रिका का प्रकाशन व अन्तर्जातीय संगोष्ठियाँ महत्त्वपूर्ण हैं।

अनुवाद शब्द का शास्त्रीय अर्थ है—भाषान्तरण, पश्चात् कथन, पूर्व विधि द्वारा निर्दिष्ट विषय का कार्य विशेष के निमित्त पुनरुल्लेख, अर्थानुवाद आदि। अर्थानुवाद तीन प्रकार का माना गया है। यथा—

विरोधो गुणवादः स्यादनुवादोऽत्र धारिते।
भूतार्थवाद स्तद्धानावर्थवाद स्त्रिधा मतः॥

विरोध में जहाँ विशेष्य-विशेषण का विरोध बँधता है, वहाँ गुणवाद रहता है। निश्चित विषय का पुनर्वार कथन आधारित होता है। गुणवाद और अवधारित स्थल में सिद्धार्थवाद (भूतार्थवाद) पड़ता है जैसे—'इन्द्रोवृत्रहा'। भूतार्थवाद दो प्रकार का है—स्तुत्यर्थवाद और निन्दार्थवाद। अनुक्षण कथन का प्रमाणान्तर से अवगत अर्थ का शब्द द्वारा संकीर्तन भी अनुवाद है। यथा, अनुवादेचरणानाम् (पाणिनी—2-4-2) पाणिनी के इस सूत्र का काशिकार ने (अनुवाद शब्द का) अर्थ यों लगाया है :

"प्रमाणान्तरावगत स्वार्थस्य शब्देन संकीर्तन मात्रमनुवादः" भट्टोजी दीक्षित ने इस सूत्र का अर्थ किया है, 'सिद्धस्योपन्यासट'। इस शास्त्रीय अर्थ के संदर्भ से भिन्न आज अनुवाद अंग्रेज़ी के 'ट्रांसलेशन' का पर्याय है। लेटिन भाषा में 'ट्रान्स' का अर्थ है 'आरपार'। यह शब्द अंग्रेजी में फ्रेंच भाषा के माध्यम से आया। ट्रान्सलेटर का अर्थ था एक व्यक्ति से अन्य को हस्तान्तरण। यह अर्थ और अभिव्यक्ति सापेक्ष्य होती है। 16वीं शती में इसका अर्थ 'मोर्ची' भी था। यद्यपि अनुवाद का अंग्रेजी में अर्थ व्यापक है, पर हम यहाँ पर उसका साहित्य-सापेक्ष्य अर्थ ही लेंगे। इसकी परिभाषा है—A continuous concommitants of contact beween two mutually incomprehensible tongues and one that does not lead either to supression or extension of either is Translation.

अर्थात् किसी रचना का अन्य भाषा में प्रत्यारोपण एवं भाषान्तरण द्वारा उसे प्रेषणीय बनाना। वह एक प्रकार से कलात्मक यथार्थ का अनुचिन्तन है,

जिसमें मूल भाषा का यथार्थ-सौन्दर्य, अनुवाद रचनात्मक क्षमता के द्वारा अन्य भाषा में रूप और वस्तु का पुनर्निर्माण करता है। रिचार्ड ब्रिसलीन के कथनानुसार अनुवाद से सामान्य तात्पर्य है 'एक भाषा के भावों और विचारों का अन्य भाषा में रूपान्तरण करना।' टी० एच० सेवोरी कहता है कि यह 'रूपांतरण' वस्तुतः वैचारिक और रचनात्मक भाव-भूमि से होता है, यह वैचारिक भाषायी अभिव्यक्ति के अन्तराल में रहती है। वह यह भी मानता है कि यह 'रूपान्तरण' अत्यन्त दुष्कर है क्योंकि एक भाषा का वैचारिक और शाब्दिक पर्याय अन्य भाषा के साथ सदैव समानान्तर या समरूप हों—यह आवश्यक नहीं। कोशगत शाब्दिक पर्याय कभी-कभी अत्यन्त भ्रामक भी हो सकते हैं। किसी भी भाषा में शब्द की अपनी इयत्ता होती है और यह आवश्यक नहीं कि उसका ठीक-ठीक पर्याय अन्य भाषा में भी उपलब्ध हो। अनुवाद की प्रक्रिया में इस 'भ्रामक सादृश्य' और अनुरूपता से सतर्क रहना आवश्यक है। शब्दों की कृत्रिमता अनुवाद को नष्ट कर देती है। मूल या आधार भाषा (सोर्स लैंग्वेज) एवं लक्ष्य भाषा (टारगेट लैंग्वेज) की प्रविधि में व्यवधान और अर्थान्तर की संभावना बनी रहती है- इसका कारण है भाषायी भांचलिकता, सांस्कृतिक विशिष्टता, मुहावरापन, लोकोक्तियाँ आदि। अनुवादक को इन समस्याओं को हल करना पड़ता है। कुछ उदाहरण पर्याप्त होंगे। बांग्ला भाषा में भयंकर, भीषण, अपरूप आदि का अर्थ और प्रयोग हिन्दी से नितान्त भिन्न है। रवीन्द्रनाथ की प्रसिद्ध कविता "आमार माथा नत करे दाओ हे! तोमार चरण धूलार तले' का किसी विद्यार्थी ने अनुवाद किया – "पटक दे मेरी खोपड़ी को तेरी टंगड़ी पे पछाड़ दे।' कैसी भर्त्सना है मूल की। कुछ और दृष्टान्त लें। ईशावास्य उपनिषद् के प्रसिद्ध श्लोक 'हिरण्य गर्भेण पात्रे न सत्यस्थापिहितं मुखम्' में पात्र शब्द के अंग्रेजी में भिन्न-भिन्न पर्याय दिए गए हैं। मैक्समूलर ने 'डिस्क' किया, श्री अरविन्द ने 'लिड', मैसकेरो ने 'सर्किल', और यीट्स ने 'स्टोपर ओवर बोटल'। महाभारत के सभापर्व में दुर्योधन के कथन पर कि द्रौपदी को उसके 'उरू' पर बिठाओ का अनुवाद घुटने (नी) किया गया। एक संगोष्ठी में विदेशी वक्ता ने युवा श्रोताओं को संबोधन करते कहा, 'आमारा सब बड़ों बड़ों लोक, तुमरा सब छोटो छोटो लोक।' उसका आशय था कि हम प्रौढ़ हैं और आप युवक। श्रोता वर्ग में इस कथन पर खलबली मच गयी क्योंकि बांग्ला भाषा में इसका अर्थ हुआ हम कुलीन हैं और तुम अकुलीन। अर्थ की भ्रांति ने ही हिरोशिमा पर अणुबम गिरा दिया। द्वितीय महायुद्ध के समय अमेरिका ने जापान को पोटस्डम कान्फ्रेंस के पश्चात् संदेश भेजकर 'अल्टीमेटम' दिया था। जापान का उत्तर था—'मोको सतसु' अर्थात्. उत्तर की प्रतीक्षा करो। अमेरिका ने उसका अर्थ लगाया—कि हम इस चेतावनी की अवज्ञा करते हैं।

फलतः हिरोशिमा पर बम गिरा दिया गया। यह भयावह घटना भ्रांत अर्थ से हुई। कहने का तात्पर्य यह है कि भाषायी भिन्नता को दृष्टिगत रखकर ही अनुवाद उत्कृष्ट हो सकता है। चीनी भाषा में क्रियापदों के न होने से अनुवाद की कठिनाई सर्वविदित है। अनुवादक के लिए यह आवश्यक है कि वह निम्न तथ्यों को दृष्टि में रखें—

(1) मूल कथन का तात्पर्य क्या है ?
(2) मूल कथन का अर्थ क्या है ?
(3) मूल कथन की भाव और भाषा भंगिमा क्या है ?

प्रायः विद्वानों ने यह स्वीकार किया है कि सही अनुवाद एक प्रकार से कायान्तरण है (ट्रांसफारमेशन) और इसका कोई सार्वभौम सिद्धान्त नहीं होता। फिर भी उसके कुछ नियम मान्य हैं। टी० एच० सैवोरी ने उन नियमों का उल्लेख किया है। इनमें मुख्य हैं : दोनों भाषाओं में जहाँ तक संभव हो समान शब्दों का प्रयोग, शैली की अनुरूपता, आन्तरिक संगति, समकालीन शब्दावली एवं अर्थान्वय में न तो आधिक्य और न न्यूनता। अनुवाद की श्रेष्ठता इसी में है कि अनुवादक मूल लेखक के कथ्य और न विचार को पूर्णता के साथ समन्वित कर सका है या नहीं। एनटोन पोपवक ने श्रेष्ठ सफल अनुवाद के लक्षण इस प्रकार बताए हैं—

(1) मूल से तादात्म्य व अन्तर।
(2) लेखक की मानसिकता का अनुवाद में मूर्तकरण।
(3) अनुवाद की यथार्थता, सन्दर्भ और भाव की पारस्परिक संगति और संरचनात्मक नैपुण्य।

अनुवादक के लिए यह भी विचारणीय है कि वह मूल की अभिव्यक्ति में बदलाव किस सीमा तक लाए। इसे ही आज की शब्दावली में 'शिफ्ट इन एक्सप्रेशन' कहा जाता है, जिसका तात्पर्य है मूल में नवीनता का आरोपण अथवा मूल के आवश्यक कथन की उपेक्षा। यह बदलाव अर्थ-तत्त्व की भिन्नता से भी आ सकता है। किसी भी अनुवाद करने की इच्छा रचनात्मक स्पृहा और प्रभिष्णुता, लोकोपयोगिता, शैक्षिक आवश्यकता अथवा सूचनार्थ होती है। इन सबके अनुवादों के स्तर और स्वरूप में भी पर्याप्त अन्तर है। साहित्यिक और वैज्ञानिक अनुवाद की प्रक्रिया समान नहीं होती। इस पर मैं पीछे विचार करूँगा। यहाँ पर हम अनुवाद सम्बन्धी समस्याओं पर भी संक्षेप में विचार कर लें। मुख्यतः ये समस्याएँ इस प्रकार हैं—

(1) अनुवाद किसके लिए और क्यों किया जा रहा है—उसका बौद्धिक धरातल कैसा है ?

(2) क्या यह आवश्यक है कि साहित्यिक अनुवाद के लिए स्थानीय व्यक्ति ही हो ?

(3) क्या अनुवादक में रचनात्मक प्रतिभा का होना आवश्यक है ?

(4) अनुवादक की क्षमता क्या है एवं उसकी सांस्कृतिक पृष्ठभूमि कैसी है ?

(5) अनुवाद की भाषा के सम्बन्ध में भी अनुवादक को ध्यान देना आवश्यक है ।

उसी शब्दावली का प्रयोग उचित है जिससे प्रेषणीयता असंदिग्ध हो । अंग्रेजी के जिन शब्दों का डा० रघुवीर ने हिन्दी पर्याय दिए वे ग्राह्य नहीं हो सके क्योंकि उनका प्रयोग व प्रचलन व्यापक नहीं था एवं उनकी प्रेषणीयता सहज नहीं थी । अनुवाद में शब्द-सन्दर्भ भी महत्त्वपूर्ण है । शब्द-सन्दर्भ से तात्पर्य शब्द की विशिष्ट सार्थकता और संगति से है । उदाहरणार्थ रहीम का एक दोहा लें—

रहिमन पानी राखिये बिन पानी सब सून,
पानी गए न ऊबरे मोती मानस चून ।

इस दोहे में 'पानी' शब्द की विशिष्टता और संगति स्पष्ट है—इसका पर्याय 'जल' या 'नीर' नहीं हो सकते । अनुवाद में इस संगति से ही प्रेषणीयता संभव है । पोस्टगेट ने अपने प्रसिद्ध ग्रन्थ 'ट्रान्सलेशन एण्ड ट्रान्सलेशन' में लिखा है—

"अनुवादक को मूल भाषा के प्रति ईमानदारी के साथ उसकी वैचारिकता से भी परिचित होना चाहिए । कथ्य और रीति दोनों की संश्लिष्टता ऐसी हो कि पाठक मूल भाषा की अज्ञानता में बाधा न पाए । विन्सेन्ट मेसी कहता है कि प्रत्येक व्यक्ति पढ़ता है चाहे वह गम्भीरता से न पढ़े । हर साक्षर व्यक्ति कुछ न कुछ लिखता है, चाहे वह सुष्ठुता से न लिख पाये । हर व्यक्ति अनुवाद करता है, चाहे वह अपने विचारों का ही शब्दों में रूपान्तरण करे ।" आवश्यकता इस बात की है कि अनुवाद की यह प्रक्रिया मूल वैचारिकता से जुड़ी रहे । इसी को अंग्रेजी में 'ट्रान्सलेशन इन एक्शन' कहते हैं ।

किसी भी अनुवाद के मूल्यांकन के लिए जो मानदण्ड निर्धारित किए हैं, उनमें तीन प्रमुख हैं—

(1) पश्च अनुवाद ।

(2) क्षमता का अवधारण ।

(3) मूल और ध्येय भाषा की भाषायी क्षमता का मूल्यांकन ।

पश्च अनुवाद में ध्येय भाषा से मूल भाषा में पुनः अनुवाद कराकर देखा जाता है कि अनुवाद कहाँ तक सफल और सटीक हुआ है। इसके साथ-साथ एक और पद्धति 'फील्ड टेस्टिंग' की है, जिसमें अनुवाद को विभिन्न श्रेणी के पाठकों के द्वारा परखा जाता है कि वे अनुवाद के द्वारा मूल भाषा के कथ्य और तथ्य को हृदयंगम कर सके हैं तो किस सीमा तक। यही अनुवादक की क्षमता की अवधारण-प्रक्रिया है। तृतीय पद्धति भाषायी क्षमता का मूल्यांकन है। श्रीमती लीला रे का मत है कि अनुवाद वस्तुतः विचारों का भाषान्तरण है। इसके लिए सर्वाधिक निकट शब्दों का प्रयोग ही अपेक्षित है। अनुवादक पुनर्रचना नहीं करता है, नहीं करना चाहिए, वह तो मूल भाषा की ही अन्य भाषा में 'प्रतिकृति' करता है। डा० जगन्नाथ चक्रवर्ती का भी यही मत है। पुनर्रचना 'वैयक्तिक' और 'आत्मनिष्ठ' होती है— अनुवाद नहीं। अनुवाद किसी भी भाषा को समझाने में सहायक होता है। और यह तभी संभव है जबकि अनुवाद अपने में पूर्ण है—पूर्णता से तात्पर्य है अर्थ, संदर्भ, विन्यास, आन्तरिक भावबोध, वैचक्षण्य आदि।

उपर्युक्त विवेचन का सार यह है कि अनुवाद वस्तुतः कला है और अनुवादक से हम वे ही अपेक्षाएँ रखते हैं जो एक कलाकार से। उसकी पद्धति न तो आनुभाषिक होती है और न प्रयोगाश्रित। वह तो अन्तःभाषायी प्रेषणीयता का एक साधन है, जिसके लिए सांस्कृतिक पृष्ठभूमि, सामाजिक आचार-विचार, परम्परा और देश व काल की मनोवैज्ञानिक निकटता आवश्यक है। अनुवादक को सामान्य निर्देश दिए जा सकते हैं पर उसकी स्वायत्तता और रचनात्मक शक्ति पर अंकुश नहीं लगाया जा सकता, दोनों भाषाओं के प्रति रागबोध ही अनुवादक की प्रक्रिया का मूल आधार है। अनुवादक का यह कर्तव्य अवश्य है कि वह मूल भाषा को अनुवाद में ग्राह्य और सम्प्रेषणीय बनाए।

कुछ विद्वान यह मानते हैं कि साहित्यिक अनुवाद अपने मूल में कहीं न कहीं 'पुनर्रचना' होता है। फिट्जरल्ड द्वारा उमर खैयाम की रूबाइयों का अंग्रेजी अनुवाद इसका प्रमाण है। पी० लाल ने अनुवाद और पुनर्रचना का अन्तःसम्बन्ध निर्धारित करते हुए यह स्पष्ट किया है कि क्लासिकल व प्राचीन ग्रन्थों के अनुवाद में कहीं-कहीं पुनर्रचना के तत्त्व स्वतः आ जाते हैं पर इसका तात्पर्य यह नहीं कि मूल का कायापलट ही कर दिया जाय। जिन विदेशी लेखकों ने प्राचीन भारतीय वाङ्मय का अनुवाद विभिन्न योरोपीय भाषाओं में किया है—वह इसका प्रमाण है कि पुनर्रचना के साथ-साथ मूल की कायापलट हो गयी। अनुवाद के सम्बन्ध में एक और विचार ध्यातव्य है। मौखिक अनुवाद और लिखित अनुवाद में प्रचुर अन्तर है। मौखिक अनुवाद को एक प्रकार से निवर्चन या विवृत्ति कह सकते हैं। डी० सेल्सकोविच का

कथन है कि निर्वचन का केन्द्र प्रत्यक्ष उच्चारण और वक्तव्य में होता है—भाषा में नहीं। इसमें भाषायी पर्याय का भी विशेष महत्त्व नहीं। निर्वाचक को प्रासंगिक औचित्य के साथ अन्य भाषा में तथ्यानुशीलन करना पड़ता है। यहाँ यह भी स्पष्ट कर देना चाहिए कि 'कोडस्विचिंग' और निवर्चन में प्रचुर अन्तर है। 'कोडस्विचिग' का सम्बन्ध भाषा से है और निवर्चन का विचारों से। कोडस्विचिग में एक भाषा के वे शब्द जिनके पर्याय अन्य भाषा में उपलब्ध नहीं हो सकता है—अपने मूल रूप में ही रख दिए जाते हैं। वास्तविक जीवन में दोनों आवश्यक है। विद्वानों ने निवर्चन को 'ड्यल सरकट' कहा है—एक ओर निर्वाचक का सम्बन्ध वक्ता से है और दूसरी ओर श्रोताओं से। वह स्वयं एक वक्ता का श्रोता है (वक्ता का) और दूसरी ओर श्रोताओं का वक्ता। निर्वाचक इस प्रकार एक सेतु है जो दोनों को तत्काल जोड़ता है। जब सूचनाएँ घनीभूत और अधिक हो जाती हैं, तब निर्वाचक उनमें काट-छाँट भी करता है। डविड ग्रेवर ने निवर्चन की विशेषताएँ इस प्रकार बताई हैं—

(1) वक्तव्य के अनावश्यक कथ्य या पुनरुक्ति में काट-छांट।
(2) निवेश से बचाव।
(3) अनुरूपता का निष्पन्दन।

उपर्युक्त विवेचन से यह स्पष्ट है कि अनुवाद और निर्वचन में प्रचुर अन्तर है—दोनों की प्रक्रिया पद्धति भी समान नहीं। जिस प्रकार अनुवाद और निर्वचन में अन्तर है—उसी प्रकार अनुवाद और अनुकूलन (एडपटेशन) में भी। एक ही उदाहरण पर्याप्त होगा। अंग्रेजी की प्रसिद्ध कहानीकार लेखिका मेसफील्ड चेखव से बहुत प्रभावित थीं। उसने उनकी कहानियों की कथावस्तु को आधार बनाकर अनेक कहानियाँ लिखीं। इन कहानियों में हम 'अनुकूलन' पाते हैं। वे उनका अनुवाद नहीं हैं।

अब हम संक्षेप में साहित्यिक अनुवाद पर विचार कर लें। साहित्यिक अनुवाद का अपना-अपना सर्जनात्मक वैशिष्ट्य है—और यह वैशिष्ट्य काव्यानुवाद में ही विशेष रूप से विचारणीय है। किसी भी कविता का अन्य भाषा में भाषान्तरण करना अनुवाद है या उसकी पुनर्रचना, इस पर विद्वानों के भिन्न-भिन्न मत हैं। कुछ विद्वान तो यह मानते हैं कि कविता का अनुवाद संभव नहीं। हमबोल्ड कहता है कि सभी अनुवाद एक प्रकार से असंभव को संभव करने का निष्फल प्रयास है। काव्य कल्पना के माध्यम से जो भावात्मक या मानसिक बिम्ब या चित्र प्रस्तुत करता है, उसकी संवेदनाओं का रूपान्तरण असंभव है। मैथ्यु आरनोल्ड ने काव्यानुवाद का गद्य में अनुवाद करना संभव कहा है। इसके विपरीत कालाइल, ले हंट, वुडहाउस आदि विद्वान काव्यानुवाद को छन्द में ही

मान्य समझते हैं क्योंकि छन्द का छन्द में किया गया अनुवाद अधिक सटीक होता है। एक मत यह भी है कि छन्दानुवाद एक अलंघ्य बाधा है।

साहित्यिक अनुवाद में अनुवादक की मूल रचनाकार से तदानुभूति का होना आवश्यक है। उसे रचनाकार से तादात्म्य करना चाहिए। लीला रे के शब्दों में 'सर्वोत्तम अनुवादक वे ही हैं जो शब्द के अनुवाद में न पड़कर मूल लेखक की रचनात्मक क्षमता से अपनी क्षमता का तादात्म्य करते हैं। इसके लिए आवश्यक है कि वह मूल के संशोधन के प्रलोभन या अपनी क्षमता की अभिव्यक्ति के मोह में न पड़कर उसे बिम्ब ग्रहण, प्रतीक पद्धति और मूल्य प्रतिपत्तियों, भाषिक संरचना आदि से परिचित होना चाहिए। इन्हीं से वह अनुवाद को भी प्रभावी और प्रेरक बना सकता है।' साहित्यिक अनुवाद का संचरण तीन धरातल पर होता है—

(1) प्राकृतिक धरातल पर भाषान्तरण। यह नितान्त भाषायी होता है—अर्थात् शब्दशः पंक्तिबद्ध।

(2) तत्त्वान्तरण के धरातल पर। इसमें संवेदनशीलता को प्रमुखता दी जाती है और इससे यह शब्दबद्ध या पंक्तिबद्ध न होकर तत्त्वपरक होता है।

(3) अर्थग्रहण और अर्थान्तरण। इसमें अनुवादक भावार्थ को ग्रहण कर फिर भावान्तरण करता है। ड्राइडन ने इसे अनुकरण और गेटे ने पुनर्रचना कहा है। इस प्रकार साहित्यिक अनुवाद के ये तीन धरातल— भाषान्तरण, तत्त्वान्तरण और अर्थान्तिरण होते हैं। प्रत्येक भाषा की ऐतिहासिक पृष्ठभूमि होती है। उसका अर्थ अभिधान मूल्यपरक होता है और उसकी अन्तःशक्ति उसके शब्द भण्डार पर निर्भर करती है। साहित्यिक अनुवाद में एक सामानान्तर विश्व' का सृजन होता है।

वर्तमान युग में वैज्ञानिक, तकनीकी व मशीनी अनुवाद का भी अत्यन्त महत्त्व है, क्योंकि वर्तमान युग में वैज्ञानिक और तकनीकी साहित्य का ही विभिन्न भाषाओं में अनुवाद आवश्यक हो गया है। इन अनुवादों में शैली और प्रविधि महत्त्वपूर्ण नहीं है— महत्त्वपूर्ण है वस्तु और विषय का पर्याप्त ज्ञान। वैज्ञानिक साहित्य के अनुवाद में सर्वाधिक कठिनाई शब्दों और सिद्धान्तों के पर्यायों की है। विज्ञान में शब्द एकार्थक होता है और एतदर्थ उसका अर्थ और स्वरूप भी विशिष्ट। इसलिए इन अनुवादों में 'कोडस्विचिंग' बहुलता से होता है। (द्रष्टव्य : केन्द्रीय हिन्दी निदेशालय व वैज्ञानिक शब्दावली आयोग की शब्दावली) उद्योग एवं व्यापार जगत में भी अनुवाद की भिन्न पद्धति स्वतः स्पष्ट हैं। इसके साथ-साथ मशीनी अनुवाद पर भी विचार करना आवश्यक है। कम्प्यूटर द्वारा किए गए अनुवाद 'स्मृति संग्रह' पर आधृत हैं। इसके लिए अनेक आविष्कार किए गए हैं पर सर्वाधिक सफलता पीटर टोमा की डिजायन को ही मिली है। कम्प्यू-

टर द्वारा किए गए अनुवाद तकनीकी दस्तावेजों के लिए अत्यन्त उपयोगी सिद्ध हुए हैं। मशीनी अनुवाद के लिए भाषायी आधार और पद्धति आवश्यक है। भाषा टीका के लिए अर्थान्वय, वाक्य-विन्यास और संकेत-प्रयोग आवश्यक है। लोक और बूथ की सम्मति में मशीनी अनुवाद के लिए पर्याप्त कोशों की अनिवार्यता स्वतः सिद्ध है।

विद्वानों की सम्मति में वैज्ञानिक व तकनीकी अनुवाद भाव-हीन अभ्यास है जिसमें न तो वाग्मिता की आवश्यकता है और न बौद्धिक प्रकर्ष की। उदाहरणार्थ मशीनों के पुर्जों का अनुवाद। सर्वप्रथम रूस में पी० पी० स्मिरनोव ट्रोयन्सकी ने ऐसी मशीन का आविष्कार किया था। तत्पश्चात् एन्ड्रयू बूथ ने राकफेलर न्यास को कम्प्यूटर से अनुवाद की संस्तुति की। सन् 1954 में इन्टरनेशनल बिजिनेस मशीन कम्पनी ने 250 शब्दों से कम्प्यूटर में अनुवाद किया। सन् 1957 में कैम्ब्रिज भाषा अनुसंधान केन्द्र ने ऐसी मशीन का निर्माण किया जो अनेक भाषाओं में अनुवाद करती थी। 1960 में अमेरिका में प्रवदा से' अनुवाद अंग्रेजी में किया जाता था। सन् 1961 में रेडिन्गटन कान्फ्रेंस ने मशीनी अनुवाद का समर्थन नहीं किया वरन् मानवीय अनुवाद को ही श्रेयष्कर समझा। तबसे अन्तर्राष्ट्रीय क्षेत्र में मशीनी अनुवाद का ह्रास होता गया क्योंकि मशीन या कम्प्यूटर में बौद्धिक क्षमता नहीं होती। एडवर्ड केरी ने 'डेटा फीडिंग' की कठिनाइयों का विस्तृत विवेचन किया है। कविता को भी कम्प्यूटर द्वारा अनुवाद करने का प्रयास किया गया था, पर वह उत्साहवर्द्धक व सफल नहीं हुआ।

इस विवेचन के अनन्तर अब हम कुछ अनुवाद विशेषज्ञों के अभिमतों का उल्लेख भी अपेक्षित है जिससे हम अनुवाद की प्रविधि और पूर्णता समझ सकें। ड्राइडन अंग्रेजी साहित्य में अनुवाद का जनक कहा जाता है। उसने अनुवाद के तीन प्रमुख भेद बताए हैं—

(1) शाब्दिक या अविकल अनुवाद।
(2) पदान्वय या भावानुवाद।
(3) अनुकरणात्मक।

इन तीनों भेदों को प्रायः विद्वानों ने स्वीकार किया है। नोवेलिस ने इनका नामकरण इस प्रकार किया है—(1) व्याकरणात्मक, (2) संशोधनात्मक, (3) मिथकीय। गेटे इन्हें कहता है—(1) सूचनात्मक, (2) अनुकूलनीय, (3) प्रतिरूपात्मक। मयामी इन्हें साहित्यिक, भावानुवाद और मुहावरीय कहता है। स्किम्रेकर ने यह विभाजन सूचनात्मक, पदान्वय, चित्रात्मक किया है। ग्रान्ड कोम्बी ने केवल दो ही भेद किए हैं—(1) शैक्षणिक और (2) सर्जनात्मक। आधुनिक युग के सर्वमान्य विशेषज्ञ नीडा ने अनुवाद की पद्धति इस प्रकार बताई है—(1) भाषाशास्त्रीय, (2) भाषामूलक एवं (3) समाज वैज्ञानिक।

केसा ग्रान्डे ने अनुवाद का प्रयोजन इस प्रकार निर्धारित किया है—(1) व्यावहारिक अथवा परिणामवादी अनुवाद—इसके अन्तर्गत अनुवाद का सटीक होना जितना आवश्यक है उतना सौन्दर्यपरक होना नहीं। वैज्ञानिक व तकनीकी अनुवाद इसके अन्तर्गत आते हैं। (2) सौन्दर्यपरक अनुवाद— इसमें संवेदनशीलता, भावप्रवणता आदि का होना आवश्यक है। यह साहित्यिक अनुवाद के लिए आवश्यक है। (3) नृकुल-विज्ञान सम्मत—इस प्रणाली में सांस्कृतिक, जातीय पूर्णता आवश्यक है। 'सोसियोलिंग्विस्टिका भी कहते हैं (4) भाषाशास्त्रीय—इसमें स्वनिम, रूपग्राम के साथ भाषायी परिपक्वता आवश्यक है। मूल और लक्ष्य भाषा के भाषा वैज्ञानिक आधार पर यह अनुवाद किया जाता है। कम्प्यूटर द्वारा किए जाने वाले अनुवाद इसी श्रेणी में आता है। पुनः नीडा ने अनुवाद की प्रक्रिया के स्तरों का तीन प्रकार से वर्गीकरण किया है—

(1) मूल का अर्थ व विन्यास—जिसे अनुवादक ग्रहण करता है।

(2) मूल का प्रथम उपक्रम अर्थात् लेखक और तृतीय अनुवादक। नीडा की सम्मति में प्रबन्ध (डिस्कोर्स) कालवाची और देशवासी विन्यास, जिसे अनुवादक को समसामयिक दृष्टि से प्रासंगिक बनाना पड़ता है—यह तब आवश्यक है जब लेखक और अनुवादक के बीच कालान्तरण और सांस्कृतिक व्यवधान अधिक रहता है। विद्वानों ने अनुवाद की उत्कृष्टता बौद्धिक और भावप्रवण धरातल पर स्वीकार की है। लिबरल और नान-लिबरल अनुवाद दोनों के लिए यही उचित है। इसी से नीडा ने अनुवाद का प्रयोजन अनुवाद की भाषा के प्रकृति और सन्निकट सम-संयोजन में गिना है। यहाँ पर प्रसिद्ध भाषावेत्ता चोमस्की की मान्यताओं का उल्लेख भी अपेक्षित हैं। चोमस्की ने भाषिक क्षमता और भाषिक निष्पत्ति का भेद करते हुए बताया है कि भाषिक क्षमता, भाषा की आन्तरिक क्रियाशीलता पर निर्भर करती है और भाषिक निष्पत्ति व्याकरण सम्मत शब्द व वाक्य विन्यास के असत्य अर्थ संगति पर। उसने अर्थान्वयन के भी दो भेद—अर्थ संगति की क्षमता और उसकी क्रियाशीलता किए हैं। अर्थ संगति की क्षमता यथार्थपरक होती है— सत्याश्रित व क्रियाशीलता अर्थ तत्त्व पर। दोनों का समायोजन अनिवार्य है। भाषा वैज्ञानिकों की राय में अनुवाद एक अन्तर्अनुशासन है। वह वस्तुतः अनुपयुक्त अर्थविज्ञान है जो अर्थ का ही अधिन्यास करता है। अनुवादक की शब्द सीमा उसके ज्ञान की ही सीमा है। पुनः भाषा के उपक्रम व व्यवहार की विवृत्ति से अनुवाद अर्थ के सन्दर्भ को समायोजित करता है। साहित्यिक अनुवाद में सन्दर्भ. भाव बोध व सौन्दर्य की संप्रेषणीयता ही सर्वोपरि गिनी गई है।

यह सारा विवेचन इस तथ्य को प्रमाणित करता है कि वर्तमान युग में अनुवाद का महत्त्व संस्कृति, साहित्य, कला, विज्ञान, तकनीकी, राजनीतिक और

व्यावहारिक दृष्टि से अनिवार्य है। वस्तुतः अनुवाद उतना ही प्राचीन है जितनी भाषा। वह मनुष्य जाति के पारस्परिक आदान-प्रदान का सशस्त माध्यम है। यु० एन० ओ० में भाषण देते हुए जार्ज मैथ्यु ने कहा था कि स्थायी शान्ति के लिए शब्दों को प्राथमिकता देना आवश्यक है और यह अनुवाद के द्वारा ही सम्भव है। आज विश्य साहित्य विभिन्न भाषाओं, विचारों और मान्यताओं के प्रभावी आदान-प्रदान पर बल देता है। देशों की वैचारिकता और भाव-भूमि एक दूसरे से दूर नहीं रही। कलात्मक क्षमता और सृजन से मनुष्य भौगोलिक व्यवधान को समाप्त कर रहा है। उसका इतिहास बोध अधिक उद्बुद्ध है। आज विश्व शान्ति मानवीय चिन्तन की रचनात्मक समता व उन्मुक्त सदाशयता पर निर्भर करती है। विज्ञान का प्रभाव अब किसी सौमित्र रेख में बँधा नहीं रहा। इसी से अनुवाद को आज 'सर्व मानवीय अनुशासन' कहा जाता है क्योंकि उसी पर मानवता की समान विरासत निर्भर करती है। मनुष्य की जीवन प्रक्रिया आज न तो एकदेशीय है और न निस्संग।

संदर्भ ग्रन्थ व लेख

1. Problems of Translation (All India Poets Conference, 1968).
2. The Art of Translation : T. H. Savory, 1968.
3. Translation and Translation : Postgate.
4. On Translation : Lila Ray, 1966.
5. Translation : Application and Research, Ed : Richard W. Brislin (1976).
6. Word Count as a Source : E. T. Lorge.
7. Literary Translation : Holmes, 1970.
8. Interpretation : A Psychological Approach to Translation (D. Seleskovitch).
9. The Nature of Translation : James S. Holmes (1970).
10. Towards Science of Translation : Euegene A. Nida (ई० ए० नीडा ने इस ग्रन्थ में संदर्भ ग्रन्थों की वृहत सूची दी है।)
11. Meanings and Translation : Guenthiner F & M, 1978.
12. Theory and Practice of Translation : E. A. Nida, 1974.

13. The Science of Translation : Wilss Wolfrom, 1982.
14. Literature in Translation : Ed. Pramod Talgeri & S. B Verma (year 1988).
15. Problems of Translation : Allen Wend & Others (1986).
16. शब्द कल्पद्रुम।
17. संस्कृत शब्दार्थ कौस्तुभ।

कुछ अभिमत

A continuous concommitants of contact between two mutually incomprehensible tongues and one that does not lead either to supression or extension of either is Translation.

— Encyclopedia Brittanera.

The tasks of translator are the same whether the meterial is written or oral, but of course translation between written texts allows more time for stylistic adjustment and technical expertise.

—Ibid

All Translation is a compromise, the effort to be literal and to be idiomatic.

—Benjamin Jooiett.

All Translations seem to me to be simply an attempt to solve an insolvable.

—Humbold

Multiple translation is of thoughts into words and words into action.

—Vincent Massey

Translation is a meta morphosis.

—Wila Montiz

The best translators have been those writers who have composed original works of the same species.

—Wordhouselee.

To talk about translation is rather talking about the glass in front of a picture when it is the picture itself that engrosses our attention.

—J. Lehmann

Translators Autonomy : several alternatives for one word are there. Thus, cleft and cleverness is repuired.

—Quoted by T. H. Savory

A word is much harder to understand if it is heard in isolation than if it is a sentence.

— Gapchapanis

Translation is never satisfying.

—Rabindra Nath Tagore

Indian classics a bound in myth content. Romantic literature is a search for myth and classical is an embodiment of it.

—P. Lal.

Translator represents form and function. Translation encircles our lives of understanding. —B. Morgan.

Traduttore traditore (Translator is a traitor).

— Italian saying

Metapoem is a nexus of complex brndle of relationships conveying from two directions—original tradition of source language to target language.

—Rank Bound.

Translation is an aid to language learning and a substitute for it. It brings cultures together though keeping languages apart. Distinctive character of each language is protected and diversity preserved.

—Lila Ray

Translation theory is applied semanties and meaning assignment. —F. Guenther.

Aim of translation is the closet natural equivalent of an utterance in a receptor language.

— E. A. Nida

Alienness is the out come of demarcations. It is the literary translator who has to obliterats these demarcations of alienness through the sense of alterity of the SL to culture to the receipients of the TL culture.

—Pramod Talgeri

गोपालराय

स्वरूप और क्षेत्र (1)

आज की दुनिया में अनुवाद का क्षेत्र बहुत व्यापक हो गया है। सारी दुनिया को एक करने में, मानव-मानव को एक दूसरे के निकट लाने में, मानव जीवन को अधिक सुखी और सम्पन्न बनाने में अनुवाद की महत्त्वपूर्ण भूमिका है। यह एक बहुत बड़ी सच्चाई है कि मनुष्य को परस्पर विभाजित करने वाली शक्तियों में भाषाओं की अनेकता की अहम् भूमिका है। 'भाषाओं की अनेकता' मनुष्य को एक दूसरे से अलग ही नहीं करती, उसे कमजोर, ज्ञान की दृष्टि से निर्धन और संवेदनशून्य भी बनाती है। अपने देश को ही लें। यदि हमारे यहाँ इतनी भाषाएँ न होतीं तो राष्ट्रीय एकता की समस्या इतनी जटिल न होती जितनी कि आज है।

पर यह तो एक प्रकृति प्रदत्त तथ्य है जिसे स्वीकार करने को हम अभिशप्त हैं। किन्तु इसके दुष्प्रभाव को कम करने का एक जरिया है अनुवाद। हम आज अनुभव करते हैं कि हमारे यहाँ 'भारतीय साहित्य' की परिकल्पना संभव है। कुछ दिन पूर्व इस प्रकार की सम्भावना नहीं दिखाई पड़ती थी। पर जैसे-जैसे अनुवादों की संख्या बढ़ती जा रही है यह सम्भावना भी बल पकड़ती जा रही है। यदि समस्त भारतीय भाषाओं में उपलब्ध साहित्य का सभी भाषाओं में, या कम से कम किसी एक भाषा में, अनुवाद हो जाए तो भारतीय साहित्य की परिकल्पना साकार हो जाएगी। इस प्रकार अनुवाद का एक क्षेत्र है किसी देश की विभिन्न भाषाओं में उपलब्ध साहित्य का उस देश की अन्य भाषाओं में अनुवाद।

राष्ट्र की सीमाओं का अतिक्रमण करके हम विश्व एकता की सीमा में प्रवेश करते हैं। संसार में असंख्य भाषाएँ हैं और अनेक ऐसी भाषाएँ हैं जिनका साहित्य बहुत समृद्ध है। यदि विश्व की सारी भाषाओं के समस्त साहित्य का हर भाषा में अनुवाद हो जाए तो मनुष्य जाति सांस्कृतिक, वैचारिक और संवेदनात्मक दृष्टि से कितनी समृद्ध हो जाएगी, इसका अनुमान नहीं किया जा सकता। पर विश्व की सारी भाषाओं के क्रमचय (परम्युटेशन) की दृष्टि से देखा जाए

तो यहे कार्य कितना कठिन है. यह बताने की जरूरत नहीं । पर इससे इस कार्य का महत्त्व कम नहीं होता । अतः अनुवाद का दूसरा क्षेत्र है विश्व की समृद्ध भाषाओं के साहित्यों का अन्य भाषाओं में अनुवाद ।

हम अब तक विभिन्न भाषाओं में उपलब्ध साहित्य के अनुवाद की चर्चा करते रहे हैं । पर साहित्य एक बहुत व्यापक पद है । एक परिभाषा के अनुसार समस्त ज्ञान राशि का संचय साहित्य है । इसके अन्तर्गत वस्तुओं के सामान्य परिचय से लेकर सूक्ष्म ज्ञान की समस्त उपलब्धियाँ अन्तर्मुक्त हो जाती हैं । दूसरी सीमित परिभाषा के अनुसार 'साहित्य' 'काव्य' का, अर्थात् भाव, अनुभूति या संवेदन प्रधान सर्जनात्मक रचना का पर्याय है । साहित्य के इन दो प्रमुख भेदों के अनुसार अनुवाद का क्षेत्र, और साथ ही साथ उसका स्वरूप, बदल जाता है । पर यह क्षेत्र-विभाजन यहीं समाप्त नहीं होता । ज्ञानात्मक साहित्य के भी मुख्यतः दो पक्ष हैं जिनके अनुसार अनुवाद का क्षेत्र और स्वरूप भिन्न हो जाता है । इनमें पहला पक्ष है परिचयात्मक साहित्य का । संख्या की दृष्टि से यह अनुवाद का तीसरा क्षेत्र होगा । इसके अन्तर्गत विभिन्न उपयोगी वस्तुओं के साथ उपलब्ध कराये जाने वाले परिचय पत्र, जो अपने देश में प्रायः अंग्रेजी में होते हैं, समाचार एजेन्सियों से प्राप्त होने वाले समाचार, अखबारों में छपने वाले विज्ञापन और विज्ञप्तियाँ जैसी अनेक चीजें आती हैं । ज्ञानात्मक साहित्य का दूसरा पक्ष है समाज विज्ञान सम्बन्धी साहित्य और इसका तीसरा पक्ष है प्राकृतिक विज्ञान सम्बन्धी साहित्य । समाज वैज्ञानिक साहित्य का अनुवाद अनुवाद का चौथा क्षेत्र माना जा सकता है । इसके अन्तर्गत इतिहास, भूगोल, अर्थशास्त्र, समाज विज्ञान, राजनीति विज्ञान, दर्शन शास्त्र जैसे विषयों के साहित्य का अनुवाद शामिल होगा । प्रकृति वैज्ञानिक साहित्य का अनुवाद अनुवाद का पाँचवाँ क्षेत्र है जिसके अन्तर्गत गणित, भौतिकी, रासायनिकी, भौमिकी, जैविकी आदि विषयों के साहित्य का अनुवाद अन्तर्भुक्त है ।

भाव प्रधान सर्जनात्मक साहित्य के भी अनेक रूप हैं । इनमें प्रमुख हैं— कविता, नाटक, उपन्यास, कहानी, ललित निबन्ध आदि । इन काव्य रूपों को हम, सम्मिलित रूप में, अनुवाद के छठे क्षेत्र के अन्तर्गत रख सकते हैं, यद्यपि विभिन्न विधाओं में भी अनुवाद का क्षेत्र और स्वरूप भिन्न हो जाता है ।

हमने अब तक अनुवाद का जो क्षेत्र-विभाजन किया है, उसे स्थूल विभाजन ही समझना चाहिए । यह विभाजन और भी सूक्ष्म बनाया जा सकता है । पर अनुवाद के स्वरूप को समझने के लिए यह विभाजन पर्याप्त है ।

'अनुवाद' का स्वीकृत अर्थ है एक भाषा के शब्दों, वाक्यों, पुस्तकों आदि को दूसरी भाषा में बदलना, उसके अर्थ को दूसरी भाषा के शब्दों के माध्यम से व्यक्त करना । कोई भी भाषा शब्दों से बनती है । शब्द और कुछ नहीं, ध्वनि

संकेत हैं। ये ध्वनि-संकेत वस्तुओं या पदार्थों के द्योतक होते हैं। इस तथ्य का सही विश्लेषण भाषा-वैज्ञानिक आज तक नहीं कर पाये हैं कि किसी विशेष क्षेत्र में किसी विशेष वस्तु के लिए कोई विशेष ध्वनि-संकेत क्यों प्रतीक का काम करने लगा। १र यह वास्तविकता है। मनुष्य के काम में आने वाली अनेक वस्तुएँ ऐसी भी हैं जो इस धरती के सभी क्षेत्रों में समान रूप से पायी जाती हैं। इसी प्रकार मनुष्य की अनेक अवधारणाएँ भी सारे संसार में समान हैं। यह मानव प्रकृति की समानता का द्योतक है। उदाहरण से बात स्पष्ट की जा सकती है। मनुष्य के अपने हाथ-पैर आदि अंग, धान, गेहूँ, चना आदि अन्न, अनेक फल, पशु, वनस्पतियाँ आदि सारे विश्व में समान हैं। इसी प्रकार प्रेम, क्रोध, सुख, दुःख आदि भाषा और इनसे जुड़ी अनेक अवधारणाएँ सारे संसार में समान हैं। पर इन वस्तुओं और अवधारणाओं के लिए प्रचलित ध्वनि संकेत भिन्न-भिन्न हैं। इस तरह के ध्वनि संकेतों या शब्दों के अनुवाद में विशेष कठिनाई नहीं होती। सामान्य शब्द कोशों की सहायता से भी यह काम किया जा सकता है। उदाहरण के लिए गाय, घोड़ा, किताब, धान, गेहूँ, जैसी वस्तुओं के लिए विभिन्न क्षेत्रों में विभिन्न ध्वनि संकेत प्रयुक्त होते हैं। उन ध्वनि संकेतों की जानकारी मात्र प्राप्त हो जाने से अनुवाद हो जाएगा।

पर कुछ वस्तुएँ और अवधारणाएँ ऐसी भी होती हैं जिनके लिए भाषा विशेष में तो ध्वनि संकेत या शब्द होते हैं, जबकि अन्य भाषा या भाषाओं में नहीं होते, कारण है वहाँ के समाज में इन वस्तुओं और अवधारणाओं का न होना। वस्तुओं का निर्माण, चाहे वह प्रकृति द्वारा हो या मनुष्य द्वारा, स्थान, काल, मनुष्य की प्रकृति और अनेक अज्ञात कारकों द्वारा होता है। कुछ सामान्य उदाहरण लें। अंग्रेजी में 'टेबुल', 'ग्लास', 'लैन्टर्न,' 'बल्ब', 'जग', 'मग', 'टाई' आदि शब्दों से संकेतित होने वाली वस्तुएँ इंगलैण्ड में प्रचलित थीं। अंग्रेज, अपने साथ, इन वस्तुओं के साथ-साथ उन्हें संकेतिक करने वाले शब्द भी भारत में ले आये। उस समय भारतीय भाषाओं में इन वस्तुओं के लिए शब्द नहीं थे। अतः भारतीयों ने इन वस्तुओं के साथ-साथ इनके ध्वनि संकेतों को भी तत्सम या तद्सम रूप में अपना लिया और धीरे-धीरे ये शब्द भारतीय भाषाओं के शब्द भण्डार में घुल-मिल गये। यही बात अवधारणाओं के सम्बन्ध में भी कही जा सकती है। अवधारणाएँ व्यक्तिमानस की उपज होती हैं और व्यक्ति विशेष ही उनके लिए ध्वनि संकेत भी निर्धारित करता है। वस्तुओं की तरह अवधारणाएँ भी किसी स्थान या काल विशेष में बनती हैं और वहाँ की भाषा में उनके लिए प्रयुक्त शब्दों का प्रचलन हो जाता है। जब आवागमन की सुविधा और व्यापक सम्पर्क से ये अवधारणाएँ किसी दूसरे स्थान में पहुँचती हैं तो वहाँ की भाषा में उनके लिए ध्वनि संकेत या शब्द नहीं होते। उदाहरण के लिए

'विज़न', 'कन्सेप्ट', 'परसेप्ट', 'एस्थेटिक्स', 'एकॉनॉमिक मैन', 'युनियन', 'एसोसिएशन', 'सर्किल', 'फोरम', 'क्लब' आदि संकेतों से व्यक्त होने वाली अवधारणाएँ अंग्रेजों के आगमन के पूर्व भारत में अपरिचित थीं।

जब ये अवधारणाएँ अंग्रेजों के साथ भारत पहुँचीं तो इनके लिए भारतीय भाषाओं में संकेतों की तलाश शुरू हुई। इनमें से कुछ सम-संकेत अब सुपरिचित और सुप्रचलित भी हो चुके हैं, पर कुछ के लिए अभी भी सन्तोषजनक सम-संकेत नहीं मिल सके हैं और या तो उनकी तलाश जारी है या अंग्रेजी के ध्वनि संकेत या शब्द स्वीकार कर लिये गये हैं। उदाहरण के लिए साहित्य की आलोचना के प्रसंग में आने वाला 'विज़न' या 'एस्थेटिक्स' शब्द। हिन्दी में अब तक इनके लिए संतोषजनक पर्याय नहीं मिल पाये हैं। 'उपन्यास-शिल्प' की आलोचना के सन्दर्भ में प्रयुक्त होने वाला 'प्वायन्ट ऑफ व्यू' पद भी ऐसा ही है। 'प्वायंट ऑफ व्यु' के लिए तो अवलोकन बिन्दु' का प्रयोग स्वीकृतप्राय हो चुका है, पर 'विज़न' के लिए सटीक पर्याय न मिल पाने के कारण इसे ही अपना लेने के लिए हम बाध्य हो रहे हैं। यही बात असंख्य वस्तुओं और अवधारणाओं से जुड़े ध्वनि संकेतों या शब्दों के साथ लागू है। इस समस्या के समाधान के लिए हमारे समक्ष दो ही विकल्प हैं : या तो हम ऐसे सारे शब्दों को अपना लें या अपनी भाषाओं में इनके पर्याय ढूँढें या गढ़ें। एक बीच का विवेक-पूर्ण मार्ग यह है कि हम उच्चारण की दृष्टि से सुगम शब्दों को ज्यों का त्यों या ईषत् परिवर्तन के साथ अपना लें और शेष शब्दों के लिए अपनी भाषा की प्रकृति के अनुसार शब्द गढ़ें। समस्या के इस पक्ष पर इतना अधिक विचार विमर्श हो चुका है कि अब और कुछ कहने की अभी आवश्यकता नहीं है। जहाँ तक हिन्दी का प्रश्न है पारिभाषिक शब्दों के निर्माण में पर्याप्त प्रगति हो चुकी है और अनुवाद की यह समस्या बहुत कुछ हल हो चुकी है।

शब्द भाषा के स्वरूप के प्रथम सोपान हैं। इसके बाद वाक्य की स्थिति आती है। वाक्य को ही भाषा की लघुतम इकाई माना गया है। दरअसल वाक्य ही किसी अवधारणा, विचार या भाव को स्पष्ट रूप में व्यक्त करता है। अनुवाद की असली समस्या यहीं से आरंभ होती है। भाषाओं की भिन्नता का एक कारण यह भी है कि वाक्यों में शब्दों का क्रम भिन्न-भिन्न भाषाओं में भिन्न-भिन्न रूपों में होता है। इस क्रम के हम इतने अभ्यस्त हो जाते हैं कि उसमें हुए तनिक से उलट-फेर से पूरी अवधारणा अस्पष्ट या भ्रान्तिपूर्ण हो जाती है। अतः अनुवाद-कार्य में अनुवादक को दोहरी मानसिकता का दबाव झेलना पड़ता है। पहले तो वह मूल भाषा के वाक्य को पढ़कर, उसमें प्रयुक्त शब्द क्रम का अनुसरण करते हुए, उस वाक्य के अर्थ को ग्रहण करता है और फिर उसे लक्ष्य भाषा की वाक्य योजना के अनुरूप शब्द क्रम के माध्यम से

व्यक्त करता है। ऐसा न होने से शब्दों के पर्याय सटीक होने पर भी लक्ष्य वाक्य मूल वाक्य के अर्थ या भाव को व्यक्त नहीं कर पाता। बड़े और मिश्र वाक्यों के अनुवाद में यह समस्या अधिक उत्पन्न होती है। अक्सर जटिल और सूक्ष्म विचार लम्बे, मिश्र वाक्यों में ही व्यक्त हो पाते हैं और ऐसे वाक्यों के अनुवाद में उतनी ही अधिक अर्थ ग्रहण और लक्ष्य भाषा में पुनरभिव्यक्ति की क्षमता आवश्यक होती है। इस क्षमता के अभाव में किये गये अनुवादों के अनेक उदाहरण हिन्दी के अनूदित ग्रंथों से दिये जा सकते हैं। अतः अनुवाद का आदर्श स्वरूप वह है जहाँ मूल कथ्य लक्ष्य भाषा में ज्यों का त्यों व्यक्त हो जाए। इसके लिए मूल भाषा के शब्दों का लक्ष्य भाषा में सटीक रूपान्तर तो आवश्यक है ही उन शब्दों की क्रम-योजना लक्ष्य भाषा के स्वीकृत रूप और प्रकृति के अनुरूप अपेक्षित होती है। मूल भाषा की वाक्य-योजना का प्रभाव लक्ष्य भाषा की वाक्य-योजना पर पड़ते ही मूल विचार अस्पष्ट या भ्रान्तिपूर्ण हो जाता है और अनुवाद का स्वरूप बिगड़ जाता है। इसके लिए यदि मूल वाक्य की कुछ व्याकरणिक कोटियों को छोड़ना और लक्ष्य भाषा की कुछ व्याकरणिक कोटियों को जोड़ना पड़े तो कोई हर्ज नहीं। उदाहरण के लिए अंग्रेजी वाक्यों में ए, ऐन, दि, आदि आर्टिकलों का प्रयोग होता है। हिन्दी में इसका प्रचलन नहीं है। इनके पर्यायवाची तो हिन्दी में गढ़ लिये गये हैं पर अनेक हिन्दी में इनका प्रयोग आवश्यक नहीं होता। वहाँ इनका त्याग ही अपेक्षित है। 'नाउ', 'देन, 'हावइवर', 'हाउ सो एवर','बाइ द वे', 'मोर ओवर', 'समहाउ' जैसे अनेक शब्द अनेकत्र लक्ष्य भाषा में त्याज्य या भिन्न रूपों में व्यक्त किये जाने पर सार्थक होते हैं। इसी प्रकार मूल भाषा के अनेक कारक चिह्नों को लक्ष्य भाषा में या तो दूसरे कारक चिह्नों से स्थानान्तरित करना पड़ता है या उन्हें छोड़ भी देना पड़ता है। निपातों के बारे में भी यही बात कही जा सकती है। निष्कर्ष यह कि अनुवाद में मूल अर्थ की रक्षा और लक्ष्य भाषा में उसकी पुनरभिव्यक्ति ही सर्वाधिक महत्त्व की चीज है। इसके लिए वस्तुओं और अवधारणाओं के प्रतीक रूप शब्दों को तो छोड़ना या जोड़ना, कुछ विशेष स्थितियों को छोड़कर, ठीक नहीं माना जा सकता पर अन्य व्याकरणिक कोटियों के प्रयोग में लक्ष्य भाषा की प्रकृति को ध्यान में रखते हुए कुछ छोड़ने और जोड़ने में संकोच नहीं करना चाहिए।

वाक्य भाषा की लघुतम इकाई है। उससे बृहत्तर इकाई पैराग्राफ है। पैराग्राफ एक विचारधारा की मुकम्मल इकाई होता है। उसमें विचार-प्रवाह की एक लहर अपनी सम्पूर्णता में व्यक्त हो जाती है। वाक्यों में परस्पर तार्किक संगति और वैचारिक लय होती है। अनुवाद में भी यह तार्किक संगति और वैचारिक लय अपेक्षित होती है। इसके लिए कभी-कभी मूल के वाक्यों को

तोड़ या जोड़ देना अथवा दो वाक्यों के बीच सम्बन्ध-स्थापन के लिए किसी नये शब्द का प्रयोग कर देना भी अनपेक्षित नहीं होता।

अब तक हमने अनुवाद के स्वरूप पर जो अनुचिन्तन किया है, वह ज्ञानात्मक साहित्य के अनुवाद से सम्बद्ध है। भावनात्मक या सर्जनात्मक साहित्य के अनुवाद का स्वरूप इससे भिन्न होता है। अनुवाद का लक्ष्य तो एक ही होता है : मूल भाव, अनुभूति या संवेदना को मूल के प्रभाव के साथ अनुवाद में ज्यों का त्यों उतार देना। पर ऐसा अनुवाद सम्भव है, यह कहना मुश्किल है। अतीत के अनुवादकों, रचनाकारों और आलोचकों ने इसकी सम्भवनीयता को अस्वीकार किया है। किसी ने 'मूल की कला और सौन्दर्य को अक्षुण्ण रखते हुए एक भाषा से दूसरी भाषा में अनुवाद को असम्भव' कहा है (चक्रवर्ती राजगोपालाचार्य) तो किसी ने 'स्रोत भाषा की अभिव्यक्ति के लालित्य को अनुवाद में सुरक्षित रख पाना नामुमकिन' बताया है (सिसरो)। सैमुअल जॉनसन, ड्राइडेन, सर जॉन डेनहाम, वाल्टेयर, दाँते, रवीन्द्रनाथ ठाकुर, जवाहरलाल नेहरू, महादेवी वर्मा आदि अनेक रचनाकारों और लेखकों ने आदर्श अनुवाद को असम्भव बताया है।[1] हमें इससे कोई विवाद नहीं। पर इस 'असम्भव' को यथाशक्ति सम्भव बनाने का प्रयास पहले से होता चला आ रहा है, आज भी हो रहा है और भविष्य में भी होता रहेगा। अतः इसके सम्भव स्वरूप पर बातचीत करते रहना जरूरी है।

सर्जनात्मक साहित्य में शब्द सर्वत्र अपने रूढ़ अर्थ में प्रयुक्त नहीं होते। शब्द की लक्षणा और व्यंजना शक्तियों से हम पूर्णतः परिचित हैं। जहाँ शब्द का अभिधेयार्थ बाधित हो जाता है। अनेकत्र ऐसा भी देखा जाता है कि शब्द अपने अभिधेयार्थ को सुरक्षित रखते हुए भी भिन्न अर्थ या अर्थों के संकेत विकीरित करता चलता है। कविता में ऐसा विशेष रूप में होता है। शब्दों में ये गुण किसी देश विशेष की सांस्कृतिक परम्परा, उसके इतिहास, भूगोल, अर्थव्यवस्था, समाज-संगठन आदि के फलस्वरूप उत्पन्न होते हैं। परिणाम स्वरूप ऐसे शब्दों के लक्ष्य भाषा में सटीक पर्याय दुर्लभ और अलभ्य होते हैं। कविता की एक विशेषता यह भी होती है उसका प्रभाव अर्थ-संकेतों से ही नहीं, शब्दों की ध्वनियों से भी निर्मित होता है। अल्पप्राण-महाप्राण, अघोष-सघोष, अनुनासिक-अननुनासिक, कंठ्य, तालव्य,ओष्ठ्य, दन्त्य आदि वर्णों की व्यवस्था सभी भाषाओं में एक समान नहीं होती। फलतः किसी भाषा के अर्थ-संकेत और

---

1. विभिन्न लेखकों के अनुवाद विषयक मतों के लिए मैं डॉ० भोलानाथ तिवारी की पुस्तक (अनुवाद कला, प्र० शब्दकार, दिल्ली, पृ० सं०9-10) का ऋणी हूँ।

ध्वनि-योजना दोनों का सम्मिलित प्रभाव उत्पन्न करने वाला शब्दगुच्छ दूसरी भाषा में भी प्राप्त हो जाये, यह बहुत ही मुश्किल किंवा असम्भवप्राय है। कविता की भाषा अन्य शैलीय गुणों, जैसे अलंकारों, गुणों, वक्रताओं, मुहावरों, पर्यायवाचिता, बिम्ब योजना, लय योजना आदि से भी युक्त होती है, जिन्हें अनुवाद में ला पाना कठिन काम है। कुल मिलाकर कहा जा सकता है कि कविता का ऐसा अनुवाद, जो मूल का समकक्ष हो, यदि असम्भव नहीं तो असम्भवप्राय अवश्य है। फिर भी कविता का अनुवाद त्याज्य नहीं माना जा सकता। मूल का समकक्ष न होने पर भी मूल के यथासम्भव निकट पहुँचने वाला अनुवाद भी कम उपयोगी और मूल्यवान नहीं माना जा सकता। विश्व साहित्य में श्रेष्ठ कविताओं के प्रसार और स्वीकृति के लिए अनुवाद की महत्त्वपूर्ण भूमिका है। आज विश्व की अनेक भाषाओं के कवियों को अनुवाद के जरिये ही अन्तर्राष्ट्रीय ख्याति मिल पाती है। अतः कविता का अनुवाद भी आवश्यक है। पर उसका एक विशिष्ट स्वरूप है। उसमें मूल कविता के प्रभाव को लक्ष्य भाषा में सुरक्षित रखना आवश्यक है। मूल प्रभाव को सुरक्षित रखते हुए लक्ष्य भाषा में मूल भाषा के शब्दों और शैलीय गुणों को रूपान्तरित करने का अधिक से अधिक प्रयास काव्यानुवाद का वास्तविक स्वरूप है।

कविता के अनुवाद का एक रूप उसका गद्यानुवाद होता है। गद्यानुवाद में कथ्य और भाव की अधिकतम रक्षा सम्भव है, पर गद्यानुवाद में मूल प्रभाव की, जो वर्णयोजना और अर्थच्छटा के संयोग से एक जादुई प्रभाव के रूप में होता है, रक्षा नहीं हो पाती।

कविता के अनुवाद का एक दूसरा रूप है मूल कविता के प्रभाव को हृदयंगम करके बिलकुल नयी कविता लिख देना। इसे अनुवाद न कहकर रूपान्तर कहना अधिक संगत होगा। अक्सर एक भाषा के श्रेष्ठ कवि अन्य भाषा की श्रेष्ठ कविताओं को पढ़कर, उनसे भाव और कथ्य ग्रहण कर, बिलकुल स्वतन्त्र रचनाएँ कर लेते हैं।

कहना न होगा कि कविता का गद्यानुवाद और रूपान्तर अनुवाद के रूप होते हुए भी उसके आदर्श रूप नहीं हैं।

कविता की तुलना में साहित्य की अन्य विधाओं का अनुवाद सरल है। पर यह सरलता भी सापेक्ष ही है। नाटक, उपन्यास, कहानी, ललित निबन्ध आदि विधाओं में भी शैलीय गुणों की अवस्थिति होती ही है, यद्यपि उसका स्वरूप कविता से कुछ भिन्न होता है। नाटक में स्वाभाविकता और प्रभाव की तीव्रता पैदा करने के लिए, संवादों में ऐसे शब्द-गुच्छों का प्रयोग किया जाता है, जो किसी भाषा विशेष की संस्कृति और परिवेश से अविच्छिन्न रूप में जुड़े होते हैं। शेक्सपीयर, मोलियर, बर्नाड शॉ और ब्रेख्त के नाटकों में भाषा और

कथ्य या सम्वेदना के इस वैशिष्ट्य के उतार लेना कम कठिन काम नहीं है। नाटक में शब्दों का जो तनाव होता है उसे अनुवाद में कायम रखना अनुवाद की विशिष्ट उपलब्धि है। इस प्रकार नाट्यानुवाद में मूल भाषा के समरूप शब्दों का चुनाव और उनकी विशिष्ट योजना उसके स्वरूप का निर्धारण करती है।

उपन्यास और कहानी का अनुवाद कविता और नाटक की तुलना में सरल जरूर होता है, पर उसकी भी अपनी कठिनाइयाँ हैं। कथा साहित्य में भी यथार्थ के आग्रह से ऐसे आंचलिक प्रयोग होते हैं जिनका अन्य भाषा में अनुवाद सम्भव ही नहीं है। उदाहरण के लिए हॉर्डी के उपन्यासों में ग्रामीण पात्रों के सम्वाद और हिन्दी के 'मैला आँचल' के पात्रों के वार्तालाप अनुवाद के किसी भी प्रयास को चुनौती दे सकते हैं। जेम्स जॉयस के युलिसिसस का अनुवाद कितना मुश्किल काम है, यह बताने की आवश्यकता नहीं।

ललित निबन्ध के अनुवाद के सम्बन्ध में भी कामोवेश यही बात कही जा है।

अनुवाद के स्वरूप के सम्बन्ध में पहली ध्यान देने योग्य बात यह है कि उसका कोई एक परिनिष्ठित रूप नहीं होता। अनुवाद का स्वरूप विभिन्न विधाओं के अनुसार बदलता रहता है। मूल उद्देश्य तो एक ही होता है अर्थात् मूल रचना के कथ्य, सम्वेदना, प्रभाव आदि को उसी रूप में लक्ष्य भाषा में पुनरभिव्यक्त कर देना, पर विधाओं की प्रकृति के अनुसार अपेक्षित समंजन अपरिहार्य हो जाता है। ज्ञानात्मक साहित्य में कथ्य ही प्रमुख होता है, अतः अनुवाद अपेक्षाकृत वस्तुनिष्ठ और आसान होता है। पर सर्जनात्मक साहित्य के क्षेत्र में अनुवाद का स्वरूप बदल जाता है। वह वस्तुनिष्ठ न रहकर काफी हद तक आतमनिष्ठ हो जाता है। सर्जनात्मक साहित्य का अनुवाद एक प्रकार का पुनः सर्जन है। यदि अनुवादक में सर्जनात्मक क्षमता नहीं है तो वह सर्जनात्मक साहित्य का अनुवाद भी नहीं कर सकता।

घनश्याम व्यास

स्वरूप और क्षेत्र (2)

मानव जिज्ञासा सम्पन्न प्राणी है। वह जो कुछ देखता है, उसके सम्बन्ध में अवश्य ही सोचता है। यह क्रिया उसके जन्म के साथ ही प्रारम्भ हुई है, इसे नकारा नहीं जा सकता। इसका क्रमशः विकास होता गया और मानव नित नूतन विचारों को एक दूसरे के समक्ष प्रस्तुत करता गया। परिणामतः आज हम ज्ञान-विज्ञान के क्रम को सहज में ही अपने साथ लिए हुये दौड़ते दृष्टिगत होते हैं। कोई भी समस्या खड़ी होती है तो हम उसका निराकरण करने की ओर अग्रसर होते हैं। प्रारम्भ की स्थिति की ओर ध्यान दें तो मैं कह सकता हूँ कि जो कुछ मानव ने प्रथमतः देखा था उसी को उसके अनुरूप कहने का प्रयास किया था। यह नहीं कह सकते कि उस समय उसका प्रयास कितना सफल रहा होगा या था। कहने का तात्पर्य यह है कि सफलता वाली बात उस मानव को ही ज्ञात रही है कि वह कितना सफल था। परन्तु इतना निश्चित रूप से स्वीकार करना ही पड़ता है कि जो कुछ वह समझ जाता है उसे वह अपनी वाणी के माध्यम से निसृत करने का प्रयास अवश्य ही करता है। यह उसकी मूल वृत्ति है। इसी वृत्ति के कारण ही मानव प्रारम्भ से ही अनुवाद की ओर अग्रसर हुआ है—इस तथ्य को नहीं नकार सकते।

अनुवाद का क्रम प्रारम्भ से ही रहा है मैं इस मत का हूँ। जैसा कि ऊपर की बात से स्पष्ट है अनुवाद की ओर ध्यान देने से यह तो सुविदित हो जाता है कि इसमें शब्द हैं—'अनु' और 'वाद'। संस्कृत में 'वद्' धातु है। उसका अर्थ मैंने संस्कृत का अध्ययन करते समय पढ़ा था वद्—वदते याने बोलना। इससे अधिक ज्ञान प्राप्त नहीं किया। अनु शब्द का भी अपना विशिष्ट अर्थ है। व्याकरण के अनुसार यह उपसर्ग कहलाता है। "अनु" का अर्थ होता है पीछे। भार्गव हिन्दी शब्दकोश में 'अनु' के निम्न अर्थ दिये हैं—पीछे, साथ-साथ, इधर-उधर, सदृश, पास, आदि। इसी शब्दकोश में वाद का अर्थ दिया है निश्चित सिद्धान्त-—अन्य अर्थों के साथ। इसी कोश में अनुवाद का अर्थ दिया है—पुनरुल्लेख, दोहराव, अनुकरण, निन्दा, भाषान्तर, आदि।

अनुवाद के सम्बन्ध मैं और अधिक चर्चा कर सकता हूँ, परन्तु इसे यहीं

तक सीमित रखकर आगे की ओर बढ़ता हूँ। मैं अध्ययन के साथ-साथ अन्य भाषाओं में प्रस्तुत लेखन को हिन्दी में लाने की ओर भी लगा रहा हूँ। शोध-कार्य करते समय मुझे डॉ० माधव गोपाल देशमुख का ग्रन्थ "भावगन्ध" समीक्षा की दृष्टि से श्रेष्ठ लगा था। प्रस्तुत ग्रन्थ का मैंने अनुवाद किया और वह 1971 में प्रकाशित हुआ। तदनन्तर तो अनुवाद का क्रम चलते ही रहा। इसी क्रम में मैंने 'गौरव-गरिमा' साप्ताहिक के कई विशेषांकों के लिए अनेक लेखों का हिन्दी में अनुवाद किया। इस क्रम में मराठी और अंग्रेजी दोनों भाषाओं के लेखों का अनुवाद हिन्दी में करने का अवसर मिला।

अनुवाद कार्य करने के क्रम में अन्य लेखन-कार्य के साथ रुचि बनी रही। मुझे भावार्थ रामायण पढ़ने का अवसर प्राप्त हुआ। सन्त एकनाथ के इस ग्रन्थ ने मुझे अत्यधिक प्रभावित किया और मैंने इसका अनुवाद कार्य प्रारम्भ कर दिया। चालीस हजार ओवियों से सम्पन्न प्रस्तुत ग्रन्थ का अनुवाद कार्य मैं पूर्ण कर चुका हूँ, अब मेरे समक्ष समस्या है इसके अनुवाद के प्रकाशन की—जो श्रीराम की कृपा से अवश्य ही पूर्ण होगी ऐसा विश्वास है। प्रयत्न चल रहे हैं।

सन्त एकनाथ ने अपने ग्रन्थ में अनुवाद शब्द का प्रयोग किया है। "बहु मी काये अनुवादों" (31), "वेदानुवादां उपरति।" (109), "शब्दानुवादें अति प्रबल।" (126)। सन्त एकनाथ ने अनुवाद को पुनः कहने के अर्थ में ही लिया है। आज अनुवाद का जो अर्थ मान्य किया हुआ है—वह किसी अन्य भाषा में निरूपित विचारों को अपनी भाषा में प्रस्तुत करना या अपनी भाषा में प्रस्तुत विचारों को अन्य भाषा में प्रस्तुत करना। मैं इसी अर्थ को सन्दर्भित करते हुए ही विचार करने की ओर अग्रसर होता हूँ। जहाँ तक अनुवाद कार्य का प्रश्न है, मैं गद्य और पद्य दोनों रूपों में अनुवाद कर चुका हूँ।

अनुवाद कार्य करते समय मुझे कुछ तथ्यों की ओर विशेष ध्यान देना पड़ा, जिनके कारण यह समझ सका कि अनुवाद का मूल गुण-धर्म क्या है। सामान्यतः अनुवाद का तात्पर्य यह लगा लेते हैं कि एक भाषा के विचार दूसरी भाषा में विचार प्रस्तुत करना। वास्तविकता इससे भिन्न है। किसी कृति का उसी भाषा में अन्य विधा में प्रस्तुतिकरण करना भी अनुवाद ही है। कहने का तात्पर्य यह है कि प्रारम्भ में जो कुछ कहा गया है उसे ही प्रकारान्तर में अपने क्रम के अनुसार धर्म-साम्य को निभाते हुए अभिव्यक्ति को निरूपित करना—अनुवाद है—जैसा कि एकनाथ ने अनुवाद का प्रयोग किया है। परन्तु इसका तात्पर्य व्याख्या करने से भिन्न ही है। व्याख्या में अर्थ के साथ विस्तारपूर्वक विवेचन की ओर अग्रसर होते हैं। इसमें केवल निरूपित भावों को ही अन्य रूप में प्रस्तुत करते हैं। उदाहरणार्थ रामचरितमानस का कथा क्रम पद्य में प्रस्तुत करना इसी क्रम में आता है—यह फिर भले ही मूल लेखक करे या फिर अन्य कोई लेखक

करे—बात एक ही है । इसे अन्तःभाषानुवाद कहते हैं ।

जब हम किसी एक भाषा की कृति का प्रतीकान्तरण अन्य भाषा में करते हैं तब वह विभिन्नतान्तरण भाषिक अनुवाद होता है। प्रथम क्रम में उसी भाषा की कृति का निरूपण उसी भाषा में अन्य रूप में प्रस्तुत करते हैं, परन्तु उसकी विधा में अन्तर नहीं आता है । विभिन्नतान्तरण भाषिक अनुवाद में यह बन्धन नहीं है । आप अनुवाद करते समय विधा में भी परिवर्तन कर सकते हैं और वह अनुवाद के रूप में मान्य किया जाता है । उदाहरणार्थ डॉ० देशमुख के समीक्षात्मक ग्रन्थ का हिन्दी में निरूपण करना—भावगन्ध का— प्रस्तुत कार्य विभिन्नतान्तरण भाषिक अनुवाद मान्य किया जाता है । इस क्रम के लिए स्रोत भाषा के साथ अन्य भाषा का ज्ञान आवश्यक है, जिसमें कृति को प्रस्तुत करना है। कहने का तात्पर्य यह है कि अनुवाद का कार्य करने वाले को एक से अधिक भाषाओं का ज्ञान आवश्यक है। भाषा का ज्ञान प्रथम पक्ष है तथा उसी के साथ अन्य तथ्य भी आवश्यक है ।

मैंने अनुवाद कार्य करते समय कुछ पक्षों को अपने ढंग से समझने का प्रयास किया है । एक— उसी भाषा की रचना का उसी भाषा में कथा-क्रम को निरूपित करने का कार्य करना— अपना कुछ न जोड़ते हुए—अन्तःभाषिक अनुवाद कहलाता है । दो— स्रोत भाषा का अन्य भाषा में प्रस्तुतिकरण— यह विभिन्नतान्तरण भाषिक अनुवाद कहलाता है । इसी के साथ तीसरा रूप भी हमारे सामने आता है— वह है किसी कृति का, वह जिस विधा में लिखी गयी है, उससे भिन्न विधा में प्रस्तुत करना । इसमें अन्य भाषा का पक्ष प्रभावी नहीं होता है । उदाहरणार्थ— किसी कहानी का नाट्य रूपान्तरण करना। मैंने जयशंकर प्रसाद की कहानी देवरथ का नाट्य रूपान्तरण किया है । ऐसे अनेक उदाहरण अनुवाद के रूप में उपलब्ध हैं । इस प्रकार के अनुवाद को—**अन्तःभाषिक विधात्मक अनुवाद** कह सकते हैं । कारण अनुवाद का वास्तविक अर्थ है किसी बात को पुनः कहना या प्रस्तुत करना ।

उपर्युक्त विवेचन से यह स्पष्ट हो जाता है अनुवाद सामान्यतः तीन रूपों में किया जा सकता है। एक—**अन्तःभाषानुवाद**, दो—**विभिन्नतान्तरण भाषिक अनुवाद**, और तीन—**अन्तःभाषिक विधात्मक अनुवाद** । इन तीनों रूपों में अनुवाद पुनः कथन को स्पष्ट करता है तथा भावों के वहन के अस्तित्व को स्वीकार कर आगे बढ़ता है ।

ऊपर मैं अनुवाद की चर्चा करते समय अनुवाद की प्रक्रिया को स्पष्ट करने के साथ यह निरूपित कर चुका हूँ कि एक ही भाषा में भी अनुवाद होता है और एक भाषा से दूसरी भाषा में भी अनुवाद होता है। जिस भाषा की कृति का अनुवाद किया जाता है वह स्रोत भाषा कहलाती है और जिस भाषा में अनु-

वाद किया जाता है उसे लक्ष्य भाषा कहते हैं। सामान्यतः आज हम स्रोत भाषा से लक्ष्य भाषा में प्रस्तुतिकरण को ही अनुवाद कहते हैं। वैसे अनुवाद का वास्तविक अर्थ पुनर्कथन ही होता है।

वस्तुतः अनुवाद का तात्पर्य स्रोत भाषा से लक्ष्य भाषा में प्रस्तुतिकरण ही है। एक भाषा में अभिव्यक्त भावों को, विचारों को दूसरी भाषा में प्रस्तुत करना ही अनुवाद है। यहाँ यह बात समझ लेना चाहिए कि प्रत्येक शब्द का अपना विशेष अर्थ होता है और उसकी तीव्रता होती है। चाहे फिर किसी भी भाषा का शब्द क्यों न हो। ऐसा होते हुए भी एक भाषा से दूसरी भाषा में अनुवाद कार्य होते ही रहता है। अभिव्यक्ति का क्रम अनुवाद करते समय अवश्य ध्यान में रखना चाहिए। अनुवाद करते समय इस बात का विशेष ध्यान रखना आवश्यक है कि लक्ष्य भाषा तदनुरूप अर्थ को अभिव्यक्त करे। अपितु कार्य की सार्थकता संदिग्ध हो सकती है। अनुवाद करते समय शब्दशः अनुवाद का क्रम छोड़कर लक्ष्यार्थ या व्यंग्यार्थ को स्वीकार करना आवश्यक हो जाता है। उदाहरण के लिए मराठी में "शिक्षा" का अर्थ हिन्दी में प्रयुक्त शिक्षा के अर्थ से भिन्न है। ऐसी स्थिति में अनुवादक को ध्यान रखना पड़ता है कि स्रोत भाषा में जो शब्द प्रयुक्त हुआ है वह किस तथ्य से अभिप्रेत है। कई बार यह भी ध्यान रखना आवश्यक हो जाता है कि लेखक का क्या अभिप्राय है। कहने का तात्पर्य यह है कि अनुवाद का अर्थ यह नहीं कि सीधा-सीधा अर्थ ही प्रस्तुत किया जाये। अनुवाद का प्रमुख कार्य यह है कि—स्रोत भाषा में अभिव्यक्त भावों या विचारों को पूर्णतः लक्ष्य भाषा में प्रस्तुत करें। ऐसे में कई बार स्रोत भाषा में जो शब्द प्रयुक्त होता है उसे ध्यान में रखकर लक्ष्य भाषा में प्रस्तुत करने के लिए समुचित शब्द का प्रयोग करें। अनुवादक का सर्वप्रथम कार्य यह है कि वह अनुवाद करते समय स्रोत भाषा में अभिव्यक्त भावों या विचारों को यथासाध्य सजीव रूप में प्रस्तुत करे। इन बातों की ओर ध्यान देने से यह तो स्पष्ट हो ही जाता है कि अनुवाद क्या है। शब्द को ध्यान में रखकर और अनुवाद कार्य करते समय जो कुछ समझ पाया हूँ, उसके आधार पर मैं अनुवाद की संक्षिप्त परिभाषा यों दे सकता हूँ—

किसी एक भाषा की कृति में निहित भावों और विचारों को तदनुरूप या सन्निकट अभिव्यक्ति के रूप में दूसरी भाषा में संवहन कराते हुए सम्पन्न करना ही अनुवाद है।

मैंने अनुवाद करते समय सन्निकट अभिव्यक्ति को ही अधिक महत्त्व दिया है। भाषा की विशेषता होती है कि कई बार वह शब्द का प्रयोग अभिधेयार्थ के रूप में न कर अन्य अर्थ में प्रयुक्त करती है। उस समय अनुवादक का कार्य यही होता है कि वह शब्द किस प्रकार का अर्थ अपने में सँजोये हुए है। अध्ययन

के द्वारा यह भी अनुभव कर सका हूँ कि अनुवाद भाषा विज्ञान की एक महत्त्वपूर्ण शाखा के रूप में भी मान्य किया जा सकता है। इसके द्वारा तुलनात्मक भाषाविज्ञान और प्रायोगिक भाषाविज्ञान का कार्य करने में बहुत सहायता मिल सकती है। अनुवाद करते समय यह भी अनुभव किया कि अनुवाद भाषाविज्ञान की एक और शाखा— ध्वनि विज्ञान से भी सम्बन्धित है। भाषा की ध्वन्यात्मक शक्ति अत्यन्त प्रभावशाली होती है। इस कारण स्रोत भाषा में प्रस्तुत शब्दों की कैसी ध्वन्यात्मक स्थिति है इस ओर भी ध्यान देना आवश्यक होता है।

यहाँ मैं अनुवाद के सम्बन्ध में अधिक विवरण न देते हुए अब अन्त में केवल अनुवादक के सम्बन्ध में कुछ तथ्य स्पष्ट करते हुए अपनी बात पूर्ण करूँगा। वैसे यह अंश मेरी पुस्तक के कुछ भागों में से उद्धृत कर सका हूँ। अनुवाद के सम्बन्ध में बहुत कुछ कहा जा सकता है। इसके कई पक्षों का पृथक् विवेचन किया जा सकता है।

मैं इसके पूर्व ही उल्लेख कर चुका हूँ कि अनुवाद कार्य से मेरा सम्बन्ध तीन दशक से है। परिणामतः मैं अनुवादक के सम्बन्ध में कुछ कहने का अधिकार अवश्य रखता हूँ। यह पृथक् पक्ष है कि वह सबको कहाँ तक मान्य होती है।

अनुवादक में भी दो शब्द हैं— एक "अनु" और दूसरा "वादक"। अनु के सम्बन्ध में कुछ भी कहने की आवश्यकता नहीं है, कारण इसके पूर्व विवरण दे चुका हूँ। वादक का अर्थ जो कुछ भी हो— मैं यहाँ हास्य की दृष्टि से तबला वादक के रूप में ही लेता हूँ। वैसे भी वाद्य-यन्त्रों को बजाने वाला वादक ही कहलाता है, अनुवादक का वादक मेरी दृष्टि से ऐसा ही व्यक्ति है जो वादक रूप में स्वीकार किया जाय तो ही उपयुक्त है। वह इस कारण—

अनुवादक को स्रोत भाषा का ज्ञान अवश्य होना चाहिए। ज्ञान से तात्पर्य यह है कि उसे वह भाषा आनी चाहिए। किसी भी भाषा का ज्ञान होने से वह अनुवादक बन सकता है ऐसी बात नहीं है। वास्तविकता यह है कि अनुवादक को भाषा का ज्ञान होने के साथ विषय की पकड़ भी समुचित होनी चाहिए। उदाहरणार्थ, मैं मराठी की किसी पुस्तक का हिन्दी में अनुवाद करता हूँ। वह कृति विज्ञान से सम्बन्धित है। ऐसी कृति का अनुवाद करने में विशेष कठिनाई नहीं हो सकती। मैं शब्दकोश की सहायता से सहज में ही अनुवाद कर सकता हूँ। यदि वह कृति साहित्य की किसी विधा से सम्बन्धित हुई तो फिर मराठी का शब्द कोश अधिक सहायता नहीं कर सकता। कहने का तात्पर्य यह है कि स्रोत भाषा का ज्ञान होने के साथ अनुवादक को भाषा के साथ कृति में निहित अन्तरंग भावों का समझने और उन्हें सार्थक रूप में प्रस्तुत करने की क्षमता

होनी चाहिए। केवल भाषा का ज्ञान होने से काम नहीं चल सकता। उसमें निहित कल्पकता और कवि की प्रज्ञा से सामंजस्य स्थापित करने की क्षमता भी अनिवार्य है। स्पष्ट है कि अनुवादक को मेरी दृष्टि से उच्चकोटि का रसिक पाठक तो होना ही चाहिए तथा निहित पक्ष को विषयानुरूप सजीवता के साथ प्रस्तुतिकरण में भी सक्षम होना चाहिए, अन्यथा वह अनुवाद को सार्थकता प्रदान नहीं कर सकेगा और जैसा कि हम कहते हैं कि उसने तो हमारे या अपने तबले ही बजा दिये— उसी प्रकार वह अनुवाद का तबला ही बजा देता है— अतः वह वादक होने के साथ वाद्य-यन्त्र को अनु अर्थात् उसके पीछे लगकर ही विशेष ढंग से बजा सकता है अन्यथा उसमें कमतरता रह जाती है— यही बात अनुवाद के लिए आवश्यक है। उनमें पूर्णतः रम जाना अत्यावश्यक है। अनुवादक में कार्य करने के साथ स्रोत भाषा में रम जाना अनिवार्य है – ज्ञान के साथ। यह उसकी सर्वप्रथम अनिवार्यता है।

अनुवाद के सम्बन्ध में दूसरी अनिवार्यता है लक्ष्य भाषा का ज्ञान। अनुवादक स्रोत भाषा की कृति का जिस भाषा में प्रस्तुतिकरण की ओर अग्रसर होता है, उसका भी तदनुरूप ज्ञान आवश्यक है। इतना ही नहीं अपितु अनुवादक को लक्ष्य भाषा का ज्ञान होने के साथ उसमें विचारों को अभिव्यक्त करने की भी क्षमता होनी चाहिए। उदाहरणार्थ अनुवादक की मातृभाषा स्रोत भाषा है। लक्ष्य भाषा का अध्ययन करने के उपरान्त वह अनुवाद करता है। यहाँ तक तो ठीक है, परन्तु केवल अध्ययन करने से ही काम नहीं चलता वरन् उसमें विचारों को प्रस्तुत करने की भी क्षमता होनी चाहिए तथा लक्ष्य भाषा के रसिकों को वह अपने अनुवाद के द्वारा आनन्द प्राप्त करा सके। इस सम्बन्ध में मैं भावगंध के सम्बन्ध में डॉ० जगदीश गुप्त के विचार उद्धृत करने का लोभ संवरण नहीं कर सकता। उन्होंने अपनी कृति 'छन्द-शती' के दृष्टिकोण में स्पष्ट किया है कि **"प्रथम विश्व हिन्दी परिषद के अवसर पर नागपुर में आयोजित हिन्दी पुस्तक प्रदर्शनी में मैंने 'भावगंध' नामक एक बड़ी रोचक समीक्षा पुस्तक प्राप्त की। यह डॉ० घनश्याम गोपाल व्यास का किया हुआ डॉ० माधव गोपाल देशमुख की मूल मराठी पुस्तक का हिन्दी अनुवाद है। भाषा विचारों से कम आनन्दप्रद नहीं है।" छन्द-शती, दृष्टिकोण (पृष्ठ 9)** कहने का तात्पर्य यह है कि अनुवादक को स्रोत भाषा और लक्ष्य भाषा— दोनों में विचारों को और भावों को प्रस्तुत करने की क्षमता उतनी ही होनी चाहिए ताकि दोनों भाषा के मूल पाठक कृति का तदनुरूप आनन्द प्राप्त कर सके। अन्यथा मेरी दृष्टि से अनुवाद की कोई सार्थकता नहीं है। अतः मैं यह कहना चाहूँगा कि अनुवादक को स्रोत भाषा और लक्ष्य भाषा का ज्ञान विषय के अनुरूप होने के साथ, कृति में निहित विचारों और भावों को सटीक रूप में प्रस्तुत करने की

क्षमता भी आवश्यक और अनिवार्य है—तभी अनुवाद उच्च कोटि का हो सकता है तथा रसास्वादन प्राप्त करने में भी सक्षम हो सकता है।

अनुवादक को स्रोत भाषा और लक्ष्य भाषा के ज्ञान के साथ जिस विषय की कृति का अनुवाद करना है उसका भी समुचित ज्ञान आवश्यक है। अनुवादक इस बात में जरा-सा भी न्यून रहा तो अर्थ की प्रक्रिया ही भिन्न रूप में स्पष्ट होने लगती है तथा अनुवाद का सारा सौन्दर्य श्रीहीन हो जाता है। इस सम्बन्ध में मुझे सन्त एकनाथ कृत 'भावार्थ रामायण' का हिन्दी में गद्य में अनुवाद करते समय हुआ। सन्त एकनाथ ने श्रीराम कथा के साथ अनेक कथाओं का विवरण प्रसंगानुरूप दिया है। अतः मैं कृति से सन्दर्भित ज्ञान को भी उतना ही महत्त्व देता हूँ, जितना दोनों भाषाओं के ज्ञान को।

इस प्रकार मेरी दृष्टि से अनुवादक के लिए उपर्युक्त तीनों पक्षों में पूर्णतः सक्षम होना आवश्यक है। ऐसा न होने पर अनुवाद को इधर से उधर बताने की क्रिया से सम्पन्न करना आवश्यक हो जाता है ताकि अनुवाद में कुछ कमी रह गयी हो तो दूर की जा सके। परन्तु मैं इसे उचित नहीं मानता। वैसे अनुवाद किसी भी कृति का हो, उसे एक बार अन्य को बताने में कोई गलत बात नहीं है।

अन्त में यह कहना चाहता हूँ कि अनुवादक को एक साथ एक से अधिक भाषाओं का पंडित होना चाहिए तथा उसमें प्रत्येक भाषा में भावों और विचारों को तदनुरूप प्रस्तुत करने की क्षमता होनी चाहिए।

गणेश अष्टेकर

भारतीय बहुभाषिक स्थिति

बहुभाषिक भारत

यह एक प्रकट सत्य है कि भारत एक बहुभाषिक राष्ट्र है। इस विशाल राष्ट्र में खान-पान, रहन-सहन और बोली-भाषाओं की दृष्टि से अनेक भेद हैं, जिनमें से भाषा-भेद के बारे में हम सोचना चाहते हैं। यहाँ अनेकानेक भाषाएँ बोली जाती हैं। भाषाओं के वर्गों के बारे में, आकार-प्रकार के बारे में हमें सोचना नहीं है। यहाँ तो केवल भारत की बहुभाषाओं वाली स्थिति में, और विशेषतः हिन्दी-मराठी के सन्दर्भ में ही सोचना है। कहा जाता है हिन्दी भारत की राष्ट्रभाषा, सम्पर्क भाषा है। मराठी भी भारत की एक राष्ट्रभाषा, प्रगत भाषा है– यह भी कहा जाता रहा है। इन दोनों के पारस्परिक सम्बन्धों को बढ़ाने में अनुवाद की क्या भूमिका हो सकती है? इस प्रश्न पर विचार करना है। आइए पहले हम हिन्दी भाषा के बारे में कुछ जानना चाहेंगे।

हिन्दी भाषा

हिन्दी भारत की एक राष्ट्रभाषा है। एक देश एक राष्ट्रभाषा का सिद्धान्त यहाँ लागू नहीं होता इसीलिए दूसरी राष्ट्रभाषा अंग्रेजी मानी गयी है। एक राष्ट्र दो राष्ट्रभाषाएँ, एक राष्ट्र दो राष्ट्रगीत, एक राष्ट्र अनेक कानून की यहाँ स्थिति है, जिसे देखते हुए लगता है कि या तो राष्ट्र के एकत्व में कोई कमज़ोरी है अथवा भाषा, गीत, कानूनों में। इसे विस्तार देना उद्देश्य नहीं है। यहाँ तो केवल यही रेखांकित करना है कि इसी बहुत्व में हमें एकत्व की खोज है। और इसी खोज के अनेक उपायों में से एक उपाय है अनुवाद। एक भारतीय भाषा का दूसरी भारतीय भाषा में अनुवाद। क्योंकि यहाँ 'हिन्दी एकमात्र राष्ट्रभाषा है'—इसमें हमें तो कोई शक नहीं है। जब हम मराठी, पंजाबी, बंगाली, तमिल, तेलुगू आदि-आदि प्रान्तीय भाषाओं को भी राष्ट्रभाषाएँ कहते हैं, तब हिन्दी को राष्ट्रभाषा कहने में और इन प्रान्तीय भाषाओं को राष्ट्र-भाषाएँ कहने में 'राष्ट्र की संकल्पना' भिन्न हो जाती है। यह संकल्पना ऐसी

नाजुक होती है कि जिसको स्पष्ट कर पाना सम्भव से परे की वस्तु बन बैठती है।

राष्ट्रभाषाएँ और राष्ट्रीयत्व

स्थूल रूप से देखा जाये तो अंग्रेजी शासन की समाप्ति के बाद ही हिन्दी भारत की राष्ट्रभाषा के रूप में उदित हुई। चाहे इसकी घोषणा कुछ देर से हुई हो। घोषणा के बावजूद, बीसियों बरसों से आज तक यह बहस का मुद्दा बना है कि क्या हिन्दी इस देश की राष्ट्रभाषा है, राजभाषा है, अथवा सम्पर्क भाषा है ? इन तीनों भूमिकाओं में तीसरी भूमिका सबसे महत्त्वपूर्ण होती है, जिसे निभाने वाली भाषा में जिस तरह के सामर्थ्य की अपेक्षा है उसी की प्राप्ति का एक मार्ग है—भारत की अन्य भाषाओं से हिन्दी में साहित्य का अनुवाद ! हमारे राष्ट्र की राष्ट्रभाषाएँ एक हो या अनेक, राष्ट्रगीत एक हो या अनेक, क़ानून एक हो या अनेक, इससे हमें कोई अन्तर नहीं आता, सिर्फ यह मान लेने पर ही कि यह भाषा, गीत, क़ानून एक ही राष्ट्र के हैं !

मराठी और अनुवादक-लेखक

मराठी एक प्रगत और समृद्ध भाषा है। इसकी प्रगति और समृद्धि इसके बोलने वालों की साम्पत्तिक स्थिति के साथ जुड़ी हुई नहीं है बल्कि मराठी भाषिकों की सामाजिक समता और राजनीतिक महत्त्वाकांक्षाओं से जुड़ी है। समूचा सन्त-साहित्य समकालीन समाज में विषमता की खाई को पाटने की कोशिश है तो पेशवाकालीन महाराष्ट्र मराठों की राजनीतिक महत्त्वाकांक्षाओं की प्रतिछवि है। आधुनिक युग में शाहू-फुले-आम्बेडकर की समाज सुधारवादी विचारधाराओं का प्रतिनिधित्व हुआ है। इन सारी विशेषताओं को लेकर चलने वाली मराठी भाषा, रचनाओं की दृष्टि से समृद्ध और प्रगत हुई हो तो आश्चर्य नहीं। स्वाधीनता की पिछली चार दशाब्दियों में मराठी 'प्रान्तीय भाषा' बनकर रही है—जिसे मराठी मन स्वीकारने में आना-कानी कर रहा है, और पूछ रहा है कि "हिन्दी यदि इस राष्ट्र की राष्ट्रभाषा है तो मराठी भी इसी राष्ट्र की राष्ट्रभाषा क्यों नहीं हो सकती ?" इसका उत्तर 'खुद' ही खोजकर 'मराठी भी राष्ट्रभाषा है' कहता हुआ इसे दैनन्दिन 'राजकीय व्यवहार की भाषा' बनाकर 'राजभाषा' का भी दर्जा देता है। रही सम्पर्क भाषा की स्थिति—इसके लिए भी आज वह तैयार हुआ है। कन्नड़, तेलुगू, गुजराती आदि सीमावर्ती भाषाओं से अधिक हिन्दी में अपने साहित्य का अनुवाद प्रस्तुत करना चाहता है। कभी समय था—जबकि हिन्दी को एक 'अविकसित भाषा' समझकर अपनी मराठी भाषा की रचना को हिन्दी में उल्था कर देने से, मराठी साहित्यिक जी चुराते

थे। परन्तु आज वे ही मराठी के मूर्द्धन्य साहित्यिक अपनी मूल मराठी में लिखी रचनाओं को हिन्दी में अनूदित होते, आकर्षक रूप में छपते और बहुतायत में 'बिकते' देखना चाहते हैं। यदि यह कहें कि ऐसा होना अपना परम भाग्य समझते हैं, तो कोई अत्युक्ति नहीं होगी। तब जिम्मेदारी आती है अनुवादकों पर। अनुवादक अपने अनुवादकार्य के लिए ऐसी रचनाएँ चुनें जो हिन्दी में आकर नयी और अद्‌भुत लगें। ऐसी हिन्दी भाषा का प्रयोग अपने अनुवाद-कार्य के लिए करें, जो मूल रचना की शैली और भेदक विशेषताओं से पाठकों को परिचित करा दें।

मराठी हिन्दी

अनुवाद, और वह भी मराठी-हिन्दी के सम्बन्ध में विचार करने पर, एक प्रश्न बराबर मन में उठता है कि 'क्या हिन्दी की श्रेष्ठ रचनाओं के अनुवाद मराठी में नहीं हो सकते ? क्यों नहीं ? अवश्य हो सकते हैं, परन्तु उनकी लोकप्रियता पर प्रश्नचिह्न लगने की सम्भावना है। इसके कई कारण हैं। और सबसे महत्त्वपूर्ण कारण तो यही है कि मराठी भाषिक के लिए हिन्दी कोई 'दूर' की भाषा नहीं लगती। यह हुई साधारण जन की बात। जब हम साहित्य की बात कर रहे हैं, तो निःसन्देह पढ़ना-लिखना जानने वालों की बात है। बेशक इस समय पुस्तकें क्रय करने की और पढ़ने की हमारी रुचि में अन्तर आया है। दृश्य-श्रव्य माध्यम ने जिस प्रकार सामान्य जनों को प्रभावित किया है; ठीक उसी प्रकार इसके प्रभाव से साहित्य में रुचि रखने वाला वर्ग भी छूट नहीं पाया है। जहाँ तक साहित्य की भावनात्मक उलझनों से जूझने के उत्साही पाठकों का सवाल है, वह थोड़ी-सी मेहनत से, मूल में लिखी हुई हिन्दी रचना की 'थाह' पा सकते हैं। उनके लिए हिन्दी से मराठी में अनुवाद करना बेकार है। रही तकनीकी जानकारी वाले साहित्य की बात—उसमें हिन्दी इतनी अधिक विकसित और सरल नहीं बनी है कि मराठी के पाठकों को 'आर्कषित' कर सके। हिन्दी की दुरूहता तब और अधिक मात्रा में बढ़ जाती है, जब अंग्रेजी की सुगमता, संस्कारवश ही सही, मराठी मातृभाषिकों में अपनी प्रियता का प्रतिमान स्थापित करती है। इसका इलाज अंग्रेजी की पढ़ाई बन्द कर दी जाये और दुरूह हिन्दी की शरण ली जाये, यह होकर भी नहीं है ! और इसी हाँ-नहीं के चक्रव्यूह में हिन्दी और मराठी फँसी है। इस व्यूह को भेद पाना बड़ा कठिन है। और इसी कठिन कार्य का विनम्र प्रयास है अनुवाद। तकनीकी ज्ञान की हिन्दी मूल रचना को मराठी में यदि कोई जिज्ञासु पढ़ ले, तो उसे हिन्दी के श्रेष्ठत्व के प्रति आदर उत्पन्न होने के स्थान पर, अंग्रेजी के सम्पन्नत्व पर ग़रूर आने लगता है। क्योंकि वह हिन्दी मूल भी अंग्रेजी चिन्तन का ही फल होता है। विदेशी

खोजबीन का ही प्रतिफलन होता है। खैर, छोड़िये तकनीकी साहित्य को।

साहित्य और सभ्यता-संस्कृति

हम यदि साहित्य का पारम्परिक और सर्वस्वीकृत अर्थ लेते हैं, तो यह बड़े आग्रह के साथ कहना पड़ता है कि जितनी आवश्यकता मराठी से हिन्दी में अनुवाद की है, उतनी हिन्दी से मराठी में अनुवाद की नहीं। संयोग से समूचा हिन्दी-भाषी प्रदेश राजनीतिक महत्ता का केन्द्र स्थान बना हुआ है। कम से कम स्वाधीनता के पिछले चार दशाब्द तो इसी प्रदेश का महत्त्व रेखांकित करते रहे हैं। आज भी कोई परिवर्तन नहीं आया है इस स्थिति में, और कल भी आने की सम्भावना नहीं के बराबर है। राजनीति जीवन के हर क्षेत्र को प्रभावित करने वाली हुई है। और-और क्षेत्रों की अपेक्षा हमारा आर्थिक क्षेत्र महत्त्वपूर्ण है। आज भी सभी गुण सुवर्ण के आश्रय में रहते हैं। गुण तो गुण, आज हमारी भूख जैसी अनिवार्यता का आधार भी सम्पत्ति बनी है। जिसके पास पैसा है वह सुखी तो है ही, परन्तु वह भरपेट खा सकने वाला भी है। जब मुद्रा का प्रचलन नहीं था, तब भूख सम्पत्ति के आश्रय में नहीं थी। आज भूख और सम्पत्ति का बड़ा अद्‌भुत रिश्ता है। विपुल सम्पत्ति वालों को भी भूख लगती है, परन्तु वह उसको मिटाने के लिए जो प्रयास करते हैं, तुच्छ प्रयास हैं। सम्पत्ति-हीनों को भी भूख लगती है, और उसे मिटाने के लिए उन्हें बड़े गहन प्रयास करने पड़ते हैं। इन दो वर्गों के बीच का एक वर्ग है—मध्यवर्ग। मध्यवर्ग हमेशा उन दोनों प्रकार के प्रयासों के बीच का मार्ग अपनाता है, और अपनी भूख को मिटाता रहता है। इसी बीच के रास्ते पर चलते हुए वह अपनी बुभुक्षा को शान्त करता है, और उस प्रयास में—होने वाले कर्मों की नैतिकता परखता रहता है। उसकी यही नैतिकता को परखने की ललक, साहित्य में संस्कृति का रूप लेती है। मध्यवर्ग जितनी संस्कृति और सभ्यता की बात करता है, उतनी शेष दो वर्ग नहीं करते। मध्यवर्ग जितना संस्कृति और सभ्यता से चिपटा रहता है, उतना कोई भी सामाजिक वर्ग नहीं रहता। यही कारण है कि हम लगभग यह मानकर चलते हैं कि, साहित्य और संस्कृति मध्यवर्ग की धरोहर है। इन दिनों यही मध्यवर्ग उत्तरोत्तर निम्न वर्ग की ओर बढ़ रहा है। समाज के केवल दो ही वर्ग बनते दिखाई दे रहे हैं—निम्न और उच्च। यह आर्थिक स्थिति के कारण हो रहा है। सोच-विचार पर इस परिवर्तन का प्रभाव अवश्य होता है। इसी प्रभाव का चित्रण होता रहा है साहित्य में। इस वर्ग-संक्रमण काल की रहस्यात्मकता को उजागर करने वाली किसी भी रचना का अनुवाद काव्य होगा। मराठी से हिन्दी में अधिक अपेक्षित होगा।

मराठी भाषिक और साहित्यिक

मराठी भाषिकों के मध्यवर्ग की चिन्ता का पता, उसके साहित्य से चल सकता है। साहित्य भी बड़ा गोरखधन्धा बना है इन दिनों। ख़ासकर मराठी साहित्य। अपनी रचनाओं में फटेहाली का चित्रण, एक सफल साहित्यकार का बड़ा प्रिय कार्य है। ग़रीबी का चित्रण किसलिए ? किसके लिए ? यदि किसी अपढ़-गँवार, दरिद्र का चित्रण कोई साहित्यिक करे तो उसका प्रभाव क्षीण होता है ? हाँ, अवश्य ऐसा होता है। वह इसीलिए क्षीण होता है, कि रचनाकार चाहेगा उसकी रचना उच्चतर वर्ग के लोग पढ़ें। उच्चतर वर्ग की अभिरुचि ऐसे चित्रणों में कहाँ होगी ! यदि रचनाकार चाहेगा उसकी रचना को वही वर्ग पढ़े, जिसका चित्रण है, और देखें कि उस वर्णन में यथार्थवाद कितना खुलकर सामने आया है। तब भी रचनाकार की इच्छा पूरी नहीं होती। एक तो वह वर्ग पढ़ नहीं पायेगा और यदि पढ़ भी लेगा तो सराहेगा नहीं। वह तो यही कहेगा कि 'क्या ख़ाक लिखा है ! इससे अधिक तो हमने दुःख भोगा है !' तब रचनाकार के मन में साहित्य का एक उद्देश्य 'स्वान्तः सुखाय' का उदय होगा ! यहाँ यह आवश्यक नहीं कि, उक्त सारी प्रक्रिया तभी हो सकेगी जब तथाकथित 'सफल साहित्यिक' अन्य 'सामाजिक वर्ग' का हो।

समालोचना का अनुवाद

यह तो किसी भी वर्ग वाले साहित्यिक के साथ घट सकता है। साहित्य, साहित्यकार और साहित्य में चित्रित इस निम्न वर्ग की गुत्थी को, हिन्दी का पाठक तभी समझ सकेगा, जबकि मराठी की कोई ऐसी सशक्त रचना, अनुवाद के रूप में उसके सामने प्रस्तुत होगी। और उस रचना पर निकली मराठी आलोचना भी, अनुवाद के रूप में, उसके सामने आयेगी। कहना न होगा कि अनुवाद का दायित्व केवल मौलिक मराठी साहित्य का अनुवाद ही नहीं, बल्कि उस रचना को इस प्रदेश के लोगों ने किस तरह स्वीकारा-नकारा आदि से परिचित कराना भी होगा। इससे हिन्दी-पाठक मराठी भाषी लोगों के सामाजिक वर्गों के विचारों को बहुत अच्छी तरह समझ सकेंगे। आज मराठी भाषी समाज का परिचय अन्य भाषा-भाषियों को, विशेषतः हिन्दी भाषा-भाषी को देना इसलिए आवश्यक है, कि हम अपने को एक प्रगत समाज का अंग समझते हैं। हमें अपने समाज-सुधारकों और साहित्यिकों पर नाज़ है। अपनी इस धारणा को, आकार में हमसे बृहत्तर किन्तु साहित्य और सांस्कृतिक दृष्टि से इस बड़ेपने में सन्देह की दृष्टि से देखे जा सकने वाले, हिन्दी-समाज के पाठकों के सामने प्रस्तुत करना चाहते हैं। यह कार्य है तो पेचीदा परन्तु आवश्यक होने से इसे करना ही होगा।

मराठी साहित्य और धर्म

साहित्य में पिछड़े लोगों का चित्रण ही कोई मराठी की विशेषता नहीं है। सामाजिक जीवन के सभी अंगों को मराठी साहित्य समेटता रहा है। राजनीतिक, आर्थिक, शैक्षिक विषयों पर पर्याप्त साहित्य उपलब्ध है। हर तरह के साहित्य की जानी-मानी रचनाओं का हिन्दी में अनुवाद होना चाहिए। जहाँ तक धार्मिक साहित्य की बात है, एक तो इसको सांस्कृतिक साहित्य में समाविष्ट किया जाता रहा है। दूसरे इसकी स्वतन्त्र रूप से अनुवादगत आवश्यकता भी नहीं लगती। सच देखा जाये तो, मनुष्य के चिन्तन द्वारा धर्म की कल्पना को, 'समय सापेक्ष' क़रार देकर, उसकी इन दिनों कोई आवश्यकता ही शेष नहीं रख छोड़ी है। परन्तु फिर भी इन्हीं दिनों धर्म की हो रही व्यापक जयकार से, यह सम्भ्रम हो रहा है कि कहीं इस मानवीय व्यवहार के लिए धर्म की राह ही तो एकमात्र राह नहीं रही है?' वास्तविक रूप में देखें तो मनुष्य की सभ्यता की प्रगति ने, आज जो प्रश्न खड़े किये हैं, उसके उत्तर हमारे पास नहीं हैं। इसीलिए हम प्राचीन धर्म कल्पना की ओर 'मुड़' रहे हैं। आज की व्यवस्था ने 'अर्थ' को प्रधान मान-कर प्रश्न खड़े किये हैं। और हम उन प्रश्नों के उत्तर विगत कूल के 'धर्म' के आधार पर दे रहे हैं! दोनों का सम्बन्ध मनुष्य के साथ बेशक है, परन्तु इन दिनों आवश्यक 'अर्थ' है। अर्थ की आवश्यकता इस तरह बढ़-चढ़कर है कि धर्म उसके सामने 'विगत की वस्तु' मानकर उसे छोड़ा जा सकता है। और यह एक तर्क-वितर्क का विषय होने से इसे यहीं छोड़ देते हैं।

अनुवाद कैसे हों और क्यों ?

अनूदित मराठी साहित्य के माध्यम से हिन्दी भाषा-भाषी, मराठी संस्कृति और सभ्यता समझ सकते हैं, यह कहना अर्द्धसत्य होगा। क्योंकि साहित्य की सीमाएँ हैं, साहित्य का माध्यम भाषा की अपनी सीमाएँ हैं। यह थोड़ी देर के लिए हम स्वीकार लेते हैं कि दृक-श्रव्य माध्यम को अपनाने पर, अपनी संस्कृति सभ्यता का प्रभाव व्यापक हो जाता है, परन्तु उसमें अपेक्षित गहराई शायद ही आ पाये। किसी दीर्घजीवी मूल्य का प्रचार-प्रसार साहित्य के माध्यम से ही हो सकता है। अतः हमें चाहिए कि अनुवाद के लिए ऐसी मराठी रचनाओं के चुनाव कर लें, जिनके माध्यम से मराठी क्षेत्र की उदात्त सांस्कृतिक मूल्यवत्ता का प्रचार हिन्दी में हो। इस अनुवाद कार्य से मराठी-हिन्दी का लाभ हो। साहित्य समृद्ध हो। भाषाएँ विकसित होती रहें।

चन्द्रभानु सोनवणे

पर्यायवाची शब्द

अनुवाद क्या है ? इस विषय की समस्या पर विचार करने से पहले हमें 'अनुवाद' और 'पर्याय' शब्दों के अर्थों को स्थूल रूप से समझ लेना आवश्यक है। हिन्दी में 'अनुवाद' शब्द का प्रयोग अंग्रेजी के 'ट्रान्सलेशन' शब्द के अर्थ में किया जाता है। इस अर्थ में 'अनुवाद' शब्द का सर्वप्रथम प्रयोग मोनियर विलियम्स ने किया था।[1] वैसे देखा जाये, तो कथ्य को सम्प्रेषित करने के लिए मनुष्य उसे भाषिक प्रतीकों में अभिव्यक्त करते समय एक प्रकार से 'अनुवाद' (अनु + वाद) ही कर रहा होता है। इसी अभिव्यक्ति को जब श्रोता की समझ में आने के लिए भिन्न प्रकार के शब्दों में प्रस्तुत किया जाता है, तो वह अभिव्यक्ति किसी विशिष्ट 'वाद' का 'अनु-वाद' होती है। इसीलिए 'धूम्रपान निषिद्ध है'—इस औपचारिक अभिव्यक्ति का अनौपचारिक भाषा में अनुवाद 'तमाखू पीना मना है' के रूप में किया जा सकता है। इस प्रसंग में मुझे आचार्य हजारीप्रसाद द्विवेदी का एक विनोद स्मरण हो आया है। कहते हैं कि एक बार हिन्दी के एक प्रसिद्ध लेखक की रचना के सम्बन्ध में आचार्य जी ने कहा था कि उस रचना का सरल हिन्दी में अनुवाद हो जाना चाहिए। इसी प्रकार जब उर्दू से हिन्दी में या हिन्दी से उर्दू में अनुवाद की बात की जाती है, तो वह अनुवाद भाषा का अन्तरण नहीं, अपितु शैली का अन्तरण होता है। कहने का आशय यह है कि किसी उक्ति का भिन्न-भाषिक या स्वभाषिक अन्तरण अनुवाद कहलाता है। सामान्यतः भिन्न-भाषिक अन्तरण को ही अनुवाद समझा जाता है।

विषय का विचारणीय दूसरा शब्द 'पर्याय' है। 'पर्याय' का सामान्य अर्थ समानार्थक शब्द है। यह समानार्थक शब्द उसी भाषा का होता है। किसी भाषा के समानार्थक शब्द परस्पर पर्यायवाची शब्द कहलाते हैं। कभी-कभी व्यक्ति अपनी भाषा में 'लाज-शरम' जैसे पर्यायवाची शब्दों का प्रयोग किया करता है। मूलतः ये शब्द भिन्न भाषाओं के शब्द हैं। श्रोता की समझ में आने के लिए ऐसे अनुवाद-युग्मों का प्रयोग किया गया था, किन्तु आगे चलकर ये शब्द एक ही भाषा के समानार्थक शब्द बन गये। अनुवाद में भिन्न भाषाओं और शैलियों के समानार्थक शब्दों को पर्याय शब्द कहा जा सकता है।

शब्दों की परस्पर पर्यायता को समझने के लिए शब्द और अर्थ के सम्बन्ध को समझ लेना आवश्यक है। शब्द और अर्थ के सम्बन्ध के बारे में एक मत यह है कि शब्द और अर्थ का सम्बन्ध यादृच्छिक है। इस मत के अनुसार तो सभी शब्द सभी अर्थों के वाचक हो सकते हैं। इसीलिए कहा जाता है कि "सर्वे सर्वार्थ-वाचकाः।" यह बात दूसरी है कि यदृच्छा के आधार पर कुछ शब्दों को विशिष्ट समाज की विशिष्ट भाषा में परस्पर पर्याय मान लिया गया है। यदृच्छा पर पर्यायों को आधारित मान लेने पर पर्यायवाचियों के चयन में कोई कठिनाई नहीं मानी जा सकती। विष्णु के सहस्र नामों में से विष्णु के लिए किसी भी नाम का उपयोग किया जा सकता है। इसी प्रकार की दृष्टि के कारण छन्द के साँचे में फिट होने वाले पर्याय शब्द को चुना जाता रहा है।

संस्कृत में एक अर्थ के वाचक अनेक शब्द पाये जाते हैं। 'पृथ्वी' के वाचक अठहत्तर शब्द संस्कृत में हैं। इन अठहत्तर शब्दों में एक शब्द 'गौ' भी है। इस 'गौ' शब्द के भी अट्ठाईस अर्थ संस्कृत में हैं। इस प्रकार हम देखते हैं कि एक अर्थ के वाचक अनेक शब्द और एक शब्द के अनेक अर्थ संस्कृत में हैं। ऐसी ही स्थिति अन्य भाषाओं में कम-अधिक मात्रा में है। कभी-कभी यह देखा गया है कि किसी एक शब्द के विशिष्ट दो अर्थ होते हैं। उस शब्द के पर्याय शब्दों के भी वे ही विशिष्ट अर्थ कहे जाते हैं। संस्कृत में 'हरिद्रा' का ही अर्थ 'हल्दी' और 'रात' नहीं है, अपितु 'हरिद्रा' के सभी पर्यायशब्दों के अर्थ 'हल्दी' और 'रात' हैं। इसी प्रकार गत्यर्थक धातुओं के ज्ञान, गमन और प्राप्ति ये तीन अर्थ कहे गये हैं।[2] पर्यायवाचियों के सम्बन्ध में अपनाये गये इस दृष्टिकोण के कारण पर्यायवाची शब्द समानार्थक न रहकर तदेवार्थक ही बन गये। अभिव्यक्ति की सूक्ष्मता के लिए यह स्थिति वांछनीय नहीं है।

शब्द और अर्थ के सम्बन्ध के बारे में दूसरा मत यह है कि यह सम्बन्ध यादृच्छिक न होकर नित्य सम्बन्ध है। पतंजलि ने कहा है, "नित्यो हि अर्थवतां अर्थैः अभिसम्बन्धः।"[3] अर्थात् शब्द और अर्थ का सम्बन्ध नित्य सम्बन्ध है। यहाँ यह प्रश्न उपस्थित होता है कि यदि शब्द और अर्थ का नित्य सम्बन्ध है, तो एक ही अर्थ के लिए अनेक शब्द किसी भाषा में क्यों होते हैं। इसके अतिरिक्त दूसरी बात यह है कि शब्दार्थ सम्बन्ध को नित्य मानने पर भाषाभेद का कारण समझ में नहीं आता। तीसरी बात यह है कि शब्दार्थ सम्बन्ध को नित्य मान लेने पर भाषाविकास निरर्थक हो जाता है।

वास्तव में शब्दार्थ का सम्बन्ध न यादृच्छिक है और न नित्य। ये दोनों ही मत अतिवादी मत हैं। शब्दार्थ सम्बन्ध सर्वथा यादृच्छिक नहीं है। शब्दार्थ सम्बन्ध का आधार प्रत्यक्षतः या परोक्षतः ध्वनियाँ हैं। उदाहरण के लिए एक पक्षी विशेष को 'का' 'का' करते हुए देखकर प्रथमतः किसी ने उसे 'काक' कह

दिया होगा दूसरों को यह नामकरण पसन्द आया होगा, और फिर यह शब्द उस विशिष्ट समाज में प्रचलित हो गया होगा। इसी पक्षी विशेष की ध्वनि अन्यत्र किसी व्यक्ति को 'क्रो' 'क्रो' के रूप में सुनाई दी। उसने उस पक्षी का नामकरण 'क्रो' कर दिया। उसके आसपास के समाज ने इस नामकरण को अपना लिया। इसलिए एक ही पक्षी के लिए भिन्न समाजों में 'काक' और 'क्रो' शब्द अपनाये गये। 'काक' शब्द संस्कृत का शब्द है और 'क्रो' शब्द अंग्रेजी का शब्द है। इसलिए 'काक' का अंग्रेजी अनुवाद 'क्रो' है। ये शब्द भिन्न भाषाओं के तदेवार्थक शब्द हैं।

कौए की अस्पष्ट-सी ध्वनि 'का' 'का' या 'क्रो' 'क्रो' के रूप में सुनाई दे सकती है। अस्पष्ट-सी ध्वनियों को सुनते समय हमारी मनोदशा के अनुसार वे ध्वनियाँ स्पष्ट-सा रूप ग्रहण कर सकती हैं। अपना पेट भरने के लिए मुम्बई जाने वाले मराठी भाषी मजदूर को इंजन की ध्वनि में सुनाई दिया करता था, "कशासाठी पोटासाठी, खण्डाळ्याच्या घाटासाठी।" इसी समय का पूर्वी भारत का हिन्दी भाषी मजदूर अपना पेट भरने के लिए कलकत्ता जाते समय इंजन की ध्वनि में सुना करता था, "छह-छह पैसे, दो-दो आना।" उन दिनों मजदूरी के रूप में उसे छह पैसे से आठ पैसे तक मिला करते थे।

शब्द और अर्थ का सम्बन्ध नित्य भी नहीं है। यही कारण है कि मन की शान्त स्थिति का द्योतक अंग्रेजी का 'काम' शब्द हिन्दी में मन को मथकर अशान्त करने वाले 'मन्मथ' के पर्याय के रूप में स्वीकृत है।

जो भी हो, किन्हीं कारणों से विशिष्ट अर्थ के लिए विशिष्ट शब्द प्रचलित हो जाता है। शब्द के प्रचलित होने पर उसमें अर्थवत्ता भरती चली जाती है। शब्द और अर्थ में धीरे-धीरे विवाहोत्तर प्रेम के कारण अद्वैतता प्रस्थापित होने लगती है। फिर ये शब्द और अर्थ पार्वती-परमेश्वर की तरह से परस्पर सम्पृक्त प्रतीत होने लगते हैं।[4] वे जल-वीचि के समान कहने मात्र के लिए भिन्न होते हैं।[5]

कभी-कभी शब्द और अर्थ में सम्बन्ध स्थापित तो हो जाते हैं, किन्तु सम्बन्ध में अंतरंगता विकसित नहीं हो पाती। उदाहरण के लिए 'अनुशासन' शब्द को लिया जा सकता है।[6] 'अनुशासन' की अपेक्षा मराठी के 'शिस्त' शब्द में अपने अर्थ के अनुकूल चुस्ती है। ऐसे शब्दों का अनुवाद कठिन हो जाता है।[7]

इस प्रसंग में हमें यह बात भी जान लेनी चाहिए कि प्रत्येक भाषा का अपना एक विशिष्ट व्यक्तित्व विकसित हो जाता है। इसीलिए कहा जाता है कि प्रेम की बातें करनी हों, तो फ्रेंच में बातें करो। यदि लड़ाई की बातें करनी हों, तो जर्मन में करो। इस भेद को 'सावधान' के लिए प्रयुक्त किये जाने वाले शब्दों के आधार पर समझा जा सकता है। 'सावधान' (अटेंशन) के लिए फ्रेंच में

'आतंस्यू' शब्द प्रयुक्त किया जाता है। जर्मन में 'आखटोन' शब्द प्रयुक्त होता है। यह जर्मन शब्द सैनिक जीवन के अधिक अनुकूल है।

कभी-कभी अनूदित शब्द भाषा के व्यक्तित्व एवं परम्परा के अनुकूल होने पर अनूदित ही नहीं लगता। 'बोगन व्हिला' के लिए 'बेगम बेल' का प्रयोग ऐसा ही है। नामकरण में ध्वन्यनुरूपता तो है, किन्तु अर्थ की अनुरूपता और भी अधिक है। इस बेल के रंगीन पत्ते सूख जाने पर भी मुरझाए हुए गमगीन नहीं लगते। इसलिए यह 'बेगम' शब्द उसी अर्थ में कहा जा सकता है, जिस अर्थ में कबीर ने एक स्थान पर 'बेगम' का प्रयोग 'बे-गम' के अर्थ में करते हुए कहा है, "अवधू बेगम देस हमारा।"[8] इसी प्रकार 'दि ट्रूथ, दि गुड, दि ब्यूटिफुल' का अनुवाद 'सत्यं, शिवं, सुन्दरम्' मूल से भी अधिक सुन्दर और लयमय है। यह औपनिषदिक अभिव्यक्ति-सा प्रतीत होता है।

अनुवाद करते समय दो भाषाओं के व्यक्तित्व भिन्न हों, तो कठिनाई प्रतीत होती है। समान सांस्कृतिक परम्परा के कारण दो भाषाओं के व्यक्तित्व समान होने पर भी कठिनाई हो सकती है। भाषाओं में अपने-अपने विशिष्ट तत्त्व तो होते ही हैं। उदाहरण के लिए हिन्दी और मराठी बहनें होते हुए भी भिन्न तो हैं ही। हिन्दी के 'साला' शब्द का अनुवाद मराठी में 'मेहुणा' होता है, किन्तु 'मेहुणा' का हिन्दी अनुवाद अनिवार्यतः 'साला' नहीं होगा। 'मेहुणा' तो 'जीजा' या 'बहनोई' भी हो सकता है। वह ममेरा या फुफेरा भाई भी हो सकता है। किन्तु यह 'मेहुणा' हिन्दी के 'साला' के समान गाली नहीं हो सकता। हिन्दी की सबसे अधिक प्रचलित गाली 'साला' है। मराठी का 'मेहुणा' जोरू का भाई ही नहीं, वह ममेरा भाई भी हो सकता है। इसलिए वह गाली नहीं बन सका।

हिन्दी और अंग्रेजी की सांस्कृतिक परम्पराएँ तो और अधिक भिन्न हैं। इसलिए 'सुहागन' के लिए पर्याय शब्द अंग्रेजी में नहीं मिलता। इसी प्रकार 'उसने कहा था' के अंग्रेजी में अनूदित होने पर मूल का बहुत कुछ छूट जाता है।

कभी-कभी अपनी ही परम्परा में इतना अन्तर आ जाता है कि अनुवाद करते समय अननुकूल अंश छोड़ दिया जाता है। उदाहरण के लिए भवभूति के महावीरचरित में एक प्रसंग ऐसा है, जिसमें दो बटु अतिथि ऋषि के लिए गाय के बछड़े के काटे जाने की चर्चा करते हैं। सीताराम चतुर्वेदी ने इस अंश के विस्तार को मधुपर्क शब्द द्वारा संक्षिप्त कर दिया है। यह परिवर्तन आज के हिन्दू की भावना को दृष्टि में रखकर किया गया है। यह ऐतिहासिक सत्य के प्रति अन्याय है। यह उस प्रकार का परिवर्तन नहीं है, जैसा कि हिन्दी के 'रोटी' के किसी प्रसंग को तमिल में 'भात' के प्रसंग के रूप में परिवर्तित करने पर होता है। हिन्दीभाषी ईश्वर से रोज की 'रोटी' माँगता है, किन्तु तमिलभाषी तो रोज का 'भात' ही पाना चाहेगा। वह रोटी नहीं खाया करता।

अनुवाद करते समय सबसे पहला काम शब्दों का अनुवाद है। शब्द के स्तर का अनुवाद कठिन नहीं होता। शास्त्रीय ग्रन्थों के अनुवाद शब्दस्तर के अनुवाद होते हैं। हिन्दी के 'घोड़ा' शब्द के लिए अंग्रेजी में सहज ही 'हॉर्स' का प्रयोग शब्द के स्तर पर कर दिया जाता है। किन्तु कभी-कभी शब्द के स्तर का अनुवाद भी कठिन हो जाता है। प्रत्येक भाषा में ऐसे शब्द होते हैं, जिनके तदेवार्थक शब्द दूसरी भाषा में नहीं मिलते। उदाहरण के लिए मराठी के 'कौतुक' शब्द का हिन्दी पर्याय नहीं मिलता। शब्दों की विशिष्ट अर्थभंगिमा के लिए फ्रेंच शब्द नुआंस (Nuance) है। 'कौतुक' शब्द की विशिष्ट अर्थ-भंगिमा में प्रशंसा, प्रोत्साहन आदि बातें समाविष्ट हैं। इस शब्द की अर्थभंगिमा का जितना 'कौतुक' किया जाये, वह कम ही है। इसी प्रकार मराठी के 'गम्मत' शब्द का अनुवाद करने पर उसकी 'गम्मत' ही जाती रहती है।

अनुवाद में स्रोत भाषा की यथावत् जानकारी अपेक्षित होती है। इस जानकारी के अभाव में बड़े-बड़े विद्वान भारी गलतियाँ कर बैठते हैं। उदाहरण के लिए दक्खिनी भाषा को लिया जा सकता है। दक्खिनी के सुप्रसिद्ध विद्वान श्रीराम शर्मा ने 'नांदनूक' का अर्थ ('नांद' और 'नूक' समझकर) न जाने किस आधार पर 'ध्वनि करना' और 'रहना' से सम्बन्धित करके किया है।[10] विमला वाघ्रे ने इसी शब्द का अर्थ 'प्यार से रहना' और 'थोड़ा-सा' से सम्बन्धित करके किया है। उन्हें 'नुक' कुछ 'टुक' जैसा लगा है।[11] राजकिशोर पाण्डेय ने 'डोंगर' का अर्थ कहीं 'किला' किया है।[12] और कहीं 'घाटी' किया है।[13] उन्होंने दक्खिनी के 'डोंगर-कोह' अनुवाद युग्म पर ध्यान दिया होता, तो अर्थ ठीक प्रकार से समझा जा सकता था। भाषा की विशिष्टता से अपरिचित होने के कारण श्रीराम शर्मा ने 'माउली' का अर्थ 'माँ जैसा वात्सल्य रखने वाली' दक्षिण की एक जाति मवाली किया है।[14]

शब्द के स्तर पर भी पर्यायवाची समझे जाने वाले एकभाषिक या भिन्न-भाषिक शब्दों में सूक्ष्म अर्थभेद विद्यमान हो सकता है। ब्रिल के भेदीकरण के नियम के अनुसार इस प्रकार का भेद पर्यायवाची शब्दों में आ जाया करता है। सुमित्रानन्दन पन्त ने 'पल्लव' की भूमिका में इस प्रकार के भेद का सूक्ष्म विवेचन किया है।[15]

साहित्य में विभिन्न पर्याय शब्दों में से विशिष्ट अर्थ के अन्तरंग शब्द को चुनना आवश्यक होता है। ऐसा चयन वक्रोक्ति सिद्धान्त में पर्यायवक्रता के अन्तर्गत आता है। कुन्तक ने ऐसे पर्याय को अभिधेय का अन्तरतम माना है।[16] अलंकारवादियों ने ऐसे विशेष्य के साभिप्राय प्रयोग को परिकरांकुर अलंकार के नाम से अभिहित किया है। व्यक्तियों के नाम साभिप्रायता की दृष्टि से प्रायः अत्यधिक कृत्रिम होते हैं। साहित्यकार इन कृत्रिम नामों के स्थान पर प्रसंगानु-

रूप नये नामों का प्रयोग किया करते हैं। रक्षा के प्रसंग में कृष्ण को 'कंस-निकंदन' के नाम से अभिहित करना अधिक उपयुक्त है। प्रसंगानुरूप पर्याय का प्रयोग करने की दृष्टि से ही बिहारी की नायिका अपने पति से कहती है, "वामा, भामा, कामिनी; कहि बोलो प्रानेस। /प्यारी कहत लजात नहीं; पावस चलत बिदेस।"[17]

विशिष्ट समर्थ लेखक साभिप्रायता की दृष्टि से शब्द का प्रयोग करते हुए कभी-कभी उसे स्पष्ट भी कर देते हैं। सुमित्रानन्दन पन्त ने 'विरह' शब्द का ऐसा ही प्रयोग एक स्थान पर किया है, "विरह अहह कराहते इस शब्द को/ निठुर विधि ने अश्रुओं से है लिखा।"[18] 'विरह' की यह 'कराह' अनुवाद में कठिनाई से ही आ सकेगी।

कभी-कभी पर्याय शब्दों का अर्थगत अन्तर सहसा ध्यान में नहीं आता। लेखक शब्द में ही कुछ ऐसा परिवर्तन कर देता है, जिसके कारण अर्थ में एक निरालापान आ जाता है। मलिक मुहम्मद जायसी ने 'सन्देस' शब्द का प्रयोग न करके एक स्थान पर 'सँदेसड़ा' शब्द का प्रयोग किया है, "पिय से कहहु सँदेसड़ा हे भौंरा, हे काग।"[19] यहाँ 'सँदेसड़ा' में 'ड़ा' प्रत्यय स्वार्थ में प्रयुक्त है। किन्तु उसके प्रयोग से सन्देस के स्वार्थ में अव्याख्येय माधुर्य भर गया है। अनुवाद में ऐसे माधुर्य को बनाये रख सकना कठिन है।

संस्कृत में पर्याय शब्दों का बाहुल्य है। अमरकोश की रचना पर्यायकुलों को दृष्टि में रखकर ही की गयी है। किन्तु ये पर्यायकुल सामान्यतः वस्तुओं से सम्बन्धित हैं। भावों से सम्बन्धित पर्यायकुल उतने समृद्ध नहीं हैं। अभिव्यक्ति की समृद्धि की दृष्टि से भाव सम्बद्ध पर्यायकुलों का अधिक महत्त्व होता है। इस दृष्टि से अंग्रेजी भाषा अधिक समृद्ध है।

भाषा में अर्थ की विशिष्ट छटाएँ संज्ञाओं और क्रियाओं के माध्यम से उतनी व्यक्त नहीं होतीं, जितनी की विशेषणों और क्रियाविशेषणों के माध्यम से होती हैं। रामधारी सिंह दिनकर ने विशेषणों के महत्त्व के बारे में लिखा है, "कवि में जो प्रज्वलन वाला गुण है, प्रेरणा के आलोक में शब्दों को सजीव बना देने वाली शक्ति है, उसका सबसे बड़ा चमत्कार विशेषणों के प्रयोग में देखा जाता है शब्दों के सम्यक् प्रयोग की जैसी पहचान विशेषणों में होती है, वैसी संज्ञा और क्रिया में नहीं।"[20]

पर्यायवाची दिखाई देने वाले विशेषण-शब्दों में अर्थभेदक सूक्ष्म अर्थच्छटाएँ दिखाई देती हैं। इनके साभिप्राय प्रयोग को अलंकारवादियों ने परिकर अलंकार के अन्तर्गत रखा है। उन्होंने अभिप्रायहीन विशेषणों के प्रयोग में अपुष्टार्थदोष माना है। उदाहरण के लिए 'जोरदार अट्टहास' में 'जोरदार' विशेषण अनावश्यक है। अट्टहास हास का चरम रूप है। वही अगर स्वयं जोरदार न हुआ,

तो अट्टहास ही क्या हुआ ! बहुत बार जोरदार विशेषणों को अभिजात भाषा में स्थान ही नहीं दिया जाता। मराठी की दृष्टि से मैं 'बहुत' के वाचक शब्दों को प्रस्तुत करना चाहूँगा। अभिजात मराठी में 'फार', 'पुष्कळ', 'खूप' जैसे शब्द हैं, किन्तु ग्रामीण भाषा में हमें जोरदार 'रेट', 'रगड', 'बक्कळ' आदि शब्द दिखाई देते हैं। हमें इन विशेषण शब्दों से परहेज नहीं करना चाहिए।

सामान्यत: विशेषणों के पर्याय शब्दों में जो सूक्ष्म अर्थभेद विद्यमान होता है, उसकी ओर हमारा ध्यान नहीं जाता। मैं यहाँ 'विवसन', 'नंगा' आदि शब्दों के आधार पर इस बात को स्पष्ट करना चाहूँगा। मुझे 'विवसन' शब्द में पूरा नंगापन महसूस नहीं होता। किसी पति द्वारा अपनी प्रिया को 'विवसन' कर देने के बाद भी वह 'नंगी' नहीं हो जाती। शालीनता का आवरण बना ही रहता है। किन्तु कोई पतिपत्नी पर बलात्कार करता है, तो वह 'नंगी' होने के लिए विवश हो जाती है। इससे भी अधिक नंगापन तब प्रकट होता है, जबकि कोई बेगैरत औरत किसी पुरुष के तृतीय पुरुषार्थ को ललकारने के लिए 'नंगधड़ंग' हो जाती है।

हमारी अभिव्यक्ति में क्रियाओं का महत्त्व बहुत अधिक होता है। हिन्दी में नामधातुओं के अभाव के कारण इसकी अभिव्यक्ति की समृद्धि कुछ कम हो गयी है। किन्तु सहायक क्रियाओं के प्रयोग के सहारे उसने क्रिया की अर्थभंगिमा को बढ़ा दिया है। फिर भी 'ओरबाड़णे', 'वैतागणे', 'मिखणे' जैसी क्रियाओं का अनुवाद हिन्दी में करते समय कठिनाई का अनुभव होता है। क्रियाओं की अपेक्षा क्रियाविशेषणों का अनुवाद अधिक कठिन है। मराठी की 'हसणे' क्रिया के अनुवाद में कोई कठिनाई नहीं होती, किन्तु 'फिदी फिदी हसणे', 'खुदकन हसणे' आदि को पूरी तरह से अनूदित नहीं किया जा सकता।

मराठी से हिन्दी में अनुवाद करते समय मराठी के शब्दयुग्म बहुत तंग करते हैं। 'लाल भड़क' शब्द केवल 'लाल-लाल' नहीं है। उसमें मन को भड़काने वाले लाल रंग की विशेषता भी है। इसी प्रकार 'हिरवे गार' आदि शब्द सही-सही अनुवाद की दृष्टि से कठिन हैं। 'लांब-लांब' 'लांबलचक', 'लांबसडक', आदि शब्द अनूदित होकर अपनी पूरी अर्थवत्ता सुरक्षित नहीं रख पाते।

अनुवाद की असली कठिनाई वाक्य के अनुवाद में होती है। मैं एक सामान्य से वाक्य का उदाहरण प्रस्तुत करना चाहता हूँ। हिन्दी का एक वाक्य है, 'मुझे तुमसे प्यार है।' इस वाक्य का अंग्रेजी में अनुवाद होगा, 'आय लव्ह यू।' इन दोनों वाक्यों की अभिव्यक्ति में बहुत बड़ा अन्तर है। हिन्दी में सत्तार्थक धातु का प्रयोग किया गया है। इस प्रयोग के कारण प्यार के 'होने' का उल्लेख हुआ है। इसके विपरीत अंग्रेजी के वाक्य में प्यार 'करने' की चीज बन गयी है।

वाक्य के स्तर पर अनुवाद करते समय मूल भाषा के सतीत्व को बनाये

रखने में होती है। भाषा सार्वजनिक सम्पत्ति होने के कारण उसका उपयोग सभी करते हैं। इसी कारण कार्ल क्राउस ने उसे 'वेश्या' कहा है। कलाकार इसी वेश्या को सती का रूप प्रदान करता है, उसे आत्मनिष्ठ बनाता है।[21] इस आत्मनिष्ठता या सतीत्व की रक्षा अनुवाद में करनी पड़ती है। यह तब सम्भव होता है, जबकि मूल लेखक और अनुवादक के व्यक्तित्वों में मूलभूत साम्य हो। उदाहरण के लिए हम हिन्दी में किये गये खैयाम के अनुवादों को ले सकते हैं। मैथिलीशरण गुप्त, केशवप्रसाद पाठक, सुमित्रानन्दन पन्त आदि ने खैयाम के अनुवाद किये हैं। किन्तु खैयाम का सफल अनुवाद हरिवंशराय बच्चन अधिक सफलता के साथ कर सके हैं। वे खैयाम को अपने निजी जीवन के अनुभव के कारण अधिक समझ सके हैं।[22]

साहित्यकार अपनी अभिव्यक्ति को सम्प्रेषणीय बनाने के लिए अर्थवाही ध्वनियों को अपने वाक्य में प्रयुक्त करता है।[23] इसे अलंकार शास्त्र में ध्वन्यर्थ-व्यंजना कहते हैं। अनुवाद में ध्वन्यर्थव्यंजना को सुरक्षित रखना कठिन हो जाता है। कभी यह व्यंजना व्यंजनों पर निर्भर होती है, तो कभी स्वरों पर। व्यंजनों पर निर्भर व्यंजना के उदाहरण के रूप में हम गोस्वामी तुलसीदास की इस अभिव्यक्ति को ले सकते हैं, "घन घमंड नभ गरजत घोरा।"[24] यहाँ व्यंजना महाप्राण व्यंजनों पर निर्भर है। स्वरों पर निर्भर ध्वन्यर्थव्यंजना का एक स्थल 'नौकाविहार' कविता में इस प्रकार है, "मृदु मन्द-मन्द, मन्थर-मन्थर, लघु तरणी हँसिनी-सी सुन्दर।"[25] यहाँ ह्रस्व मात्राओं के कारण नाव की लघुता और मन्थर गति का चित्र आँखों के सामने आ जाता है। नाव की उपमा 'हंस' से न देकर 'हँसिनी' से दी गयी है। 'हंसिनी' शब्द के तद्भव रूप को अपनाने के कारण 'हँसिनी' का प्रारम्भिक स्वर ह्रस्व बन गया है। किन्तु 'पालों' के खोल' देने की अभिव्यक्ति में दीर्घ स्वर खुली पालों के फैलाव को सूचित करते हैं। यहाँ झंकार में चित्र है या चित्र में जो झंकार है, उसका अनुवाद करना कठिन है। छन्दों की सफलता ऐसे ही श्रोत बिम्बों के कारण होती है।

साहित्य की अभिव्यक्ति में सबसे अधिक कठिनाई उसके रिक्त स्थानों के कारण होती है! मन की अनन्त गतिविधियों की तुलना में भाषा की गतिविधियाँ अत्यन्त परिमित हैं। शतपथ ब्राह्मण में इसीलिए कहा गया है, "वाग्वै मनसो ह्रसीयसी। अपरिमिततरं हि मनः, परिमिततरेव हि वाक्।"[27] अर्थात् अपरिमित मन की तुलना में अभिव्यक्ति साधन रूप भाषा अत्यधिक परिमित है। परिमित भाषा के कारण कलाकार अभिव्यक्ति के संतोष से वंचित रहता है। वह अभिव्यक्ति की अपूर्णता की पीड़ा को भोगने के लिए अभिशप्त है।[28]

साहित्यकार भाषा की सीमाओं के बावजूद अभिव्यक्ति की पूर्णता की ओर

संकेत कर देता है, जिसे 'सहृदय' 'समानधर्मा' पाठक समझ लेता है। साहित्यकार संकेत के लिए भाषा में रिक्त स्थान रख देता है। ये रिक्त स्थान कलाकार की अक्षमता के सूचक नहीं होते, अपितु माध्यम की सीमा को सूचित करते हैं। वे वस्तुतः कलाकार की संकेत क्षमता को व्यक्त करते हैं। अच्छे साहित्य में संकेतक्षम रिक्त स्थान इतने अधिक होते हैं कि भाषा पारदर्शी बन जाती है। इन रिक्त स्थानों को दृष्टि में रखकर ही कीट्स ने कहा है, "सुनी हुई स्वरलहरी मधुर है, जो नहीं सुनी, वे और भी मधुर हैं।" इन अश्रुत स्वरलहरियों को अनूदित करने में ही कठिनाई का सामना करना पड़ता है।

साहित्यिक अभिव्यक्ति में व्यंजनापरक रिक्त स्थानों के अतिरिक्त भी कुछ ऐसी बातें हो सकती हैं, जो अनुवाद में सहजता से नहीं आ सकतीं। हम यहाँ कामायनी का एक छन्द प्रस्तुत कर रहे हैं। आशा के प्रभाव को व्यक्त करते हुए मनु कहते हैं, "यह कितनी स्पृहणीय बन गयी/मधुर जागरण-सी छवि-मान, /स्मिति की लहरों-सी उठती है/नाच रही ज्यों मधुमय तान।"[29] इस छन्द में क्रियाओं का एक विशिष्ट क्रम है—होना, जागना, उठना और नाचना। क्रियाओं के इस क्रम से उत्तरोत्तर गतिमयता के बढ़ने की सूचना दी गयी है। इसमें परोक्ष रूप में आशा के नर्तिका रूप होने की भी सूचना है। नर्तिका के उठकर नाचने का चित्र मनोरम है, जिसे अनुवाद में बनाये रखने में कठिनाई होगी।

कभी-कभी भाषा में लिंग व्यवस्था के कारण भी विशेषता आ जाती है। हिन्दी में नदी स्त्रीलिंग है, और सागर पुल्लिंग है। इसके अतिरिक्त परम्परा से सागर 'नदीपति भी कहलाता है। सरिता और सरित्पति का यह सम्बन्ध जिस सहजता से हिन्दी में व्यक्त होता है, उस सहजता से वह अंग्रेजी में नहीं हो सकता। लिंग व्यवस्था की विशेषता के कारण ही निराला की 'तुम और मैं' कविता का अनुवाद अंग्रेजी में कर सकना कठिन हो जाता है। हम यहाँ उदाहरण के लिए प्रसाद की एक छोटी-सी पंक्ति को लिंग व्यवस्था से सम्बन्धित सुन्दर अभिव्यक्ति के रूप में प्रस्तुत कर सकते हैं। देवसभ्यता के आमोद-प्रमोद का वर्णन करते हुए उन्होंने गीतों में 'स्वरलय' के अभिसार का वर्णन किया है।[30] स्वर और लय के लिंग जानने के बाद ही 'अभिसार' का अर्थ स्पष्ट हो पाता है और तभी अभिव्यक्ति का सौन्दर्य हमें मुग्ध कर सकता है।

किसी भी भाषा का एक अंग वचन-व्यवस्था होता है। हिन्दी में आदरार्थक बहुवचन की व्यवस्था है। इस बहुवचन को अंग्रेजी में नहीं रखा जा सकता। मराठी में भी बहुवचन रूप आदर के प्रसंग में प्रयुक्त होते हैं, किन्तु वहाँ 'आप' के समानार्थक शब्द का प्रयोग प्रायः नहीं किया जाता। इसलिए मराठी के 'तुम्हीं' का अनुवाद करते समय हिन्दी में यथाप्रसंग 'तुम' या 'आप' का प्रयोग करना चाहिए। अंग्रेजी में केवल मध्यम पुरुष में बहुवचन 'यू' का प्रयोग होता है।

एकवचन के रूप का प्रयोग प्राय होता ही नहीं है। इस 'यू' का हिन्दी में अनुवाद यथाप्रसंग 'तू', 'तुम' और 'आप' के रूप में करना चाहिए। अंग्रेजी में उत्तम पुरुष का 'आय' हमेशा प्रथम लिपि में लिखा जाता है। इसके सिवाय परमेश्वर के लिए प्रयुक्त 'ही' के एच् अक्षर को प्रथम लिपि में लिखा जाता है। हिन्दी या मराठी में इसे स्थूलाक्षरों में लिखकर सूचित किया जा सकता है। मेरे एक चिकित्सक मित्र के दवाखाने में एक छोटा-सा फलक लगा हुआ था; जिस पर लिखा था, "उपचार मी करतो, बरा तो करतो।" इस वाक्य के 'तो' को स्थूलाक्षर में लिखा गया था। इसे रेखांकित करके या भिन्न रंग में लिखकर भी रखा जा सकता था।

अंग्रेजी भाषा में आर्टिकलों का उपयोग किया जाता है। 'ए' और 'एन्' आर्टिकलों का अनुवाद 'एक' के रूप में कर दिया जाता है। कभी-कभी शून्य अनुवाद भी किया जाता है। सर्वत्र ही ऐसे अनुवाद की आवश्यकता नहीं होती। इसी प्रकार 'दि' आर्टिकल के लिए यथाप्रसंग हिन्दी अनुवाद 'वह' या 'यह' के रूप में करना चाहिए।

उपर्युक्त विवेचन से यह स्पष्ट है कि अनुवाद करते समय केवल शब्दों का पर्याय खोजने से काम नहीं चलता। महत्त्वपूर्ण बात उक्ति या वाक्य का पर्याय खोजने की होती है। यह पर्याय वाक्य के रिक्त स्थानों को ध्यान में रखकर खोजना चाहिए। इस प्रकार से जो अनुवाद किया जाता है, वह तदेवार्थक नहीं हुआ करता। फिर भी वह निकटम समान अर्थ को व्यक्त करता है। कभी-कभी यह निकटतम समान अर्थ मूल से अधिक सुन्दर हो सकता है।

अनुवाद करते समय जिस सिद्धान्त का उल्लेख किया जाता है, वह यह है कि "कुछ छोड़ो मत, कुछ जोड़ो मत।" किन्तु अनुवाद में अनिवार्यतः कुछ छूट जाता है और कुछ न कुछ जुड़ जाता है। हमें लगता है कि इस वाक्य को परिवर्तित करके इस प्रकार कहना चाहिए, "कम से कम छोड़ो, कम से कम जोड़ो।" ऐसा होने पर ही अनुवाद मूल रचना की जुड़वाँ बहन या सगी बहन के रूप में हमारे सामने आता है।

संदर्भ ग्रन्थ व लेख

1. संस्कृत में 'अनुवाद' शब्द का अर्थ 'ट्रांसलेशन' नहीं है। न्यायसूत्र में 'अनुवाद' का स्पष्टीकरण करते हुए कहा गया है, "विधिविहितस्य अनुवचनमनुवादः।"
—न्यायसूत्र, 4-2-66

2 गत्यर्थक धातुओं के ज्ञान, गमन और प्राप्ति के अर्थों में एक प्रकार की संगति है। किसी वस्तु का प्रथमतः ज्ञान होता है। ज्ञान होने पर उस वस्तु को पाने के लिए गति आवश्यक होती है। गति या गमन के फल-स्वरूप उस वस्तु की प्राप्ति होती है। इसी प्रकार की एक संगति 'चाह' के बारे में हिन्दी में दिखाई देती है। दर्शनार्थक चक्ष् धातु से बनी 'चाह' धातु का अर्थ देखना है। देखी हुई वस्तु की इच्छा मन में पैदा हो जाया करती है, इसलिए 'चाह' का अर्थ 'इच्छा' हो गया। अभिलाषित वस्तु को व्यक्ति आवश्यक समझता है, इसलिए आवश्यकता बोधक 'चाहिए' उसी में से विकसित हो गया। आवश्यकता को व्यक्ति उचित सिद्ध करता है। इसलिए 'चाहिए' में औचित्य का अर्थ भी समाविष्ट हो गया।

3. भर्तृहरि ने भी शब्द और अर्थ के नित्य सम्बन्ध का प्रतिपादन करते हुए कहा है, "एकस्यैवात्मनो भेदौ शब्दार्थौ अपृथक् स्थितौ।" अर्थात् शब्द और अर्थ एक ही आत्मा के परस्पर अभिन्न रूप हैं।

—वाक्यपदीय, 2-31

4. कालिदास ने रघुवंश के मंगलाचरण में शब्द और अर्थ की अद्वैतता को पार्वती-परमेश्वर की अद्वैतता से उपभित करते हुए कहा है, "वागर्थाविव संपृक्तौ वागर्थप्रतिपत्तये/जगतः पितरौ वन्दे पार्वतीपरमेश्वरौ।'

—रघुवंश, 1-1

5. गोस्वामी तुलसीदास ने शब्द और अर्थ की अद्वैतता का प्रतिपादन करते हुए कहा है, "गिरा अर्थ जल वीचि सम, कहियत भिन्न न भिन्न।"

रामचरितमानस, 1-18-1

6. कबीर को भी अपनी समझ के अनुसार कुछ शब्दों के प्रयोग पर आक्षेप था। वे कहते हैं, "रंगी को ना-रंगी कहें, तत्त माल को खोया/चलती को गाड़ी कहें, यह देख कबीरा रोया।"

7. सुमित्रानन्दन पन्त ने अंग्रेजी के 'विंग' शब्द की क्षमता और 'पंख' शब्द की अक्षमता का उल्लेख करते हुए कहा है, " 'पंख' शब्द में केवल फड़क ही मिलती है, उड़ान के लिए भारी लगता है, जैसे किसी ने पक्षी के पंखों मे शीशे का टुकड़ा बाँध दिया हो, वह छटपटाकर बार-बार नीचे गिर पड़ता हो; अंग्रेजी का 'विंग' जैसे उड़ान का जीता-जागता चित्र है।"

—सुमित्रानन्दन पन्त ग्रन्थावली, भाग 1

(राजकमल प्रकाशन, दिल्ली, द्वि० सं० 1980 ई०), पृ० 160

8. कबीर—ले० हजारीप्रसाद द्विवेदी (हिन्दी ग्रन्थ रत्नाकर प्रकाशन, मुम्बई)

9. मराठी की परम्परा में 'माउली' (माँ) का प्रयोग 'ज्ञानेश्वर' के साथ सहज

लगता है, किन्तु उसका हिन्दी अनुवाद करते समय कठिनाई होती है।

10. सबरस—सं० श्रीराम शर्मा, पृ० 73
11. कुतुब मुश्तरी, सं० विमला वाघ्रे, पृ० 154
12. सैकुल मुलुक व बदी उल जमाल—सं० राजकिशोर पाण्डेय, पृ० 145
13. वही, पृ० 178
14. दक्खिनी हिन्दी का पद्य और गद्य, पृ० 161
15. पन्त ने 'स्पर्श' और 'परस' के भेद को ही नहीं, अपितु 'टच' के अर्थ-वैशिष्ट्य को स्पष्ट करते हुए कहा है, " 'टच' में जो छूने की कोमलता है, वह "स्पर्श' में नहीं मिलती। 'स्पर्श' जैसे प्रेमिका के अंगों का अचानक स्पर्श पाकर हृदय में जो रोमांच हो उठता है, उसका चित्र है, ब्रजभाषा के 'परस' में छूने की कोमलता अधिक विद्यमान है।"

    —सुमित्रानन्दन पन्त ग्रन्थावली, भाग 1, पृ० 160
16. अभिधेयान्तरतमः पर्यायः

    —वक्रोक्तिजीवित, 2-10
17. बिहारी रत्नाकर—

    सं० जगन्नाथदास 'रत्नाकर', दोहा 703
18. हरी बाँसुरी, सुनहरी टेर, पृ० 18
19. पदमावत, नागमती वियोग खण्ड, दोहा 9
20. काव्य की भूमिका (उदयाचल प्रकाशन, सन् 1958), पृ० 145
21. कार्ल क्राउस का कथन है, "लैंगुएज इज़ ए व्होर। एवरी पोएट हैज टू कार्व्हं वर्जिन आउट ऑफ इट।"
22. "साहित्य को समझने के लिए जीवन के अनुभव की अधिक आवश्यकता होती है।"—खैयाम की मधुशाला—ले० बच्चन, (सेन्ट्रल बुक डिपो प्रकाशन, चतुर्थ संस्करण, सन 1952), पृ० 16
23. अलेक्ज़ेण्डर पोप ने कहा है, "दि साउंड शुड सीम एन इको ऑफ दि सेंस।"
24. रामचरितमानस, सुन्दर काण्ड,
25. सुमित्रानन्दन पन्त ग्रन्थावली, पृ० 275
26. श्रौत बिम्ब की अनुकूलता के लिए पन्त ने 'नत फन' में 'फण' के उद्धत 'ण' को विनम्र 'न' बना दिया है। किन्तु इस प्रकार के परिवर्तन एक सीमा तक ही किये जाये सकते हैं। —सुमित्रानन्दन पन्त ग्रन्थावली, पृ० 147
27. शतपथ ब्राह्मण, 14-4-6
28. कहते हैं कि नोबल पुरस्कार-विजेता अर्नेस्ट हेमिंग्वे ने 'दि ओल्ड मैन एण्ड दि सी' को दो सौ बार लिखा था और फिर भी वे पूरी तरह से सन्तुष्ट नहीं

हो पाये थे। इसी प्रकार मोनालिसा का चित्र अंकित करने के लिए लियोनार्दो दा विंची ने चार साल लगाये थे और फिर भी वे असन्तुष्ट ही रहे थे।

—सौन्दर्यतत्त्व—ले० सुरेन्द्रनाथ दासगुप्त, पृ० 74

29. कामायनी, आशा सर्ग, छन्द संख्या 20

30. कंकणक्वणित रणित नूपुर थे / हिलते थे छाती पर हार / मुखरित था, कलरव गीतों में / स्वरलय का होता अभिसार।" कामायनी।

—चिन्तासर्ग, छन्द 37

वैं० वेंकटरमण राव

आन्ध्र के आदिकवि नन्नया की अवधारणा

"सभ्यता अपने अस्तित्व के लिए अनुवादकों की ऋणी है ।" यह एक मान्यता प्राप्त वक्तव्य है। अनुवादों के माध्यम से ही ज्ञान एक भाषा-भाषी समुदाय से दूसरे भाषा-भाषी समुदाय तक व्याप्त होता है। जीवन दर्शन, सामाजिक व्यवस्थाएँ, धर्म एवं संस्कृति को भारतीय भूखण्ड में एक कोने से दूसरे कोने तक परिव्याप्त करने का श्रेय अनुवादों को भी है। युग-युगों से भारतीय उपखण्ड धार्मिक-सांस्कृतिक धरातल पर एक इकाई रहा है, चाहे राजनीतिक दृष्टि से यह पहले सम्भव न हो पाया हो। भौगोलिक स्थितियों ने भी इसे विकास के सभी वृत्तों में एकक बनाने में सहायता पहुँचाई है। प्रमुखतः सामाजिक, सांस्कृतिक एवं सभ्यतापरक कार्यकलापों में यह अधिक सम्भव रहा है। ये कार्यकलाप युगों से ऋषियों एवं मनीषियों के तत्त्वावधान संचालित होते आ रहे हैं और सम्राटों और राजाओं के संरक्षण भी इनको प्राप्त रहा है। इतिहास की गहराइयों में न जाकर इतना मात्र कहा जा सकता है कि साहित्यिक गतिविधियाँ ही इस उपखण्ड की सामाजिक-सांस्कृतिक एकता की प्रेरक शक्तियाँ रही हैं। यह वेद, इतिहास ग्रन्थ (संस्कृत के अर्थ में) और पुराणों के द्वारा साध्य हुआ है। काव्य के द्वारा आगे प्रसरित हुआ है। मूलतः इनका प्रणयन संस्कृत में हुआ और आगे चलकर लौकिक भाषाओं में। हर भाषा का इस क्षेत्र में अपना एक योगदान रहा है। किन्तु यह निर्विवाद सत्य है कि बहुसंख्यक भारतीय भाषाएँ अपने विकास और उत्थान के लिए संस्कृत के चिर ऋणी हैं। तेलुगु के महाकवि श्रीनाथ (15वीं शताब्दी) की धारणा है कि 'संस्कृत ही सभी भाषाओं की जननी है' (जननि संस्कृतंबु देश भाषल केल्ल)। अनेक भारतीय भाषाओं में संस्कृत के इतिहास, पुराण एवं महाकाव्यों का पुनः कथन हुआ है। इस प्रक्रिया में जो यत्किंचित परिवर्तन या परिवर्द्धन स्रोत पाठ में दिखाई देते हैं वे समकालीन सामाजिक-सांस्कृतिक आवश्यकताओं की आपूर्ति के लिए ही सम्पन्न किये गये हैं। भारतीय भाषाओं के विकास के तृतीय चरण में (अर्थात् सन 700-1000 के बीच) विदेशी धर्म का इस उपखण्ड में एक आक्रमणकारी प्रवेश हुआ है। इसने राजनैतिक, सामाजिक, सांस्कृतिक तथा धार्मिक स्थितियों पर जवरदस्त प्रभाव डाला है। इस सन्दर्भ के लिए राजाओं और कवियों

(प्रमुखतः 10वीं और 11वीं शती के कवियों) ने संस्कृत के इतिहास ग्रन्थों, पुराणों की भारतीय भाषाओं में पुनः सृजन की आवश्यकता महसूस की। आधुनिक भारतीय भाषाओं के साहित्यों की ओर एक जिज्ञासा भरी दृष्टि दौड़ाने से यह विदित होता है कि हर आधुनिक भारतीय भाषा में आदिकाव्य के रूप में रामायण अथवा महाभारत का ही प्रणयन हुआ है।

1. अनुवाद यज्ञ में प्रवृत्त आदिकवि प्रमुखतः पुनःसृजक रहे हैं जिनका संस्कृत का ज्ञान अद्भुत एवं अपनी 'भाषा' पर आश्चर्यजनक अधिकार था। दूसरे शब्दों में कहा जाये तो उनका स्रोत भाषा पर समग्र अधिकार और लक्ष्य भाषा का असमान्य ज्ञान था। इसके साथ-साथ उन्होंने इस कार्य को प्रतिबद्ध भाव से, समान प्रभावकारी रूप में और काव्यत्व गुण से सम्पन्न कर सुचारु रूप में निभाया है। इस कार्य को दो वर्गों में बाँटकर देखा जा सकता है—(1) अनुवाद और (2) पुनःकथन (या पुनःसृजन)। अनुवाद वे हैं जिन्हें स्वयं लेखकों ने स्वीकार किया है कि यह भाषान्तरीकरण कार्य है। पुनःकथन या पुनःसृजन कार्य वे हैं जो वस्तु की दृष्टि से आधारभूत सामग्री चयन की भूमिका में प्रस्तुत हैं। इन की वस्तु संस्कृत के इतिहास ग्रन्थों और पुराणों से स्वीकृत होती है। जहाँ तक अनुवादों का सम्बन्ध है वस्तु, रूप, काव्यात्मक अभिव्यक्ति सब समान रूप से पाये जाते हैं। दूसरे शब्दों में कहा जाये तो इतिहास को इतिहास के रूप में, पुराण को पुराण के रूप में और काव्य को काव्य के रूप में लक्ष्य भाषा में प्रस्तुत किया जाता है। यहाँ तक कि पात्र, घटनाएँ, कथा-क्रम, सर्गों का नामकरण आदि सब स्रोत के समान रह जाते हैं। इस प्रकार की रचनाएँ प्रायः सभी आधुनिक भारतीय भाषाओं में प्राप्त होती हैं।

2. तेलुगु साहित्य के विकास में देखा जाये तो दो काव्य युग अनुवाद युग माने गये हैं। ये युग भाषान्तरीकरण युग भी कहे गये हैं। प्रथम युग कवि-त्रय युग है। नन्नया, तिक्कना, और एर्रना ही यह कवि-त्रयी है। इनकी कृति श्रीमद् आन्ध्र महाभारतम् है जो तेलुगु का आदिकाव्य भी है। इस कवि-त्रयी में नन्नया (11वीं सदी) आदिकवि माने जाते हैं। दूसरा युग पूर्व प्रबन्ध युग है। यह महाकवि श्रीनाथ और पोतना का युग है। प्रथम युग में इतिहास पुराणों का प्रणयन हुआ है तो द्वितीय युग में प्रधानतः संस्कृत के महाकाव्यों का। अनुवाद की यह परम्परा आगे भी चलती रही। लेकिन अनुवाद के जो मार्ग इन युगों में प्रशस्त किये गये हैं वे लगभग 15वीं शताब्दी पर्यन्त की रचनाओं में प्राप्त हो जाते हैं। 16वीं शताब्दी के बाद ही संस्कृत इतिहास ग्रन्थों और पुराणों के इतिवृत्तों के आधार पर स्वतन्त्र काव्यों की रचना परम्परा का श्रीगणेश माना जाता है।

3. अनुवादों के लिए प्रतिमान स्थापित करने और अनुवादकों की योग्य-

ताओं को निर्देशित करने का गौरव तेलुगु के आदिकवि नन्नया को ही प्राप्त होता है। आपने महाभारत के ढाई पर्वों का अनुवाद मात्र सम्पन्न किया है, किन्तु उनके मानक आधुनिक मानक या प्रतिमानों के समक्ष महत्त्वपूर्ण सिद्ध होते हैं। आन्ध्र के चालुक्य राजा राजराज नरेन्द्र ने नन्नया से प्रार्थना की थी कि वे महाभारत का प्रणयन तेलुगु में करें। राजा ने यह भी स्पष्ट निर्देश दिया है कि वे महर्षि व्यासकृत संस्कृत महाभारत का तेलुगु में अनुवाद प्रस्तुत करें। यहाँ यह स्पष्ट है कि स्रोत भाषा संस्कृत है और लक्ष्य भाषा तेलुगु। इस सन्दर्भ में जो निर्देश है वह इस प्रकार है—

जन नुत कृष्ण द्वैपा-
यन मुनि वृषभामिहित महाभारत बद्ध
निरूपितार्थ मेर्पड
देनुंगुन रचियिंपु मधिक धी युक्ति मेयिन्।

अर्थात जनों से कीर्तित कृष्ण द्वैपायन मुनि वृषभ के द्वारा रचित महाभारत का अनुवाद कीजिए। यह अनुवाद ऐसा सम्पन्न हो कि महाभारत में निरूपितार्थ से यह अनुवाद बद्ध हो और अधिक 'धी' और 'युक्ति' से भी सम्पन्न हों।

महाराजा राजराज नरेन्द्र द्वारा की गयी इस विनती में अनुवाद के चार तत्त्व निहित हैं—(1) व्यास महाभारत को ही कहना। अर्थात मूल प्रथम रचना को ही स्वीकार करना। यहाँ स्रोत पाठ और मूल पाठ दोनों का एक होना निर्देशित है। (2) मूल रचना में निरूपितार्थ की रक्षा करना। अर्थात् मूल लेखक द्वारा जो अर्थ स्थापित किया गया है उसे जीवित रखना। यहाँ यह ध्यान देना आवश्यक है कि शब्दार्थ और कथ्य का अर्थ दोनों समन्वित होकर स्रोत भाषा में एकार्थ निरूपक होते हैं। उसे आमूलाग्र स्वस्थ रखना अनुवाद का प्रधान लक्ष्य होता है। (3) अपनी 'धी' (बुद्धि और ज्ञान) और 'युक्ति' (योजना) का अनुवाद प्रक्रिया में उपयोग करना है। (4) लक्ष्य भाषा (तेलुगु) में कहना है। यहाँ एक बात ध्यान देने की है कि नन्नया जिस भाषा में अपनी रचना (अनुवाद) का प्रणयन करने जा रहे थे उसमें तत्समय तक कोई मान्यता प्राप्त कृति की रचना नहीं हुई थी। इस बात को दूसरे शब्दों में कहें तो यही होगा कि उस समय तक तेलुगु काव्य भाषा का मानक रूप ग्रहण नहीं कर पायी थी। अतः कवि को अपने आप काव्य के भाषान्तरीकरण के नियमों को रूपायित करना था। नन्नया के अनुसार अनुवाद का प्रथम प्रतिमान मूल कृति में 'निरूपित अर्थ' को सुरक्षित रखना है। यहाँ निरूपित अर्थ की सीमा में स्रोत पाठ में व्यक्त विचार, अनुभूतियाँ और विश्वजनीन मूल्य आ जाते हैं। इनको सुरक्षित रखना अनुवादक का प्रथम कर्तव्य होगा। तदर्थ अनुवादक को अपनी

धी शक्ति का उपयोग करना है और अपने प्रतिमानों एवं अपनी योजनाओं को ठीक पहचानना और बनाना होगा। एक प्रकार से नन्नया ने अनुवाद प्रक्रिया की अपनी परिभाषा ही बना ली थी। वह कुछ इस प्रकार बनती है—"अनुवाद मूल पाठ को किसी लक्ष्य भाषा में कहने की एक ऐसी प्रक्रिया है जिस में स्रोत पाठ में लेखक द्वारा पूर्व स्थापित अर्थ को अनुवादक अपनी भी शक्ति और मौलिक योजनाओं के आधार पुनः स्थापित करता है।" इस कार्य को सम्पन्न करने के लिए यथासम्भव स्रोत पाठ मूल ही होना चाहिए।

उक्त लक्ष्य की साधना के लिए अनुवादक में क्षमता और दक्षता की आवश्यकता है। इस ओर संकेत करते हुए नन्नया ने अपने आश्रयदाता राजा राजराज नरेन्द्र के शब्दों में अपने ही बारे में इस प्रकार कहलवाया है—

तन कुल ब्राह्मणु ननुरक्तु नविरल जपहोमतत्परु विपुल शब्द
शासनु संहिताभ्यासु ब्रह्मांडादि नानापुराण निरतु
बात्रु नापस्तंबसूत्रु मुद्गल गोत्र जातु सद्विनुतावदात चरितु
लोकज्ञु नुभयभाषा काव्य रचनाभिशोभितु अत्प्रतिभाभि योग्यु
नित्य सत्य वचनु मत्यमराधिपा-
चार्यु सुजनु नन्नपार्यु जूचि
परम धर्म विदुडु वरचालुक्यान्वया-
भरणु डिट्ट लनिये गरुण तोड।

उक्त कथन से यह स्पष्ट है कि नन्नया किन-किन योग्यताओं से युक्त हैं और किस प्रकार महाभारत के अनुवाद के लिए सक्षम और युक्त पात्र हैं। इसमें निरूपित नन्नया की योग्यताएँ एक सच्चे अनुवादक की योग्यताएँ हो सकती हैं। वे इस प्रकार हैं—

नन्नया (1) कुल ब्राह्मण हैं अर्थात् वे राज परिवार के गुरु और ब्रह्म ज्ञान से युक्त व्यक्तित्व के हैं। (2) आकर्षक स्वभाव के हैं। अर्थात् ऋषि स्वभाव के हैं। (3) नित्य जप और तप करने वाले हैं अथवा सच्चे साधक हैं। लक्ष्य की दिशा में बढ़ने के लिए आवश्यक साधना पथ पर यात्रा करने वाले मनीषी हैं। (4) शब्दों को अनुशासित करने की शक्ति से युक्त हैं (विपुल शब्दानुशासक हैं)। (5) वेदों के अध्येता हैं, गहन अध्ययन में रत रहने वाले हैं। (6) पुराणों का सच्चा ज्ञान रखने वाले हैं। अर्थात् समान कृतियों का अध्येता और उनमें निहित ज्ञान का पारखी है। इससे अपनीर चना प्रकृति से अनुवादक कभी विचलित नहीं होता। (7) चरित्रवान हैं। इससे पात्रों के चरित्र को सही रूप में अंकन करने की शक्ति अनुवादक को प्राप्त होती है। (8) लोकज्ञ हैं। लोक ज्ञान या सांसारिक ज्ञान से विभूषित होना अनुवादक का एक महत्त्वपूर्ण गुण है।

(9) दोनों भाषाओं में (स्रोत भाषा और लक्ष्य भाषा में) समान रूप से कविता करने की क्षमता एवं योग्यता रखने वाले हैं (उभयकाव्य रचना शोभित हैं)। और (10) सत्प्रतिभायोग्य हैं। अर्थात् महान प्रतिभा से युक्त हैं। जिस व्यक्ति में इतनी योग्यताएँ और क्षमताएँ हो वही सही अर्थों में अनुवादक हो सकता है। तेलुगु के आदिकवि नन्नया में ये सारी विशेषताएँ थीं। इसीलिए महान काव्य के महान अनुवादक हुए हैं। वे तेलुगु के असमान प्रतिभा सम्पन्न आदि अनुवादक कवि हैं।

नन्नया ने जहाँ एक ओर अनुवादक की योग्यताओं को पहचान कर निरूपित किया है वहीं दूसरी ओर अनुवाद के प्रतिमानों की भी स्थापना की है। इस सम्बन्ध में उनके द्वारा प्रस्तावित प्रतिमान इस प्रकार हैं—

सारमति गवींदुलु प्रसन्न क ाकलितार्थ युक्ति लो-
नारसि मेलुना नितरुलक्षर रम्यत नादरिप ना-
ना रुचिरार्थ सूक्ति निधि नन्नय भट्टु तेनुंगुनन् महा-
भारत संहिता रचन बंधुरुडय्ये। जगद्दितंबुगन्।

अर्थात् कविता तत्त्व को समग्र रूप से जानने वाले कवीन्द्र इस (महाभारत) को पढ़कर इसमें प्रसन्न कथाकलित अर्थ युक्ति को पाये और अन्य इसमें प्राप्त अक्षर रम्यता को समादृत करें। इस लक्ष्य को दृष्टि में रखकर नाना रुचिरार्थ सूक्ति निधि नन्नया ने तेलुगु में महाभारत का अनुवाद जगत के हित को प्रधानता देकर सम्पन्न किया है। इसीलिए यह अनुवाद एक महत्त्वपूर्ण पुनः-सृजन के रूप में अवतरित हुआ है।

उक्त पुनःसृजन के लिए नन्नया ने दो योजनाएँ बनायी हैं—

(अ) महान कवियों को इस समर्थ कार्य को देखकर उसे स्वीकार करने योग्य रूप देना है। इसकी कथा-कथन पद्धति की योजना कलित (सुन्दर) अर्थ और युक्ति से समन्वित होनी है। अनुवाद की यह पहली शर्त है।

(आ) अनुवाद को पढ़ने से पाठक को उसकी कलात्मक अभिव्यंजना का परिचय मिलना चाहिए। अक्षरों (पद चयन) को व्यवस्थित करने में साहित्यिक अभिव्यक्ति से सम्बन्धित समन्वय का (सुन्दर अक्षरान्वय का) स्थापन स्पष्ट होना चाहिए। यहाँ कविता की एक परिभाषा का स्मरण कर सकते हैं—"द पोयट्री ईज़ द बेस्ट वर्ड्स इन द बेस्ट आर्डर" कविता सर्वश्रेष्ठ शब्दों की सर्वश्रेष्ठ क्रम में व्यवस्था है। अनुवाद में भी शाब्दिक व्यवस्था साहित्यिक अभिव्यक्ति से किसी प्रकार कम नहीं हो सकती।

4. इस प्रकार के मार्गों और मानकों की व्यवस्था करने के उपरान्त ही महाकवि नन्नया अनुवाद कार्य में मग्न हुए हैं। इस सन्दर्भ में एक और प्रमुख

विशेषता को हम विस्मृत नहीं कर सकते। अनुवाद यज्ञ की पूर्व भूमिका के रूप में सम्पन्न कार्य बहुत ही महत्त्वपूर्ण है। आरम्भ में ही यह स्पष्ट किया जा चुका है कि नन्नया तेलुगु और संस्कृत दोनों भाषाओं में कविता करने की क्षमता रखते हैं। उनको वाक् का अनुशासक भी कहा गया है। अर्थात् भाषा को अनुशासन में (व्याकरणबद्ध रूप में) रखने की क्षमता रखने वाले उभय भाषा प्रवीण थे। अनुवाद कार्य हेतु उन्होंने पहले तेलुगु को अनुशासित किया है। इस प्रक्रिया में उन्होंने अनुवाद के लिए उपयुक्त रूप में संस्कृत भाषा की संरचना के अनुकूल रूप में तेलुगु को व्याकरणबद्ध किया है। इस प्रकार संस्कृत शब्दों को तेलुगु में स्वीकार करने के लिए उपयुक्त संचरनागत योग्यताएँ बनायी हैं। इसके बाद ही वे अनुवाद कार्य में प्रवृत्त हुए हैं। (नन्नया द्वारा रचित व्याकरण सूत्र 'कारिकाओं' के नाम से प्रसिद्ध हैं।) यह अनुवाद प्रक्रिया से जुड़ने से पहले आवश्यक है जिससे संज्ञापद, कारक व्यवस्था, वाक्य संरचनाएँ आदि के लिए सम या तुल्य संरचनाओं के क्षेत्र में कोई कठिनाई न हो। नन्नया ने अपनी लक्ष्य भाषा तेलुगु के लिए यह सब किया है। शायद यही प्रधान कारण है कि नन्नया द्वारा नियोजित भाषा लगभग एक हजार वर्षों तक तेलुगु की काव्य भाषा के रूप में भी सुस्थिर रह गयी है। आज भी थोड़े ही परिवर्तनों से वही भाषा साहित्यिक भाषा के रूप में व्याप्त है।

5. निष्कर्ष रूप में कहा जा सकता है कि अनुवाद प्रक्रिया भारत उपखण्ड में सबसे पहले आरम्भ हुई और तदर्थ प्रतिमानों की व्यवस्था भी हुई है। चाहे सिद्धान्तपरक ग्रन्थों का आविष्कार न हो पाया हो, पर अनुवादक की योग्यताएँ, प्रतिमान आदि की चर्चाएँ अवश्य हुई हैं। पूर्व अनुवादकों का स्मरण अवश्य आगे के लेखकों ने किया है। इस दिशा में विस्तृत अनुशीलन-विश्लेषण अवश्य प्राच्य अनुवाद सिद्धान्तों के प्रतिपादन का मार्ग खोलेगा। इस दिशा में गहन अध्ययन अनुवाद पद्धतियों का वैज्ञानिक निरूपण की दिशाओं को स्पष्ट करेगा। इस दृष्टि से प्राचीन और मध्यकालीन भारतीय भाषाओं का अनुशीलन आज की आवश्यकता है।

राजमल बोरा

भाषा का आधुनिकीकरण

अनुवाद में दो भाषाओं के शब्दानुशासनों को अर्थानुशासन से जोड़ा जाता है। दोनों भाषाओं के शब्दानुशासन [व्याकरणिक रूपों का शासन कहना चाहिए] अलग-अलग होते हैं किन्तु उनका अर्थानुशासन एक हो— यही हमारा प्रयोजन रहता है। एक भाषा के शब्दों को दूसरी भाषा के शब्दों में अर्थ को बाधित किये बिना अन्तरित करना अनुवाद का प्रधान कार्य है। इस कार्य से क्या भाषा का स्वरूप बदलता है ? क्या भाषा आधुनिकता की ओर अग्रसर होती है ? क्या भाषा का प्रवेश नयी स्थितियों से अवगत होने की ओर रहता है ? क्या अनूदित रूप में भाषा का गठन बदलता है ? इसी तरह अनूदित रूप क्या भाषा को नयी अभिव्यक्ति के आयाम प्रदान करते हैं ? और इस तरह क्या भाषा अपने पूर्व और प्रचलित रूपों से कुछ भिन्न नहीं हो जाती ? और क्या जिस भाषा द्वारा अनुवाद किया जाता है, उसके संस्कार उस भाषा पर नहीं पड़ते ? इन सब प्रश्नों पर गहराई से विचार करें तो हम निश्चित ही इस निष्कर्ष पर पहुँचेंगे कि अनुवाद के माध्यम से भाषा आधुनिकीकरण की ओर अग्रसर होती है।

आधुनिकीकरण शब्द कालवाची है और यह काल उस समय का वर्तमान काल है, जिस समय में उसका उपयोग किया जाता है। इस नाते आधुनिकीकरण भाषा में आवश्यकतानुसार सामयिक बदलाव को व्यक्त करता है। हिन्दी भाषा का आधुनिकीकरण हुआ है और हो रहा है और इस आधुनिकीकरण में 'अनुवाद' की भूमिका प्रधान रही है। यहाँ पर 'भूमिका' शब्द का प्रयोग मैं मराठी अर्थ में कर रहा हूँ और मराठी अर्थ को हिन्दी में प्रचलित करना हिन्दी का आधुनिकीकरण है। केवल एक शब्द की बात नहीं—ऐसे अनेक शब्द हैं जिनका उपयोग नये सिरे से नये अर्थों में हो रहा है। शब्दों से हम परिचित हैं किन्तु उनके अर्थों में परिवर्तन हुआ है। अर्थ परिवर्तन के स्वरूप को पहचानें और उनका विश्लेषण करें तो भाषा के आधुनिकीकरण का स्वरूप स्पष्ट होगा।

अनुवाद में हमारा ध्यान अर्थ पर केन्द्रित रहता है। अनुवाद में शब्द और उनके रूप को बदल सकते हैं। ऐसा तो करना ही होगा। क्योंकि ऐसा किये बिना अनुवाद कैसे होगा ? एक भाषा को दूसरी भाषा में बदलना है। इस

बदलाव में अर्थ की सुरक्षा का आग्रह रहता है। अर्थ के साथ फिर आशय, अभिव्यक्ति, भावना और और बातों की ओर भी ध्यान जायेगा किन्तु इन सबमें व्यावहारिक रूप में 'अर्थ' ही प्रधान शब्द है। इसीलिए यह कहना अधिक उपयुक्त है कि **अनुवाद में हमारा ध्यान अर्थ पर केन्द्रित रहता है**। अनुवाद में हम अर्थ का बदलाव नहीं चाहते।

अनुवादों के माध्यय से भाषा का संस्कार होता है। हिन्दी में यदि अंग्रेजी, फ्रेंच, जर्मनी, रूसी आदि भाषाओं के ग्रन्थों का (मूल उन्हीं भाषा से) अनुवाद होता है तो हिन्दी को उन भाषाओं के संस्कार प्राप्त होंगे। इसी तरह संस्कृत, फारसी, बंगला, मराठी, तेलुगु आदि अन्य भाषाओं की कृतियों का अनुवाद भी हिन्दी में होता है तो इससे हिन्दी भाषा समृद्ध होती है और इससे भाषा की अभिव्यक्ति क्षमता बढ़ती है, यही कहना चाहिए। इस नाते हिन्दी को विविध भाषाओं के संस्कार प्राप्त हो रहे हैं। यह ठीक है कि अनूदित रचनाओं में मौलिक रचना का आस्वाद नहीं होता और अभिव्यक्ति में पूर्णता नहीं आ पाती फिर भी अर्थ की प्रक्रिया अनूदित रचनाओं में सम्बन्धित भाषा की क्षमता की ओर रहती है। इस प्रक्रिया का विश्लेषण अर्थ और आशय दोनों के सन्दर्भों को लेकर करें तो स्थिति अधिक स्पष्ट होगी।

हम अनूदित रचनाएँ प्रधान रूप से अर्थ के प्रयोजन से पढ़ते हैं—अभिव्यक्ति और आशय को हम अर्थ की तुलना में गौण मानते हैं। यदि हम अभिव्यक्ति और आशय को पूर्णता के रूप में जानना चाहते हैं तो फिर रचना को मूल में ही, उक्त भाषा को सीखकर पढ़ना होगा। ऐसा व्यावहारिक रूप में सम्भव नहीं होता और हमें अनुवादों से ही काम चलाना पड़ता है। व्यवहार में मूल भाषा का प्रयोग बहुत सीमित होता है। उसका भौगोलिक क्षेत्र बँधा हुआ है। सब जगह एक भाषा पहुँच नहीं सकती। अनुवादों के बल पर व्यवहार के क्षेत्र को विस्तार देना आवश्यक हो गया है। इसके बिना प्रयोजन की सिद्धि नहीं होती।

समय की गति के अनुसार हमें यदि व्यवहार-क्षेत्र में वृद्धि करनी है तो अनुवादकों का कार्य बढ़ता जायेगा। इस रूप में अनुवादक को भाषा के आधुनिकीकरण के लिए तैयार रहना होगा। अनुवादक पहले पढ़ें, फिर सोच-विचार करें और धीरे-धीरे कोश की सहायता लें और तब अनुवाद के कार्य को पूरा करें— इतना समय हमारे पास नहीं है। हमें तो आशु अनुवादक चाहिए। ऐसा अनुवादक जो दो व्यक्तियों के सम्वाद को तुरन्त दूसरी भाषा में व्यक्त कर दे और सम्वाद को आगे बढ़ाये। इसी तरह हमें ऐसे अनुवादक चाहिए जो पन्द्रह-बीस मिनटों में समाचार को ठीक से दूसरी भाषा में बदल कर तुरन्त प्रेस में दे सकें। समाचार मिलते ही उसको बिना लिखे ही तुरन्त अनुवाद कर दूर-

दर्शन पर उसे प्रेक्षकों और श्रोताओं के सम्मुख प्रस्तुत कर सकें। अनुवादकों के कार्य की प्रतीक्षा के लिए हमारे पास समय नहीं है। यह सारा कार्य नित्य प्रति हो रहा है और इसमें सब जगह न व्याकरण के पण्डित होते हैं और न ही तर्क करने वाले विद्वान होते हैं। इन सब कामों में प्रयोजन प्रधान रहता है। यहाँ तक कि अनुवाद का भी अनुवाद करना पड़ता है और इससे भाषा को नये और व्यावहारिक संस्कार प्राप्त होते हैं। भाषा के बदलाव का और उसके आधुनिकीकरण का ठीक-ठीक विश्लेषण करने के लिए हमें इन सब तथ्यों पर विचार करना चाहिए।

प्रश्न है क्या अनुवादों के कारण भाषा क्लिष्ट होती है? क्या अनुवाद प्रेषणीयता में बाधा पहुँचाते हैं और इसी तरह क्या इससे भाषा कृत्रिम तो नहीं हो जाती। ऐसे दोष हिन्दी भाषा पर लगाये गये हैं। अंग्रेजी के स्थान पर हिन्दी का प्रयोग क्यों नहीं होता और हिन्दी को जो स्थान मिलना चाहिए उसमें विलम्ब के क्या कारण हैं? इन प्रश्नों का समाधान खोजने के लिए व्यवहार को देखा जाता है। संस्कार अंग्रेजी के हैं और काम हिन्दी में करना है। कठिनाई तो है। और इस कठिनाई को वे लोग अधिक अनुभव करते हैं जो अंग्रेजी में काम करने के अभ्यस्त हो गये हैं। भाषा का बदलाव वे नहीं चाहते। किन्तु इस पर भी जो काम हो रहा है, उस ओर ध्यान दें तो प्रतीत होगा कि अंग्रेजी के संस्कार हिन्दी को लगातार प्राप्त हो रहे हैं। इसे यदि अंग्रेजी भाषा का दबाव कहें तो यह दबाव उन लोगों द्वारा अधिक हो रहा है जो सोचते अंग्रेजी में हैं और लिखते हिन्दी में हैं। हम जिस भाषा में सोचते-विचारते हैं, उसी में लिखना चाहिए। यदि ऐसा नहीं होता तो हम फिर भाषा बदलते समय सोचने-विचारने की भाषा के संस्कार दूसरी भाषा पर लादने लगते हैं। यह न चाहने पर भी अप्रत्यक्ष रूप में हो जाता है। इस कृत्रिमता से बचने की आवश्यकता है।

कविता में भाषा का सहज और आन्तरिक अनुशासन रहता है। भाषा की अपनी निजी लय कविता की भाषा में विद्यमान रहती है। कविता की भाषा कृत्रिम नहीं हो सकती। इसीलिए किसी भाषा के सहज स्वरूप से परिचित होने के लिए उस भाषा की कविताएँ पढ़नी चाहिए। कविता पढ़े बिना किसी भाषा पर अधिकार प्राप्त करना कठिन है। केवल गद्य पढ़ने वाले भाषा में कामचलाऊ व्यवहार कर सकते हैं किन्तु उस भाषा की भंगिमा से, लय से, नाद-सौन्दर्य से और उसके आन्तरिक अनुशासन से परिचित नहीं हो सकते। भाषा का सृजनात्मक स्वरूप कविता में ही सबसे अधिक मुखरित होता है। उस पर बाह्य संस्कार कम और आन्तरिक सहज-स्फूर्त संस्कार अधिक होते हैं। भाषा की अभिव्यक्ति क्षमता को इससे नया मोड़ मिलता है और वह मोड़ उसका अपना होता है। ऐसी बात अनूदित भाषा में कैसे सम्भव है? अनुवाद में प्राथमिक शर्त

अर्थ को ठीक-ठीक स्पष्ट करने की रहती है। इससे भाषा को नये शब्दानुशासनों से जूझना पड़ता है।

भाषा का आधुनिकीकरण अनुवादों के माध्यम से होता है। इसमें भाषा को दूसरे भाषा के संस्कारों को अपनाने की प्रक्रिया रहती है। इसे स्पष्ट करते हुए डॉ० रवीन्द्रनाथ श्रीवास्तव लिखते हैं—

"आधुनिकीकरण आज के प्रसंग में अभिव्यक्तिपरक संस्कृति प्रगतिपरक संस्कृति में रूपान्तरण की विधि है। दूसरे शब्दों में कहें तो यह धार्मिक एवं सौन्दर्यचेता वृत्ति को ज्ञानात्मक एवं आर्थिक वृत्ति में ढालने की सामाजिक-सांस्कृतिक प्रक्रिया है। वस्तुतः यह वही विधि अथवा प्रक्रिया है जिससे मध्ययुगीन यूरोप गुजरकर आज के आधुनिक युग में पहुँचा है?"[1]

अंग्रेजी भाषा के संस्कारों के दबाव के सम्बन्ध में वे लिखते हैं—

"सरकारी तन्त्र ने आधुनिकीकरण और वैज्ञानिकता के नाम पर एक ऐसी शैली को जन्म दिया जो जनहित के विरोध में है। वह शैली उन सभी लक्ष्यों को नकारती है जिसके लिए अंग्रेजी के स्थान पर हिन्दी को अपनाने की आवश्यकता महसूस की गयी थी। इसका विरोध साक्षरता से है, जन-सामान्य के लिए स्कूली शिक्षा से है, वैज्ञानिक और तकनीकी ज्ञान के सहज रूप से है अर्थात् देश और समाज के आधुनिकीकरण की पूरी प्रक्रिया से है। इस भाषा शैली ने एक बार हमें उसी स्थिति में ला खड़ा किया है जो विदेशी शासन के समय अंग्रेजी भाषा को अपनाने के कारण थी। यह हिन्दी उसी प्रकार जनसाधारण के लिए अबूझ और पहेलीनुमा है जैसी कि उनके लिए अंग्रेजी भाषा।"[2]

डॉ० रवीन्द्रनाथ श्रीवास्तव अंग्रेजी भाषा के संस्कारों से परिचित हैं और वे उसकी समस्या को व्यावहारिक स्तर पर होने वाले बदलाव की स्थिति को स्पष्ट करते हैं। कविता विज्ञान नहीं और न ही विज्ञान कविता है। विज्ञान में व्यवहार और आवश्यकता प्रधान है और आवश्यकताओं की पूर्ति के लिए नयी स्थितियों में अभिव्यक्ति को नया रूप देना पड़ता है। इस रूप से परिचय होने में समय लगता है। इसीलिए भाषा दुर्बोध लगती है। शब्द तो ज्ञात हैं किन्तु उनका अर्थ मालूम नहीं है। शब्दों पर जब नये अर्थों का आरोपण होने लगता है तो भाषा क्लिष्ट होने लगती है। इसे हम अर्थादेश भी प्रवृत्ति कहते हैं। शब्द हम संस्कृत से लेते हैं और अर्थ उसे अंग्रेजी का देते हैं। यह शब्द पर अर्थ का आरोपण है। इस तरह शब्द को हम नये अर्थ से संस्कारित करते हैं और जब तक नये अर्थ की संगति के साथ उस शब्द को समझा नहीं जाता तब तक भाषा हमें अबूझ प्रतीत होती है।

अंग्रेजी हटाओ कहने से अंग्रेजी हटेगी नहीं । इन्दौर में श्री जगदीश प्रसाद वैदिक रहते हैं। वे अखिल भारतीय अंग्रेजी हटाओ आन्दोलन के अध्यक्ष हैं। उनका एक पत्र मुझे मिला है । उसमें वे लिखते हैं—

> "बयालीस वर्ष में अंग्रेजी हटी नहीं बल्कि अंग्रेजी की जड़ें और ज्यादा व्यापक रूप में फैल गयी हैं । आम नागरिक के दैनिक व्यवहार में अंग्रेजी समा गयी है।...यदि शासन विद्यार्थियों की परीक्षाओं से अंग्रेजी की अनिवार्यता को हटा दें और शिक्षा का माध्यम मातृभाषा कर दें तब भी हमारे दैनिक व्यवहार में अंग्रेजी की जो व्यापकता हो गयी है उसके लिए जनता की मानसिकता बदलने में हमें समय लगेगा ।"[3]

पंक्तियाँ उद्धृत करने का कारण यह है कि इससे मुक्ति पाने के लिए क्या किया जाये ? नकारात्मक रुख अपनाने से लाभ नहीं होगा । सकारात्मक रूप में हिन्दी का प्रयोग बढ़ाएँगे और उसके व्यावहारिक क्षेत्र को प्रोत्साहन देंगे— तभी परिवर्तन होगा और मानसिकता भी बदलेगी । अंग्रेजी हटाओ कहने से अंग्रेजी हटने वाली नहीं है । हिन्दी का व्यवहार करने से अंग्रेजी अपने आप जाएगी ।

किसी भाषा का भौगोलिक विस्तार होता है, इसका प्रमाण यह है कि वह भाषा अपने बोली क्षेत्र से अन्य क्षेत्रों में पहुँचती है और इस तरह पहुँचने में सम्बन्धित क्षेत्र की भाषाओं के संस्कारों को वह ग्रहण करती जाती है । अन्य क्षेत्रों में पहुँचते ही अनुवाद अपने आप व्यावहारिक स्तर का होता जाता है । भारतवर्ष में भाषाओं की संख्या 14-15 नहीं अपितु इससे भी अधिक है । किसी भी प्रदेश के व्यक्ति को द्विभाषी, त्रिभाषी [आवश्यकतानुसार भाषाओं की संख्या बढ़ सकती है] रहना ही पड़ता है । एक ही व्यक्ति सम्पर्क के लिए बदलते क्षेत्र को ध्यान में रखते हुए अलग-अलग भाषाओं का व्यवहार करता है और इस तरह व्यावहारिक रूप में अनुवाद की प्रक्रिया से गुजरता है । अनुवाद करना व्यक्ति की अनिवार्य स्थिति है । इस स्थिति से कोई भी भारतीय मुक्त नहीं है । घर में वह एक भाषा बोलता है और बाहर निकलते ही अपने पड़ोसी से दूसरी भाषा में बोलता है । कार्यालय में या व्यवसाय में तीसरी भाषा में बोलता है— इस तरह अनुवाद की प्रक्रिया से वह स्वयं जूझता है । किन्तु इसे वह जूझना न समझकर प्रयोजन-सिद्धि समझता है । अन्ततः प्रयोजन की सिद्धि के लिए ही हम भाषा का व्यवहार करते हैं । इस रूप में विचार करने पर प्रतीत होगा कि अनुवाद के माध्यम से हम सब भाषा को अभिव्यक्ति का नया रूप अनजाने में देते रहते हैं किन्तु सभी अनुवाद लेखबद्ध न होने के कारण उस ओर हमारा सहज ध्यान नहीं जाता । ध्यान से ऐसे तथ्यों पर विचार करें तो भाषा

के भौगोलिक विस्तार को समझा जा सकेगा और इसी तरह भाषा के आधुनिकीकरण को भी रेखांकित किया जा सकेगा। प्रधान रूप से जहाँ हमें शब्द नहीं मिलते और अर्थ को शब्द का रूप देना है, कहिए अमूर्त विचार को शब्दों में मूर्त करना है तो फिर भाषा में व्यवहार की पूर्ति के लिए शब्द को नया अर्थ देना ही पड़ेगा। वह आरम्भ में सबको समझ में न आने पर भी उसका प्रचलन होने पर समझ में आने लगेगा। बहुत बार तो ऐसा हो जाता है कि शब्द अपने मूल अर्थ को त्याग देता है और नया अर्थ इस तरह स्वीकार कर लेता कि हम उसके मूल अर्थ को भूल जाते हैं। प्रचलन और व्यवहार में वह बल है कि भाषा में अनेक शब्द ऐसे चमत्कृत अर्थ में रूढ़ और मुहावरों के रूप जाने जाते हैं, जिनको सुनकर और ठीक से जानने पर आश्चर्य होता है कि हाँ ऐसा भी होता है। इसीलिए कबीर का एक दोहा ऐसा है, जिसमें प्रचलित अर्थ पर आश्चर्य व्यक्त किया गया है—

रंगी को नारंगी कहे, बने दूध का खोया।
चलती को गाड़ी कहे, देख कबीरा रोया।

'चलती' को 'गाड़ी' कहना कहाँ तक ठीक है किन्तु व्यवहार को नमस्कार है कि आज हर व्यक्ति 'गाड़ी' उसे ही कहता है जो चलती है।

अनुवादों के आधार पर भाषा समृद्ध होती है। हम अनुवाद व्यावहारिक कारणों से पढ़ते हैं भाषा का आनन्द लेने नहीं। इस नाते भाषा के विभिन्न आयामों से परिचित होते हैं और भाषा को सामयिक आवश्यकता के अनुरूप बनाते हैं। अनुवाद के आधार पर भाषा में अभिव्यक्ति की सीमाएँ उजागर होती हैं और सीमाओं को विस्तार देने के लिए या उनको नया आयाम देने हेतु भाषा का आधुनिकीकरण करना पड़ता है।

संदर्भ ग्रन्थ व लेख

1. आलोचना, पूर्णांक 82, अप्रैल-जून 1978 ई०, पृ० 9
2. वही, पृ० 13
3. फाल्गुन कृष्ण 14, संवत् 2046 को लिखे (जगदीश प्रसाद वैदिक का पत्र) पत्र के आधार पर।

उमा शुक्ल

सम्प्रेषण सेतु

आज सम्प्रेषण के साधनों के आविष्कारों के कारण संसार इतना छोटा बन गया है कि एक प्रदेश के लोग दूसरे प्रदेश के जीवन और गतिविधियों के बारे में जानने के लिए बहुत ही उत्सुक रहते हैं। विश्व मैत्री एवं सहयोग के इस नये दौर में किसी भी प्रदेश की जनता को समझने के लिए उस प्रदेश के साहित्य को समझना अत्यन्त अनिवार्य हो गया है। अन्तर्राष्ट्रीय प्रकाशन सर्वेक्षण यही प्रमाणित करता है कि आज हम अनुवाद के युग में जी रहे हैं। संसार की सारी प्रमुख भाषाएँ परस्पर अनुवाद करती रहती हैं।

अनुवाद एक ऐसा माध्यम है जो इतिहास के विभिन्न मोड़ों पर सांस्कृतिक नवजागरण का कारण बना है। आज की मानव संस्कृति में अनुवाद की भूमिका बहुत ही महत्त्वपूर्ण है। दो भाषाओं के आपसी अनुवाद में सांस्कृतिक आदान-प्रदान तो होता ही है मनुष्य को मनुष्य के निकट आने का मौका भी मिलता है। इतना ही नहीं बल्कि दो जीवन शैलियों का मिलन होता है। अनुवाद मानव की मूलभूत एकता का, व्यक्ति चेतना एवं विश्व नेतना के अद्वैत का प्रत्यक्ष प्रमाण है। जैव वैज्ञानिक एवं अनुवाद तत्त्ववेत्ता थियोडर सेवरो के अनुसार, अनुवाद इसलिए सम्भव हो पाता है कि सभी देशों के मानव मूल रूप से एक ही वंश के हैं (The Art of Translation : Theodre Savory.P-B)। यह एक अन्तःसम्प्रेषण की प्रक्रिया के रूप में महत्त्वपूर्ण कदम है जिससे मानव-मानव की सामाजिक, ऐतिहासिक, सांस्कृतिक एवं मनोवैज्ञानिक तत्त्वों की जानकारी प्राप्त कर सकता है। मानव की सामान्य भाषा तो सार्वभौमिक मानवीयता है। एकता के बिन्दु अन्तःसलिला है। अनुवाद ही एक ऐसी कड़ी है जो समय, दूरी और भेदभाव को खतम कर एकता पैदा कर सकता है।

यदि हम धार्मिक ग्रन्थों का उदाहरण लें और वेद, गीता, बाइबिल और कुरान का अनुवाद अपनी देशीय भाषा में करें तो इसमें पूर्व एवं पश्चिम के अन्तर एकदम दूर हो जाते हैं। मानव संस्कृति का विकास आदान-प्रदान की प्रक्रिया से ही हुआ है, चाहे वह जीवन का कोई भी अंश हो। भारतीय दर्शन एवं आध्यात्मिक ग्रन्थों ने समूचे विश्व का दृष्टिकोण बदल दिया है। बुद्ध की

अहिंसा केवल भारत की नहीं पूरे विश्व की अहिंसा है। जर्मनी के दार्शनिक शापनहावर भारत के उपनिषदों क अनुवाद से प्रभावित हुए। दाराशिकोह उपनिषदों के फारसी अनुवाद पर आधारित लैटिन अनुवाद से प्रभावित हुए। अनुवाद ने मानव को नयी दृष्टि दी जिससे मानव जाति में पूरे विश्व भर में युगान्तकारी कार्य हुए। मनुष्य जीवन में नवजागरण की भूमिका समन्वित 'सोच' से ही बनती है। चाहे वह आधुनिक भारत हो या यूरोप। नयी दृष्टि भी पुराने रवैयों को बदल सकती है। रामायण, महाभारत का अनुवाद केवल भारतीय भाषाओं में ही नहीं हुआ बल्कि विदेशी भाषाओं में भी हुआ है। सम्प्रेषण के नये साधनों से विश्व छोटा हो गया है। एक दूसरे की साहित्यिक कृतियों का अनुवाद भावनात्मक एकता भी पैदा कर सकता है। जिसकी आज बहुत ज़रूरत है। यदि हम एक दूसरे का साहित्य पढ़ें तो मूलभूत अन्तर कम मिलता है। विश्वमैत्री एवं सहयोग के इस नये दौर में किसी भी देश के मनुष्य को समझने के लिए उस देश के साहित्य को समझना अनिवार्य हो गया है।

विश्वबन्धुत्व की कल्पना साकार करने के लिए विश्व साहित्य का अध्ययन आवश्यक है। यह 'अनुवाद' से ही सम्भव हो सकता है। देश का जातीय इतिहास, सामाजिक चेतना, सांस्कृतिक मूल्य एवं साहित्यिक सम्वेदना के सन्दर्भ में अनुवाद सेतु है, भले ही वह हर देश की अलग-अलग संकल्पना हो। यह तो आज की माँग है कि यदि हमें मनुष्य के लिए शान्ति चाहिए तो भाषा-भेद, वर्ण-भेद, रंग-भेद को तोड़कर विश्व साहित्य का विकास करें। तभी मनुष्य की छीना-झपटी और छटपटाहट दूर हो सकती है और आधारभूत एकता और वैशिष्ट्य की पहचान हो सकती है। पर इस 'पहचान' के लिए जो प्रयास होना चाहिए उसके लिए बढ़िया अनुवाद हो और फिर हम उनके विचारों के आदान-प्रदान से 'विश्व-मानव' बन सकें। तो अनुवाद का राष्ट्रीय ही नहीं अन्तर्राष्ट्रीय सन्दर्भ खोजना होगा।

सन् 1907 में रवीन्द्रनाथ टैगोर ने 'विश्व साहित्य' का उल्लेख किया था। यह अनुवाद द्वारा ही सम्भव हो सकता है। अनुवाद में विश्व की संस्कृति का परिचायक बनने की पूरी क्षमता है। किसी भी पूर्वाग्रह से मुक्त हो हम आगे कदम बढ़ायें जिसके लिए जरूरी है कि हम पाश्चात्य साहित्य के बारे में एक समुचित विचारधारा का विकास करें। पाश्चात्य साहित्य या यूरोप को मात्र अंग्रेजी या इंग्लैंड के माध्यम से जाना जा सकता है। रूस के महान लेखकों से परिचित हुए बिना हम अंग्रेजी अध्ययन को पूरा कर कुछ गलत धारणाएं बना लेते हैं। इस असंगत स्थिति से मुक्ति पाने का एकमात्र उपाय यह है कि अंग्रेजी के अतिरिक्त दूसरी विदेशी भाषाओं में रचित साहित्य का अध्ययन अध्यापन करें। वह भाषा सीखें या उसका किया अनुवाद पढ़ें। इसमें अनुवाद ही हमारी

अभिरुचि की जरूरत पूरी कर सकता है। इस प्रकार हम संसार की अन्य भाषाओं का साहित्य पढ़ विश्व साहित्य की अवधारणा को सम्पूर्ण 'इकाई' के रूप में विकसित कर सकते हैं और इसके अतिरिक्त पाश्चात्य साहित्य के हमारे अध्ययन को व्यापक तथा गम्भीर बना सकते हैं। शर्त एक ही है कि अनुवाद उत्तम कोटि का हो। अनुवाद का स्थान वास्तव में कलाकार से कम नहीं क्योंकि दो भाषाओं की आत्माओं का ज्ञान, संस्कृतियों का ज्ञान भी कला के जोखिम से कम नहीं। कोई भी विद्वान कितनी भाषाएँ सीख सकता है। जब भारत में सोलह प्रधान भाषाएँ हैं तथा हम भारतीय साहित्य को एक सम्पूर्ण इकाई के रूप में प्रस्तुत करना चाहते हैं। इसी प्रकार पाश्चात्य साहित्य के रसास्वादन के लिए हमें कितनी विदेशी भाषाएँ सीखनी होंगी। इतनी भाषाओं को सीखे बिना भी अनुवाद हमारी इस जिज्ञासा का पूरक है।

यह भी विवादास्पद है क्योंकि कई विद्वान अनुवाद द्वारा साहित्याध्ययन मिथ्याचार समझते हैं। यह धारणा अपने आप में मिथ्याचार है क्योंकि हमें पूरा विश्वास है कि सभी भाषाओं के जाने बिना भी हमें विश्व के साहित्यकारों को जानने का अधिकार है और इसी प्रकार नया प्रकार—'विशेष तुलनात्मक अध्ययन' शैक्षणिक दृष्टि से महत्त्वपूर्ण माना गया है। भाषाओं का ज्ञान जरूरी है मगर साहित्यिक अवबोधन पर इसका कोई सीधा प्रभाव नहीं है। रवीन्द्रनाथ टैगोर को गीतांजलि के अनुवाद के आधार पर साहित्य का नोबेल पुरस्कार दिया गया था। यद्यपि कवि ने स्वयं इसका अनुवाद किया था। मूल बंगला से तो अनुवाद था ही। अध्ययन की पूर्णता के लिए कहीं न कहीं अनुवादों पर निर्भर रहना पड़ता है। इसलिए अनुवाद-कला, उसका स्वरूप और सिद्धान्त से परिचित होना जरूरी है। अनुवाद को अनुकरण न मानकर जब हम सृजन मानते हैं तो सब विवाद दूर हो जाते हैं। अनुवाद चाहे सृजन की बराबरी न कर सके मगर वह सृजन का संयोजक है। लेखक की दुनिया जीकर फिर दूसरी दुनिया में जन्म लेता है अनुवादक।

आज भारतीय भाषाएँ क्रमश: उच्च शिक्षा का माध्यम बनती जायेंगी। साथ-ही-साथ विश्व भाषाओं से उत्तम ग्रन्थों के अनुवाद की आवश्यकता भी बढ़ती जायेगी। वैज्ञानिक, तकनीकि, शैक्षणिक एवं व्यावसायिक क्षेत्र में विकासशील देशों में अनुवाद का महत्त्व दिनोंदिन बढ़ रहा है। विशेषकर पत्रकारिता और समाचार सम्प्रेषण में बहुभाषा-भाषी विश्व में जो अनुवाद का योग रहता है वह इतना महत्त्वपूर्ण है कि हमारे दैनिक जीवन में अनुवाद की अनिवार्यता स्वयंसिद्ध है। विकासशील देशों के लिए पाठ्य ग्रन्थ-निर्माण में भी अनुवाद जोड़ने का काम कर रहा है। बड़े-बड़े वैज्ञानिकों, तकनीकि विशेषज्ञों, राजनीतिज्ञों, कूटनीतिज्ञों एवं पत्रकारों का काम सरल हो गया है।

अनुवाद के बिना वे अपाहिज हैं।

अन्तर्राष्ट्रीय-संस्कृति को परिभाषित करने वाली अनुवाद-कला है। सम्प्रेषण के नये माध्यमों के आविष्कारों ने वसुधैव कुटुम्बकम् की कल्पना को साकार बना दिया है। अगर विश्व के सभी भागों में बहुत-सी भाषाएँ सीखने व सिखाने का चलन न होता तो यह समस्या शायद बहुत विकराल होती। यद्यपि आज मशीनों की सहायता से भी अनुवाद किया जा रहा है तथापि यह प्रश्न आज भी काफी महत्त्वपूर्ण है। संसदों व अन्तर्राष्ट्रीय सभाओं में ही नहीं अपितु उन संस्थाओं में भी जहाँ विभिन्न भाषाओं को बोलने व समझने वाले उपस्थित रहते हैं, आज यह दृश्य सामान्यतः दिखाई देता है कि एक वक्ता अपनी भाषा में उसका भाषण उसी समय सुन रहा होता है। यह सब नये-नये ध्वनि यन्त्रों और हैड फोन जैसे आविष्कारों के कारण ही सम्भव हो सका है। अनुवाद, चाहे सौ भाषाओं में ही क्यों न हो, मानव प्रयासों की ही देन है। मूल प्रश्न यही है कि अब जबकि हर दिन, हर पल विश्व की विभिन्न भाषाओं के विशेषज्ञ अपने-अपने क्षेत्रों में ज्ञान भण्डार में वृद्धि करते जा रहे हैं, क्या बिना मशीनों की सहायता लिए केवल मानव प्रयास से इस विशाल भण्डार को विश्व की अन्य भाषाओं में इसी प्रकार रूपान्तरित किया जा सकता है ताकि सभी भागों में कार्य करने वाले विशेषज्ञ भी नयी जानकारी व नये विचारों से लाभान्वित हो सकें।

'विश्व-हिन्दी' और 'हिन्दी-विश्व' दोनों को अनुवाद की जरूरत है। विलहेम वॉन हमबोल्ट ने अनुवाद कार्य को साहित्य के लिए आवश्यक माना है। इससे एक देश के रहने वाले दूसरे देश की कला और मानवता से परिचय प्राप्त करते हैं। ज्ञान का विस्तार मनुष्य-मनुष्य को जोड़ने का साधन है क्योंकि मनुष्य की समझ को तेज ज्ञान ही बनाता है। प्रत्येक भू-खण्ड का मानव दूसरों को जानता भी है और अधिक जानना भी चाहता है। किसी मानव समूह की, उसके समस्त परिवेश के साथ तत्त्वतः जानने के लिए जितने माध्यम उपलब्ध हैं उनमें सबसे पूर्ण और मधुर उसका साहित्य ही कहा जायेगा। मनुष्य के पाषाणीकरण के अभिशाप को दूर करने का साधन साहित्य है जो विविध देशों में विविध प्रकार से लिखा गया है। उसे जीवन कोश में संचित करने का तरीका एक ही है, पूरे विश्व साहित्य को जानना। विकास-पथ का एक होना, यात्रियों की विभिन्नता, उनकी शक्तियों की विषमता, पाथेय की विविधता, और गति, अनेकता को अस्वीकार नहीं कर सकता पर मिलन बिन्दु पर लाकर खड़ा करने का साधन 'परिचय' का परिचायक है। निर्विवाद यह कहा जा सकता है कि अनुवाद एक सेतु है जिसके बिना विश्व मानव, विश्व संस्कृति और

विश्व हिन्दी की कल्पना नहीं हो सकती। मानवीय एकता के मूल बिन्दु की खोज 'अनुवाद' में है। जनभाषाओं की प्रतिष्ठा का नया-युग आ गया है न केवल भावात्मक एकता को बनाये रखने के लिए, बल्कि ज्ञान-विज्ञान के नये स्पंदन को सामान्य जन तक पहुँचाने के लिए भी आज मनुष्य के लिए अनुवाद अनिवार्य हो गया है।

र० वा० बिवलकर

विविध रूप

अनुवाद की समस्याओं के बारे में विचार करते हुए उसके वर्गीकरण या भेद प्रभेदों का विचार भी किया जाना चाहिए। रचना अथवा रूप के आधार पर— गद्यानुवाद, पद्यानुवाद, मुक्त छन्दानुवाद आदि भेद—गद्य-पद्य भेदों के आधार पर--किये जा सकते हैं। गद्य का गद्य में अनुवाद एक स्वाभाविक प्रक्रिया कही जायेगी। मूल पद्य-छन्दोबद्ध का अनुवाद गद्य में भी किया जा सकेगा। काव्य रचना का काव्य रूप में अनुवाद-पद्य-छन्दोबद्ध अनुवाद की श्रेणी में गिना जायेगा किन्तु इस अनुवाद में मूल काव्य का छन्द, अलंकार वैसे ही बने रहेंगे ऐसा नहीं कहा जा सकेगा। छन्द भिन्न होगा, अलंकार भी भिन्न होंगे किन्तु अनुवाद का रूप पद्य-छन्दोबद्ध अनुवाद का ही रहेगा। जिस समय अनुवाद करते समय अनुवाद छन्दों के बन्धन से मुक्त होकर अनुवाद करेगा तब वह अनुवाद छन्द मुक्त अनुवाद होगा। अनुवाद मुक्त छन्द अनुवाद होगा।

साहित्यिक विधाओं के आधार पर तो अनुवाद के अनेक प्रभेद किये जा सकते हैं यथा काव्यानुवाद, नाट्यानुवाद, कथानुवाद आदि; विषय के आधार पर भी भेद करना सम्भव है—वृत्तानुवाद, ऐतिहासिक साहित्यानुवाद आदि।

अनुवाद की प्रकृति को ध्यान में रखते हुए अनुवाद के भेद किये जा सकते हैं, जैसे (1) मूल रचना के साथ अनुबद्ध अनुवाद, (2) मूल रचना से मुक्त अनुवाद। इन दोनों के और भेद इस प्रकार किये जा सकते हैं—

(1) शब्दानुवाद, (2) भावानुवाद, (3) छायानुवाद, (4) सारानुवाद आदि। जरा इन पर विस्तार से विचार किया जाये, जिससे बात स्पष्ट हो—

(1) **मूल-अनुबद्ध-अनुवाद**—यह अनुवाद मूल रचना के साथ उसके प्रतिपाद्य के साथ बँधा रहता है। कथ्य के साथ उसकी अभिव्यक्ति पद्धति के साथ वह मेल खाता रहेगा।

(2) **मूल-मुक्त अनुवाद**--इस प्रकार के अनुवाद में अनुवादक स्वायत्तता, अपना अस्तित्व बनाये रखती है। यह स्वतन्त्रता अभिव्यक्ति के क्षेत्र में ही रहे यह औचित्यपूर्ण होगा। मूल कथ्य या प्रतिपाद्य से अनुवादक को प्रतिबद्ध रहना ही होगा। अगर इस क्षेत्र में भी अनुवादक अपनी स्वाधीनता का उपयोग करेगा

तो रचना आधारित—भले ही कही जाये वह अनुवाद नहीं होगा।

(1) **शब्दानुवाद**—शब्दानुवाद में शब्द का प्राधान्य होगा। यह शब्दानुवाद अन्यान्य प्रकारों से किया जा सकेगा।

(अ) मूल रचना का शब्द क्रम अनुवाद के प्रतिशब्दों का क्रम भी वही रखा जाये। इस अनुवाद में स्थूल रूप से अर्थबोध भले ही हो सके किन्तु यह अनुवाद सही अनुवाद नहीं हो सकेगा।

(आ) शब्द के लिए प्रतिशब्द, यह शब्दानुवाद की प्रक्रिया इस अनुवाद में अवश्य ही प्रयुक्त होती है किन्तु ऐसा करते समय अनुवाद की भाषा की बनावट-बुनावट का विचार करते हुए पदक्रम परिवर्तन का स्वातन्त्र्य अनुवादक को होता है। (अ) के अनुवाद की तुलना में यह अनुवाद अधिक उचित अनुवाद है। वृत्तपत्रीय अनुवाद इसी सीमा में रखे जाते हैं।

(इ) शब्दानुवाद का तीसरा प्रकार उत्तम श्रेणी का शब्दानुवाद कहा जा सकेगा। इस अनुवाद में अनुवाद मूल का कुछ छोड़ता नहीं और न ही अपनी ओर से कुछ जोड़ता है। तथ्य-प्रधान सन्दर्भों में शब्दानुवाद उचित रहेगा किन्तु भावात्मक का शैली प्रधान सन्दर्भों में उसका उचित प्रयोग होगा ही ऐसा नहीं कहा जा सकता। भाषा की प्रकृति, संरचनागत भिन्नताओं के कारण परिवर्तन आवश्यक हो जाता है।

शब्दानुवाद में शब्दार्थ, उसका विशेष प्रयोग, कहावतें, मुहावरें, उक्तियाँ, आदि के सन्दर्भ में रचना की मूल भाषा तथा अनुवाद की भाषा की प्रकृति अगर समान हों तो शब्दानुवाद ठीक बनता है अन्यथा वह दोषपूर्ण बनने की सम्भावना बनी रहती है। शब्दानुवाद में कितना ही प्रयास हम क्यों न करें मूल भाषा का प्रभाव बना ही रहता है और सम्भवतः शब्दानुवाद तो हास्यास्पद ही होगा। सभी वाक्य के वाक्य इस पद्धति से अनुवाद किया जाता है।

शब्दानुवाद कठिनाइयों का सतर्कता पूर्वक विचार करते हुए मूल रचना की भावाभिव्यक्ति सहज और सफलता पूर्वक अगर अनुवाद में उतारी जाती है तो शब्दानुवाद ही वास्तव में अनुवाद बनता है।

(2) **भावानुवाद**—भावानुवाद में मूल शब्दावली, वाक्यांश, वाक्य रचना आदि का साग्रह विचार न करते हुए अनुवाद भाषा में मूल रचना का भाव, अर्थ का विचार पहुँचाने का प्रयास किया जाता है। सूक्ष्म भावाभिव्यक्ति के प्रसंग में भावानुवाद ही सफल अनुवाद माना जा सकता है। इसलिए आदर्श अनुवाद का विचार अगर करना ही है तो आवश्यकतानुसार शब्दानुवाद और भावानुवाद दोनों पद्धतियों का प्रयोग करना उचित रहेगा। मूल भाव को अनुवाद में प्रस्तुत करते हुए मूल शैली भी अगर जितनी स्वीकार की जाये, स्वीकार की जाती है तो अनुवाद की भाषा की प्रकृति का निर्वाह भी हो जाता है।

ये अनुवाद मूल रचना के साथ अनुबद्ध होते हैं अतः विस्मृत वर्गीकरण में वे मूलबद्ध अनुवाद ही होंगे—मूलमुक्त नहीं।

(3) **छायानुवाद**—छायानुवाद में मूल रचना का अनुवाद उसके छाया रूप में या प्रभाव में किया जाता है। यह मूल मुक्त होता है। किसी मूल कृति का प्रेरक सूत्र, भाव अनुवाद में सम्पूर्ण स्वतन्त्र पद, वाक्यांश, वाक्य रचना का प्रयोग स्वीकार किया जाये, तो रचना एक सीमा तक स्वतन्त्र रहती है अतः उसकी गणना छायानुवाद में ही की जाती है। इस बात पर विवाद अवश्य खड़ा किया जा सकता है कि ऐसी कृतियाँ कहाँ तक छायानुवाद कहलाएगी। इस रचना का मात्र आधार अन्य भाषा साहित्य से स्वीकृत है अतः यह रचना आधारित ही अधिक है, अनुवाद कम।

(4) **सारानुवाद**—सारानुवाद मूल रचना का समग्र अनुवाद नहीं होता, उसका सार, संक्षेप, तथ्य ही अनुवाद में प्रतिपादित किया जाता है। संक्षिप्तता, धारावाहिकता के कारण व्यवहार में सारानुवाद ही प्रयुक्त होता है। वृत्तपत्रों में इस अनुवाद का प्रयोग किया जाता है।

(5) **व्याख्यानुवाद**—व्याख्यानुवाद की प्रक्रिया सारानुवाद के उलटे होती है। मूल रचना में विद्यमान भाव, अर्थ, विचार, कल्पना आदि का अनुवाद शब्दानुवाद, या भावानुवाद के माध्यम से उचित रीति से व्यक्त करना अगर सम्भव न हो तो व्याख्यानुवाद आवश्यक बनता है। गीता की सटीक आवृत्ति इसका एक उदाहरण कहा जा सकता है। इस प्रकार के अनुवाद में अनुवादक का अपना चिन्तन-मनन सम्मिलित रहता है। बात को स्पष्ट करते हुए वह अनेक उदाहरण देते हुए अपनी बात को स्पष्ट करता है। वह यह भी देखता है कि उसका अनुवाद सहज, सुबोध बने! व्याख्या, भाष्य नाम से भी जाना जाता है।

(6) **रूपान्तर**—रूपान्तरकार मूल रचना को अपनी रुचि के अनुसार रूपान्तरित करता है। यह अनुवाद या भाषान्तर होगा ही ऐसा नहीं कहा जा सकता। रूपान्तर एक अनिवार्यता के रूप में भी किये जाते हैं। रेडियो रूपान्तर या दूरदर्शन रूपान्तर इसी वर्ग में आ जाता है।

(7) **वार्तानुवाद**—वार्तानुवाद में वक्ता अपनी भाषा में बोलता है तो श्रोता उस भाषा के ज्ञाता न होने से 'दुभाषिया' उसका अनुवाद श्रोताओं की भाषा में करता है। यह अनुवाद आशु अनुवाद होता है। उसका लक्ष्य भी सीमित होता है—बात लोगों की समझ में सही रूप से आ जाये। इस प्रकार के अनुवाद में अनुवादक वक्ता, श्रोता, स्थल एवं काल की मर्यादाओं में आबद्ध रहता है।

शब्द के लिए प्रतिशब्द को ढूंढ़ने के लिए 'कोश' जैसे साधन भी उपलब्ध नहीं होते और हो भी तो वह उसका प्रयोग कर सकेगा ऐसा नहीं कहा जा सकता ।

अतः यह स्पष्ट है कि अन्यान्य प्रकार के अनुवाद अपनी-अपनी सीमाएँ लिए होते हैं और अनुवाद के अभ्यासक के सामने समस्या के रूप बने रहते हैं ।

निशिकान्त ठकार

काव्यानुवाद

1. काव्यानुवाद : साहित्यिक संस्कृति की पहचान

एक भाषा से दूसरी भाषा में काव्यानुवाद साहसपूर्ण चुनौती होती है। अनुवाद सेतु होता है, दूसरी भाषा की रचना तक हमें पहुँचाता है। यह एक महत्त्वपूर्ण सांस्कृतिक कर्म है और अन्य किसी भी विधा की अपेक्षा कविता के अनुवाद किसी भाषा में साहित्यिक संस्कृति की पहचान कराने में अधिक उपयुक्त होते हैं। मनुष्य की मनुष्य से ही पहचान अपने आप से सही पहचान कविता में ही सम्भव हो सकती है। सांस्कृतिक आदान-प्रदान की यह उच्चतर भूमि है और भारत जैसे बहुभाषी देश में एकता का भावात्मक सूत्र भी वह बन सकती है।

2. हिन्दी में अनुवाद का महत्त्व

हिन्दी भारत की केवल राजभाषा ही नहीं, राष्ट्रभाषा भी है और देशीय संस्कृतियों के लिए सम्पर्क भाषा भी बनी हुई है। भारतीय भाषाओं की श्रेष्ठ साहित्य कृतियों के अनुवादों से वह समृद्ध हो रही है। अंग्रेजी में जिस तरह विश्व की श्रेष्ठ कृतियों के अनुवाद उपलब्ध हो जाते हैं लगभग उसी तरह अब हिन्दी में भारतीय भाषाओं के अनुवाद उपलब्ध हो रहे हैं। इसीलिए मराठी में हिन्दी से आने वाली कविता की अपेक्षा मराठी से हिन्दी में जाने वाली कविता का विचार महत्त्वपूर्ण बन जाता है। हिन्दी से मराठी में अपेक्षाकृत कम ही काव्यानुवाद हो रहे हैं। मराठी कविता हिन्दी में जाकर भावात्मक एकता के सूत्र कायम कर सकती है, राष्ट्र की कविता के बरक्स अपने आप को देख सकती है, अपना नया मूल्यांकन कर सकती है और राष्ट्रीय सम्मान पा सकती है।

3. हिन्दी-मराठी : भाषाओं की निकटता

दो भाषाएँ ध्वनि, लिपि, शब्द, व्याकरण और संस्कृति की दृष्टि से जितनी निकट होती हैं उतना अनुवाद कार्य सरल होता है। किन्तु यह निकटता ही

समस्या भी बन सकती है। हिन्दी और मराठी में पर्याप्त निकटता है। लिपि एक है शब्द बहुत सारे एक हैं। किन्तु प्रयोगभिन्नता के कारण कुछ अर्थान्तर भी पाया जाता है। दिलीप चित्रे की कविताओं का हिन्दी में अनुवाद करते समय चन्द्रकांत देवताले ने इस निकटता को 'संगम पर इस प्रवाह से उस प्रवाह में तैरने-सा सुखद अनुभव' के रूप में देखा। दो भाषाएँ सांस्कृतिक तथा अन्य दृष्टियों से निकट हो तो उनमें सममूल्य इकाइयाँ अधिक होती हैं। हिन्दी-मराठी में अनुवाद-कार्य इसीलिए सुविधाजनक हो सकता है। पर इस निकटता में छिपे संकट को डॉ॰ प्रभाकर माचवे ने ठीक पहचाना है, "मैं अपने अनुभव से कह सकता हूँ कि समान लिपि और समान लगने वाली शब्द सम्पदा की दो भाषाओं में अनुवाद कार्य और भी कठिन हो जाता है।" इस निकटता के कारण कई अनुवादक धोखा खा जाते हैं। संस्कृत के शब्द हिन्दी-मराठी में भिन्न अर्थ देते हैं। उर्दू-फारसी के शब्द भी मराठी में अलग अर्थ में प्रयुक्त होते हैं। निकटता का अनुवाद में एक अन्य प्रभाव भी देखने को मिल जाता है। समानार्थक शब्दों का भी अनावश्यक अनुवाद किया जाता है। क्योंकि अनुवादक अनुवाद करने पर तुला हुआ होता है।

4. अनुवादक कौन होते हैं ?

मराठी से हिन्दी में अनुवाद करने वालों के भाषा की दृष्टि से तीन वर्ग दिखाई देते हैं : (1) मराठी मातृभाषिक, (2) हिन्दी मातृभाषिक, (3) मूलतः मराठी मातृभाषिक किन्तु शिक्षा, संस्कार, निवास आदि के कारण प्रायः हिन्दी भाषिक ! अनुवाद मूलतः द्विभाषिक प्रक्रिया है। मूल भाषा का 'पर्याप्त ज्ञान' और लक्ष्य भाषा पर 'अच्छा' अधिकार सफल अनुवादक के लिए आवश्यक माना जाता है। इसीलिए अनुवाद विज्ञान के अनुसार अनुवादक की अपनी भाषा अनुवाद की लक्ष्य भाषा हो। अपनी भाषा में वह बेहतर अभिव्यक्ति कर सकता है क्योंकि वह 'देशीय भाषिक' (Native Speaker) होता है। वह अपनी भाषा की साहित्यिक संस्कृति की जरूरतों को अच्छी तरह से पहचान सकता है। अपनी भाषा के विविध रूपों को अच्छी तरह से जान सकता है। लेकिन मराठी से हिन्दी में हुए काव्यानुवादों में हिन्दी भाषिकों द्वारा किये गये अनुवाद बहुत कम हैं। मराठी भाषिकों के अनुवाद ही अधिक मात्रा में हैं। ऐसे अनुवाद प्रायः परिचयात्मक होते हैं और हिन्दी साहित्यिक संस्कृति की जरूरतों की अपेक्षा मराठी साहित्य की हिन्दी में पहचान बनाने की चिन्ता से प्रेरित प्रतीत होते हैं।

काव्यानुवाद के लिए अनुवादक को दोनों भाषाओं पर समान अधिकार होना चाहिए, उसी प्रकार दोनों भाषाओं की काव्य परम्पराओं का अच्छा परिचय

होना चाहिए। विशेष रूप से समकालीन काव्य प्रवृत्तियों की सही पहचान होनी चाहिए। मराठी से हिन्दी में काव्यानुवाद करने वाले अनुवादकों का हिन्दी भाषा पर स्वभाषा जैसा अधिकार नहीं होता और हिन्दीभाषी अनुवादकों को मराठी काव्य प्रवृत्तियों की सही पहचान नहीं दिखाई देती। इस सन्दर्भ में चन्द्रकान्त पाटील की टिप्पणी बड़ी सटीक है : "भारतीय भाषाओं के आपसी अनुवादों में जो खतरे दिखाई देते हैं वे मूल भाषा की परम्परा के अज्ञान के कारण ही होते हैं। कविता के पाठकों का अनुभव है कि जिन कविताओं के अनुवाद होते हैं वे समकालीन कविताएँ होती ही नहीं। आम तौर पर लोकप्रिय हो चुके दूसरी, तीसरी श्रेणी के⋯कवि अनूदित होते हैं। परिणामस्वरूप सम्बन्धित भाषा की वर्तमान कविता की अवस्था का पता चलना असम्भव हो जाता है।" मराठी-भाषी अनुवादक इसके अपवाद नहीं हैं। 'समकालीन भारतीय साहित्य' या 'भाषा' में प्रकाशित अनुवादों में इस तथ्य को अनुभव किया जा सकता है।

5. कवि-अनुवादक

काव्यानुवाद के लिए यह भी आवश्यक माना जाता है कि उसे दोनों भाषाओं में काव्य-रचना का पर्याप्त अनुभव हो। कविताओं के अनुवादक प्रायः कवि ही होते हैं। मराठी से हिन्दी में अनुवाद करने वालों में कवि भी हैं, कविता प्रेमी भी हैं, समीक्षक और प्राध्यापक भी हैं और ऐसे भी हैं जिनका कविकर्म ठप हो गया है। जो कवि नहीं हैं, या जिनकी पहचान कवि के रूप में नहीं है। ऐसे अनुवादकों ने सांस्कृतिक दायित्व को निभाने के लिए ही मानो इस जोखिम को उठाया है। जरूरी नहीं कि कवि सफल अनुवादक हो लेकिन कवि के लिए यह कठिन कर्म इसलिए सहज हो जाता है कि कवि को उसे सृजन की प्रक्रिया से गुजरने का अभ्यास होता है; उसे कविता के अन्तरंग संसार की गहरी पहचान होती है। इस बात को श्री गिरिजाकुमार माथुर ने स्वानुभव के भाव पर कहा है, "जब तक मूल कवि की समस्त प्रेरणा और संवेदना भूमि में अनुवादक पूरी तरह डूब नहीं जाता जिस सृजन भूमि पर मूल कवि खड़ा है, वहाँ अनुवादक अपने को स्थानान्तरित नहीं कर पाता तब तक कविता का सही और सफल अनुवाद नहीं हो सकता।"

जब अनुवादक कवि नहीं होता, कृति के साथ आत्मीय नहीं हो पाता लेकिन वह किसी मजबूरी की तहत अनुवाद कर लेता है तब कविता की सही तलाश करने में असफल होने के कारण वह अनुवाद शाब्दिक, नीरस और सतही बन जाता है। अनुवादक अधिक से अधिक सममूल्यों की खोज करता है। काव्य के अनुवाद में यह शैली की समस्या के रूप में भी महत्त्वपूर्ण होती है। यह भी कहा गया है कि "साहित्यिक अनुवाद मूलरूप से भाषा (संरचना तथा शब्द-

कोश) की समस्या न होकर शैली (चयन, प्रवर्तन, विन्यास) की समस्या है।" इसीलिए काव्यानुवाद में अनुवादक के व्यक्तित्व का घनिष्ठ रूप से सम्बन्ध होता है। वह मूल कविता से उसी के समानान्तर एक दूसरी कविता गढ़ लेता है। यह उस कविता का दूसरा सृजन होता है। इसीलिए काव्यानुवाद को पुनः-सृजन, अनुसृजन आदि कहा जाता है। चन्द्रकान्त देवताले ने इसे 'पुनर्वास' कहा है, "दरअसल कई बार हमने रचनाक्षणों को पुनर्साक्षात् किया, इसलिए कुल मिलाकर हमारे सामने 'भाषिक अनुवाद' जैसी कोई समस्या नहीं थी। हम कविता को उसी समय में, जिसमें वह रची गयी थी, देख रहे थे, और उसका दूसरी भाषा में पुनर्वास कर रहे थे।" एक कवि, एक अनुवादक के सन्दर्भ में यह स्थिति आदर्श है लेकिन जब एक अनुवादक अनेक कवियों के अनुवाद करता है—और समकालीन अनुवादकों को प्रायः ऐसा ही करना पड़ता है—तब सब अनुवादों में अनुवादक का व्यक्तित्व तो प्रतीत होगा ही लेकिन मूल कवियों की विविधता को बरकरार रखने में उसे मुश्किलों का सामना करना पड़ेगा। बहरहाल, बेजान अनुवादों की अपेक्षा कवि अनुवादकों के व्यक्तित्वपूर्ण अनुवाद ही पढ़े जायेंगे। 'सूरज के वंशधर' में डॉ० चन्द्रकान्त पाटील ने मराठी के चौदह दलित कवियों की कविताओं के अनुवाद प्रस्तुत किये हैं। डॉ० चन्द्रकान्त बान्दिवडेकर ने 'साहित्य और दलित चेतना' में और डॉ० निशीकान्त मिरजकर ने 'समकालीन भारतीय साहित्य' में अनेक मराठी कवियों के अनुवाद प्रस्तुत किये है। निशीकान्त ठकार सम्पादित 'ज़मीन' विशेषांक में भी डॉ० पाटील के कई अनुवाद हैं। यह विवाद का विषय हो सकता है कि अनुवाद वस्तुनिष्ठ होना चाहिए या आत्मनिष्ठ, लेकिन इतना निश्चयपूर्वक कहा जा सकता है कि आत्मनिष्ठ अनुवाद सृजनशील प्रेरणाओं की तहत काम करता है। ऐसा अनुवाद चलताऊ नहीं होता। मराठी से हिन्दी में हो रहे अनुवादों में उत्साहधर्मिता की भी सबल प्रेरणा है।

6. अनुवाद की प्रेरणाएँ

कविताओं के अनुवाद क्यों होते हैं ? हिन्दी से मराठी की अपेक्षा मराठी से हिन्दी में अधिक क्यों होते हैं। अनुवाद की अनेक प्रेरणाओं, प्रयोजनों में आत्मसन्तोष एक महत्त्वपूर्ण बात है। अनुवादक की दिलचस्पी ही उसे इस कर्म के लिए प्रेरित करती है। इसमें उत्साह का तत्त्व प्रधान होता है। श्री० विजय कुमार चोकसे की 'महाराष्ट्र मानस माधुरी' इसका अच्छा उदाहरण है। कविताओं के चयन में अनुवादक की अपनी इच्छा ही प्रेरक होने के कारण युग-प्रवर्तक कवि केशवसुत के साथ दत्त भक्त गीतकार सुधांशु भी आ जाते हैं। विन्दा करंदीकर की श्रेष्ठ कविताओं को छोड़कर फुटकर तुकबन्दियों को ही

चुना जाता है। ऐसे कई अनुवादक और भी हैं जिन्होंने अपने स्नेहीजनों और सम्बन्धियों की कविताओं के अनुवाद प्रस्तुत किये हैं जिनका मराठी काव्यक्षेत्र में कोई स्थान नहीं है। नाम नहीं है और जो प्रायः नगण्य हैं। मराठी कविता का एक गलत चरित्र हिन्दी में सामने आ जाता है।

साहित्य अकादमी, केन्द्रीय हिन्दी निदेशालय आदि संस्थानों द्वारा संचालित पत्रिकाओं और संपादित सम्कलनों में, पुस्तकों में पर्याप्त मात्रा में मराठी कविताओं के अनुवाद मिल जाते हैं किन्तु इनका चयन भी प्रायः पारम्परिक और साधारण होता है। राष्ट्रीय एकात्मता, स्वतन्त्रता दिन, प्रजासत्ताक दिन जैसे निमित्तों के कारण भी कुछ साधारण कविताओं के अनुवाद किये जाते हैं। इन कविताओं में स्वाभाविक ही समकालीन काव्य प्रवृत्तियों की झलक नहीं मिल पाती। सरकारी या अर्धसरकारी संस्थानों के चयनकर्ताओं की अपनी रुचि की भी सीमाएँ होती हैं। बावजूद इसके यह कहना होगा कि इन्हीं प्रयासों के कारण मराठी कविता हिन्दी में आ सकी है। भारत भवन के वागर्थ ने इस दिशा में रचनात्मक प्रयास किये हैं और उसका लाभ भी मराठी कविता को हुआ है। दिलीप चित्रे की कविताओं का देवताले कृत अनुवाद इसकी उपलब्धि है। सोमदत्त ने विन्दा करंदीकर की कविताओं का अनुवाद अंग्रेजी से क्यों किया यह बात समझ में नहीं आती।

कुछ अनुवादों की प्रेरणा तात्कालिक भी होती है। श्री० मंगेश पाडगावकर को साहित्य अकादमी का पुरस्कार मिलने पर उनके काव्य-संकलन 'सलाम' का अनुवाद वसन्त देव ने किया। कवि कुसुमाग्रज को ज्ञानपीठ पुरस्कार मिलने पर डॉ० चन्द्रकान्त बांदिवडेकर आदि द्वारा इनकी चुनी हुई कविताओं का अनुवाद करना अनिवार्य ही था। यह निस्सन्देह एक महत्त्वपूर्ण सांस्कृतिक कार्य है किन्तु इन अनुवादों से समकालीन काव्य प्रवृत्तियों का पता नहीं चलता।

अभिजात काव्य के अनुवादों की भी लगभग यही स्थिति है। श्री बाबूराव कुमठेकर ने 'ज्ञानेश्वरी' के अनुवाद में मूल छन्द की प्रकृति को रखने का प्रयास किया था किन्तु जैसा कि माचवे जी ने कहा है "हिन्दी में उसे पढ़ते हुए ह्रस्व दीर्घ का स्वर आलोड़न सहज नहीं रह पाता। ज्ञानेश्वरी के समछन्द अनुवाद एक-दो अध्याय श्री० तुकाराम जाधव ने भी कर देखे किन्तु छन्द का विस्तार बहुत हो गया। इधर श्री मधुकर यार्दी ने एक साथ अंग्रेजी और हिन्दी में 'ज्ञानेश्वरी' का अनुवाद किया है। 'श्री दासबोध' के गद्य अनुवाद हो चुके हैं लेकिन डॉ० भगवानदास तिवारी ने समछन्द अनुवाद में पर्याप्त सफलता पायी है। इन अनुवादों की प्रेरणा सांस्कृतिक है। मराठी के श्रेष्ठ कवि तुकाराम का ठीक अनुवाद किसी ने किया हो तो पता नहीं किन्तु तुकाराम और नामदेव की कविता की ओर अनुवादकों का ध्यान न जाना ठीक नहीं है।

समकालीन मराठी काव्य प्रवृत्तियों का हिन्दी में परिचय करा देने का काम डॉ० चन्द्रकान्त पाटील ने पर्याप्त लगन और जागरूकता से किया है। अनुवाद में स्रोत भाषा की छाया कितनी हो यह कहा नहीं जा सकता। डॉ० पाटील के अनुवाद, अनुवाद प्रतीत होते हैं। यह भी एक विवादास्पद प्रश्न है कि क्या अनुवाद, अनुवाद लगना चाहिए या पहचानने में नहीं आना चाहिए कि यह अनुवाद है। मराठी से हिन्दी में जिन कविताओं के अनुवाद हुए हैं उनमें मूल शब्द, उपवाक्य, वाक्य, पंक्ति, छन्द, लय आदि बातों को यथासम्भव सुरक्षित रखने का प्रयास किया जाता है अतः प्रायः सभी अनुवाद सहज हिन्दी अपना नहीं पाते। बहुत सारे अनुवादक के मराठीभाषी होने के कारण ऐसा होता होगा।

अनुवाद को काव्य की कसौटी कहा गया है। इस कसौटी पर चढ़कर मराठी कविता को अपना सत जानना चाहिए। अनुवादक उसे यह अवसर दे रहे हैं।

कृष्णकुमार गोस्वामी

अनुवाद की सीमाएँ

पूर्ण अनुवाद की सीमाएँ बताना कठिन है क्योंकि स्रोत भाषा का पाठ न तो पूर्णतया अनुवाद्य होता है और न ही अननुवाद्य। पाठ में ऐसे कई भाषिक रूप होते हैं जिनका अनुवाद नहीं हो पाता। इसमें कई बार भाषापरक कठिनाइयाँ सामने आती हैं और कई बार सामाजिक-सांस्कृतिक। इसी सन्दर्भ में कैटफर्ड (1965) ने अनुवाद की सीमाएँ दो प्रकार की बतायी हैं—पहली भाषापरक और दूसरी सामाजिक-सांस्कृतिक। भाषापरक सीमा से अभिप्राय यह है कि स्रोत भाषा के शब्द, वाक्यरचना आदि का पर्यायवाची रूप लक्ष्य भाषा में न मिलना। सामाजिक-सांस्कृतिक अभिव्यतियों के अन्तरण में भी काफी सीमाओं का सामना करना पड़ता है क्योंकि प्रत्येक भाषा का सम्बन्ध अपनी सामाजिक-सांस्कृतिक व्यवस्था से जुड़ा हुआ है। दूसरी ओर पोपोविच (1976) का मत है कि भाषापरक समस्या दोनों भाषाओं की भिन्न संरचनाओं के कारण उठ सकती है किन्तु सामाजिक-सांस्कृतिक समस्या सर्वाधिक जटिल होती है। इसके साथ ही पोपोविच ने यह भी सुझाया है कि भाषापरक और सामाजिक-सांस्कृतिक समस्याएँ एक-दूसरे के साथ गुथी हुई हैं, अतः इनका विवेचन एक-दूसरे को ध्यान में रखकर किया जाना चाहिए। वास्तव में सामाजिक-सांस्कृतिक स्थितियों के अलगाव से उत्पन्न समस्याएँ अनुवाद की सबसे अधिक जटिल समस्याएँ हैं। 'देवर-भाभी', 'जीजा-साली' का अनुवाद यूरोपीय भाषा में नहीं हो सकता क्योंकि भाव की दृष्टि से इसमें जो सामाजिक सूचना निहित है वह शब्द के स्तर पर नहीं आँकी जाती। इसी प्रकार भारतीय संस्कृति के 'कर्म' का अर्थ न तो action हो सकता है और न ही performance क्योंकि 'कर्म' से यहाँ पुनर्जन्म निर्धारित होता है जबकि action और performance में ऐसा भाव नही मिलता। इस प्रकार यह उन रूपों का प्रतिस्थापन नहीं है जो एक ही विषय-वस्तु से जुड़े हुए हैं। एक भाषा के व्याकरणिक या कोशगत रूपों का पूर्णतया रूपान्तरण महीं हो सकता। इसलिए अनुवाद की इन सीमाओं को समतुल्यता के सिद्धान्त के साथ जोड़ा गया है। समतुल्यता के लिए यह आवश्यक है कि स्रोत भाषा और लक्ष्य भाषा के भाषिक रूपों के पाठगत अभि-

लक्षणों में काफी समानता हो। इसमें सन्दर्भ और सामग्री के समान और प्रासंगिक अभिलक्षणों की दृष्टि से स्रोत भाषा और लक्ष्य भाषा के पाठों के परस्पर सम्बन्धों को देखा जाता है। इस दृष्टि से कभी-कभी किसी न किसी कारण कई भाषिक रूपों का अनुवाद नहीं हो पाता है और कई बार सामाजिक-सांस्कृतिक अभिव्यक्तियों के अनुवाद में समस्या खड़ी हो जाती है। इसके अतिरिक्त पाठक और पाठ की प्रकृति भी अपनी विशेष भूमिका निभाती है जो स्रोत भाषा के पाठ और लक्ष्य भाषा के पाठ के परस्पर परिवर्तन पर आधारित है। इसीलिए कहा गया है कि अनुवाद की समस्या असमाधेय है।

इन सीमाओं पर विस्तार से चर्चा करने के लिए इन्हें तीन वर्गों में विभाजित किया जा सकता है—(1) भाषापरक सीमाएं, (2) सामाजिक-सांस्कृतिक सीमाएँ और (3) पाठ-प्रकृतिपरक सीमाएँ।

(1) **भाषापरक सीमाएँ** : प्रत्येक भाषा की अपनी संरचना होती है। इसीलिए स्रोत भाषा और लक्ष्य भाषा के भाषिक रूपों में समान अर्थ मिलने की स्थिति बहुत कम होती है, किन्तु यह बात अवश्य है कि वे एक ही स्थिति में कार्य करते हैं। उदाहरण के लिए "लकड़ी कट रही है" और "लकड़ी काटी जा रही है" जैसी हिन्दी की अभिव्यक्तियों का अनुवाद अंग्रेजी जैसी भाषा में कैसे किया जाये। इन दोनों में समान अर्थ पूर्णतया नहीं मिलता हालाँकि दोनों वाक्यों का प्रकार्य एक ही स्थिति में मिलता है किन्तु कई बार स्रोत भाषा और लक्ष्य भाषा के भाषिक रूपों में कुछ ऐसे अर्थ निहित रहते हैं जिनमें एक-दूसरे के कुछ अंश मिल जाते हैं। उदाहरण के लिए : रूसी वाक्य ta prisla का हिन्दी अनुवाद "मैं पहुँच गई हूँ" होगा किन्तु रूसी भाषा की संरचना के अनुसार इसमें कुछ ऐसे व्याकरणिक अभिलक्षण है जो हिन्दी में नहीं मिलते। Prisla क्रिया पदबंध में स्त्रीलिंग, पहुँचना, पैदल, पूर्व घटना और कार्य पूरा होना अभिलक्षण मिलते हैं और यह क्रिया पूर्व घटना होने के साथ-साथ आसन्नभूत वर्तमान के साथ जुड़ी हुई है, जबकि हिन्दी अनुवाद में यह अर्थ पूरी तरह नहीं आ पाया है।

इसी प्रकार स्रोत भाषा के समान वाक्यों में सूक्ष्म अर्थ की प्राप्ति होती है लेकिन उनका अन्तरण लक्ष्य भाषा में कर पाना सम्भव नहीं होता। उदाहरण के लिए, हिन्दी के निम्नलिखित वाक्यों में सूक्ष्म अर्थ की अभिव्यक्ति होती है :

(1) मुझे जाना चाहिए।
(2) मुझे जाना ही चाहिए।
(3) मुझे जाना होगा।
(4) मुझे जाना पड़ेगा।

(5) मुझे जाना है।
(6) मुझे जाना ही होगा।
(7) मुझे जाना ही पड़ेगा।
(8) मुझे जाना ही है।
(9) मुझे जाना तो होगा।
(10) मुझे जाना तो है।
(11) मुझे जाना तो पड़ेगा।
(12) मुझे जाना तो होगा ही।

उपर्युक्त बारह वाक्यों में प्रथम पाँच वाक्यों का अंग्रेजी अनुवाद निम्न प्रकार से होता है किन्तु शेष सात वाक्यों का अनुवाद नहीं हो पाता।

(1) I ought to go.
(2) I should go.
(3) I must go.
(4) I shall have to go.
(5) I have to go.

किसी कृति में अंचल-विशेष या क्षेत्र-विशेष के जन-जीवन का समग्र चित्रण अपनी क्षेत्रीय भाषा या बोली में जितना स्वाभाविक या सटीक हो पाता है उतना भाषा के अन्य रूप में नहीं। इससे अंचल-विशेष के लोगों की सहज अभिव्यक्ति का परिचय मिलता है और वातावरण में स्वाभाविकता आ जाती है। इसके अतिरिक्त ये क्षेत्रीय बोलियाँ अपनी भाषा को प्रवाहपूर्ण बना देती हैं। भाषा की विभिन्न बोलियाँ अपने क्षेत्रों की विशिष्टता को अपने भीतर समेटे होती हैं। यह प्रवृत्ति ध्वनि, शब्द, वाक्य आदि के स्तरों पर देखी जा सकती है। ध्वनि के स्तर पर हिन्दी भाषी क्षेत्र में एक स्थान पर 'पैसा, कैसा, औरत' बोला जाता है तो दूसरे स्थान पर या क्षेत्र में 'पइसा, कइसा, अउरत' बोला जाता है। शब्द स्तर पर विभिन्न क्षेत्रों में विभिन्न शब्द मिलते हैं। जैसे 'अरबी' के लिए 'घुइयाँ', 'सीताफल' के लिए 'काशीफल', 'कुम्हड़ा', 'कोहड़ा', 'जुराब' के लिए 'मोजा', 'तोरई' के लिए 'निनुआ', 'बालक' के लिए लड़का, छोरा, लौंडा, मोड़ा, लरिका, छोकरा, बेटा, बचवा, बेटवा, बबुआ आदि कई शब्द मिलते हैं। इसकी विशिष्टता को दिखाने वाले विशिष्ट पर्याय अनुवाद में नहीं मिल पाते जिससे वे किसी अंचल-विशेष की सहज अभिव्यक्ति की जानकारी दे सकें। यह कठिनाई बोली के वाक्यों के अनुवाद में भी है। जैसे :

"जरा-सी बात भई ना कि तेरा टंटुआ खुलना—बसपे पे शुरू कर देथ्यु। ई नफीसा तुहों कउनों काम जोग ना छोड़ि हों। आ बेटा, हमारे पास आ। उसने भाई साहब को चुमकारा। वे उसके पास चले गए।" अतः अंचल-विशेष

की विशिष्टता दिखाने वाला अनुवाद सम्भव नहीं हो पायेगा।

प्रत्येक भाषा में कई शैलीगत भेद होते हैं। ये शैलियाँ अपना स्थिर रूप धारण किये होती हैं। इन शैलियों से उत्पन्न पाठ के अभिलक्षण को सम्प्रेषित करने के लिए लक्ष्य भाषा में प्रयत्न करना पड़ता है। चूँकि यह आवश्यक नहीं कि लक्ष्य भाषा में स्रोत भाषा की सभी भाषा-शैलियाँ उपलब्ध हों, इसलिए उनका अनुवाद उसी प्रकार नहीं हो पाता। जैसे, हिन्दी भाषा में संस्कृत-निष्ठ हिन्दी, सामान्य बोलचाल की हिन्दी और अरबी-फारसी मिश्रित हिन्दी प्रयोग में स्थिरता लिए हुए है। इसी प्रकार अंग्रेजी के प्रभाव से, अंग्रेजी मिश्रित हिन्दी का प्रयोग हो रहा है। अतः इन चारों शैलियों का अनुवाद अन्य भाषा में कर पाना सम्भव नहीं होगा। उदाहरण के लिए :

(1) उसकी पत्नी ज्वरग्रस्त है।

(2) उसकी बीवी को बुखार है।

(3) उसकी बेगम की तबीयत नासाज है।

(4) उसकी वाइफ को फीवर है।

इन चारों शैलियों में जो सामाजिक एवं सांस्कृतिक पृष्ठभूमि समाई हुई है वह अनुवाद में उसी प्रकार नहीं मिल पायेगी। इस दृष्टि से हजारीप्रसाद द्विवेदी, हसन मंटो और प्रेमचन्द के कथा साहित्य के अनुवाद में कई समस्याएँ उत्पन्न होती हैं।

(2) **सामाजिक-सांस्कृतिक सीमाएँ** : भाषायी समस्या के अतिरिक्त पाठ में जो सामाजिक एवं सांस्कृतिक सूचनाएँ मिलती हैं उनका अन्तरण वास्तविक समस्या खड़ी कर देता है। भाषा और संस्कृति का अटूट सम्बन्ध होता है। इससे समाज के बारे में काफी सूचना मिल जाती है अतः इन सूचनाओं से भाषिक रूपों का अन्तरण नहीं हो पाता। वास्तव में मानव अभिव्यक्ति के एक भाषा रूप में भौगोलिक, ऐतिहासिक और सामाजिक-सांस्कृतिक तत्त्वों का समावेश हो जाता है जो एक भाषा से दूसरी भाषा में भिन्न होते हैं। अतः स्रोत भाषा के कथ्य को लक्ष्य भाषा में पूर्णतया संयोजित करने में अनुवादक को कई बार असमर्थता का सामना करना पड़ता है। यह बात अवश्य है कि सम-सांस्कृतिक भाषाओं की अपेक्षा विषम सांस्कृतिक भाषाओं के परस्पर अनुवाद में कुछ हद तक अधिक समस्याएँ रहती हैं। इसी सन्दर्भ में लाडो (1957) ने कहा है कि "जब दो संस्कृतियाँ समान हों या एक-दूसरे से सम्बद्ध हों, किन्तु भाषाएँ अलग-अलग हों तब अनुवादक को यह छूट होनी चाहिए कि वह लक्ष्य भाषा की सांस्कृतिक शब्दावली को स्रोत भाषा की प्रकृति के अनुसार प्रसंगानुसार बदल दे। यदि विषम संस्कृति हो तब भी प्रसंगानुसार परिवर्तन अत्यन्त आवश्यक है अन्यथा उससे सटीक अर्थ की प्रतीति नहीं हो पायेगी।"

समसांस्कृतिक भाषाओं में भारत की हिन्दी, बंगला, तमिल, तेलुगु, मलयालम आदि भाषाएँ आती हैं। इनके परस्पर अनुवाद में जो समस्याएँ उत्पन्न होती हैं वे कुछ ही अभिव्यक्तियों में ही मिलती हैं। उदाहरण के लिए, मलयालम शब्द 'कायल' है। केरल में 'कायल' एक झील को कहते हैं जो कहीं समुद्र से सीधे जुड़ी होती है या नदी के माध्यम से समुद्र से जुड़ी होती है। इसी कारण इस पर समुद्री तूफान का प्रभाव भी पड़ता है। यह झील जल मार्ग का भी कार्य करती है। इसका हिन्दी में 'झील' अनुवाद करने से केरलीय झील की अवधारणा स्पष्ट नहीं हो पायेगी। इस प्रकार समसांस्कृतिक भाषाओं की अपनी-अपनी सांस्कृतिक परम्परा भिन्न होने के कारण अनुवाद में समस्याएँ उठती हैं।

विषम सांस्कृतिक भाषाओं में इस प्रकार की समस्याएँ बहुत अधिक मिलती हैं। उदाहरण के लिए, फिनलैंड की भाषा में Menon Saunaan का हिन्दी अनुवाद होगा "क्या आप सॉना जा रहे हैं। यदि Sauna का अर्थ "स्नानघर या नहाने की जगह" रखा जाये तो पूर्ण अर्थाभिव्यक्ति नहीं होती क्योंकि भारतीय परम्परा में स्नान सामान्यतः अकेले किया जाता है। स्नान में गर्म या ठण्डे पानी का प्रयोग किया जाता है। इसमें शरीर को धोया जाता है या पानी में डुबकी लगायां जाती है। इसमें साबुन का भी इस्तेमाल किया जा सकता है। सॉना में सामूहिक स्नान होता है। इसीलिए इसके कमरे का निर्माण या उसका रूप भी अलग होता है। इसमें न तो गर्म पानी में डुबकी लगायी जाती है और न ही शरीर धोया जाता है। ये कार्य तो सॉना के क्षेत्र के बाहर है। इसमें भाषा का प्रयोग किया जाता है और आनन्द के लिए सब मिलकर एक प्रकार का स्नान करते हैं। इसी Sauna का अनुवाद अंग्रेजी भाषा में भी नहीं हो सकता।

संस्कृति के सन्दर्भ में देश-प्रदेश की वेशभूषा का भी विशेष स्थान होता है। इससे भी अनुवाद में काफी कठिनाई होती है। हिन्दीभाषी क्षेत्र में साड़ी, धोती, लुंगी आदि वस्त्रों का सन्दर्भपरक अर्थ है। महिलाएँ 'साड़ी' पहनती हैं और पुरुष 'लुंगी' पहनते हैं जबकि धोती पुरुष और महिलाओं के लिए अपने-अपने किस्म की होती हैं। दक्षिणी वस्त्र 'मुंडु' या 'नेरियत' या 'वेष्टि' हैं जो 'लुंगी' के ही रूप हैं। पूरी 'लुंगी' पहनना या कमर तक 'लुंगी' पहनने के लिए अलग-अलग शब्द हैं। इनका अनुवाद अन्य भाषाओं में करना कठिन है क्योंकि ये वस्त्र उनकी वेशभूषा में नहीं आते। इसी तरह पंजाबी वस्त्र 'सलवार-कुर्ता' अपनी संस्कृति को अपने भीतर समेटे हुए हैं और इनका अनुवाद किसी भी भाषा में नहीं हो सकता क्योंकि अन्य भाषाओं में कोई एक-सी वेशभूषा नहीं होने के कारण इसका समतुल्य शब्द नहीं मिलता। अतः संस्कृति को उद्घाटित

करने वाले पाठ का अनुवाद करते हुए अनुवादक को सभी प्रकार के विवरणात्मक समतुल्य शब्द बनाने पड़ते हैं जिससे वे पाठक को बोधगम्य हो सकें। इसी प्रकार हर देश या प्रदेश का अलग-अलग खान-पान होता है और उनका भी प्रतिस्थापन करना असम्भव-सा हो जाता है। उदाहरण के लिए, भारतीय भोजन चपाती, रोटी, पराठा, इडली, डोसा आदि और यूरोपीय भोजन सैंडविच, हैमबर्गर, पिज़्ज़ा आदि का अनुवाद नहीं हो पाता।

पाठ में सामाजिक सूचना सभी स्तरों पर दी जाती है। शब्द के आधार पर 'उबटन', 'दीवानखाना', 'कलश', 'चिलम' आदि शब्दों में सामाजिक सूचना निहित रहती है। इन शब्दों को विभिन्न अर्थों में विभाजित किया जा सकता है और उनके सामाजिक एवं सांस्कृतिक सन्दर्भों को उसके अनुसार विभिन्न प्रकारों से अन्तरित किया जा सकता है। 'उबटन' पूर्णतया संस्कृतिबद्ध शब्द है और यह बड़ा कठिन या असम्भव-सा हो जाता है कि अंग्रेजी में उसी के अनुरूप शब्द मिल जाए। कुछ अनुवादकों ने "a paste for anointing the body or special body pastes for the massage of ladies" कहा है जो 'उबटन' की सामाजिक सूचना दे पाने में असमर्थ है। इसी प्रकार 'दीवानखाना' के लिए यदि drawing room या hall of audience का प्रयोग किया जाये तो वह समतुल्यता के निकट नहीं है। 'कलश' और 'चिलम' के लिए pot (sacred) और earthern pipe का प्रयोग किया जाये तो वह इन लोगों के लिए हास्यास्पद लगेगा जो इन दोनों के अन्तर से परिचित हैं और इन लोगों के लिए यह अशुद्ध होगा जिन्हें इनकी जानकारी नहीं है।

कैटफर्ड (1965) के मतानुसार ऐसे शब्दों को इसी प्रकार रखा जाये और नीचे उसकी पाद-टिप्पणी दी जाये या सन्दर्भ के अनुसार कोई अर्थ बनता हो तो कोष्ठक में दिया जाये। इस प्रकार रखने से यह लाभ होगा कि इसके निकट समतुल्य का पता लग जायेगा। दूसरा इससे मूल गन्ध आयेगी तथा पाठ को स्थानीय सांस्कृतिक सूक्ष्मताओं की जानकारी मिलेगी। किन्तु यह भी एक सीमा है। अधिक पाद-टिप्पणी देने से और अधिक मूल शब्द देने से पठनीयता की गति कम हो जायेगी। इसके अतिरिक्त अर्थ निकालने में समय भी लगेगा और अनुवाद भी नीरस हो जायेगा।

किसी भी भाषा के मुहावरों और लोकोक्तियों में उसकी सामाजिक एवं सांस्कृतिक सत्यता का परिचय मिलता है। मुहावरे और लोकोक्तियाँ भाषा को अधिक प्रभावशाली एवं व्यंजक बनाती हैं। उसी प्रकार की प्रभावशीलता और व्यंजना को लाने की समस्या उनके अनुवाद में है। उदाहरण के लिए, हिन्दी में 'नमकखाना' का अंग्रेजी अनुवाद 'devoted slave' or 'to be loyal' or 'to eat your salt' करना लेखक के साथ पूर्ण न्याय नहीं हो पायेगा। इसी

प्रकार हिन्दी 'सिन्दूर पुंछ जाना' या 'चूड़ी टूटना' का अंग्रेजी अनुवाद to wipe off vermillon या to break bangles करना शाब्दिक अनुवाद है और इसमें सामाजिक एवं सांस्कृतिक सूचना नहीं मिल पायेगी।

इसी प्रकार अन्य उदाहरण भी देखे जा सकते हैं जो संरचना की दृष्टि से समान लगते हैं लेकिन प्रकार्य की दृष्टि से अलग-अलग अर्थ प्रदान करते हैं। जैसे —

(1) देखते देखते मेरी आँखें दुःख गयां।

(2) देखते देखते दिन बीत गया।

उपर्युक्त दोनों वाक्यों में 'देखते देखते' प्रयोग विपरीतार्थी हैं। पहले वाक्य में 'समय का आधिक्य' दिखाई देता है और दूसरे वाक्य में 'समय का चोरी-चोरी बीत जाना' या 'समय का पता न लगना' की सूचना मिलती है। अन्य उदाहरण देखिए :

(3) मजाल कि आँख से आँसू निकल जाये।

(4) किसी की मजाल कि मुझे छू जाये।

उपर्युक्त वाक्य (3) में 'मजाल' शब्द में स्व-नियन्त्रण शक्ति का परिचय मिलता है और वाक्य (4) में 'मजाल' का अर्थ 'भौतिक शक्ति' से है। इस प्रकार के मुहावरेदार प्रयोगों में अनुवाद पराजित हो जाता है क्योंकि स्रोत भाषा में जो अर्थाभिव्यक्ति होती है वह लक्ष्य भाषा में नहीं होती।

हिन्दी में मैं, हम या तू, तुम, आप या वह और वे पुरुषवाचक सर्वनाम एक ओर व्याकरणिक अर्थ लिये हुए हैं तो दूसरी ओर सामाजिक अर्थ भी लिये हुए हैं। इनका अनुवाद दूसरी भाषा में कर पाना सम्भव नहीं है। मध्यम पुरुष सर्वनाम तू, तुम, आप का अनुवाद तो कठिन है ही, एकवचन के रूप में 'हम' और 'वे' का अनुवाद करना और भी भ्रमात्मक बन जायेगा। कई बार हिन्दी में मध्यमपुरुष सर्वनामों 'तुम' और 'आप' का प्रयोग करते हुए आवेश या व्यंग्य में 'आप' के स्थान पर 'तुम' या 'तुम' के स्थान पर 'आप' का प्रयोग होने लगता है तो वहाँ उनका अंग्रेजी में सही अनुवाद कर पाना कठिन होता है।

इसी प्रकार नाते-रिश्ते की शब्दावली का एक भाषा से दूसरी भाषा में अनुवाद कर पाना सम्भव नहीं है। Uncle के लिए चाचा, मामा, ताऊ, फूफा, मौसा आदि कई शब्द हिन्दी में मिल जाते हैं और Cousin के लिए चचेरा भाई, ममेरा भाई, बहन, मौसेरा भाई, मौसेरी बहन, चचेरी बहन आदि अनेक शब्द हैं जो अनुवाद की भाषा में भ्रमात्मक स्थिति पैदा कर देते हैं। इसी प्रकार 'जेठ' और 'देवर' शब्दों के अनुवाद भी जटिल होते हैं क्योंकि हिन्दी-

भाषी क्षेत्र में जेठ और देवर की स्थिति परिवार में अलग होती है । इसी प्रकार तमिल शब्द 'इनम्मा' के लिए हिन्दी में 'भाभी' शब्द है और 'भाभी' के लिए 'इतिमा' शब्द का भी प्रयोग होता है । अब प्रश्न उठता है कि क्या ये दोनों शब्द पर्यायवाची हैं या एक ही अर्थ देते हैं । किन्तु ऐसा नहीं है । लड़कियाँ अपने भाई की पत्नी को 'इनम्मा' कहती हैं जबकि लड़के 'इतिमा' । अतः हिन्दीभाषी के लिए ये दोनों शब्द एक ही अर्थ देते हैं । किन्तु तमिलभाषी के लिए एक अर्थ नहीं देते । मणिपुरी भाषा में नाते-रिश्ते की शब्दावली में 'इजेल इबोई' शब्द बहनोई, साला, समधी, ममेरा भाई और फुफेरा भाई सभी के लिए प्रयुक्त होता है । इससे उनकी पारिवारिक संरचना की जानकारी मिलती है किन्तु इसके अनुवाद में विशेष सूचना प्राप्त नहीं होगी । इस प्रकार के अनुवाद से या तो अतिव्याप्ति दोष होता है या अव्याप्ति दोष ।

कई बार विभिन्न शैलियों में भी सामाजिक सूचना मिलती है । लेखक अपनी भाषाभिव्यक्ति के लिए तत्सम, तद्भव, देशज, विदेशी आदि शब्दों का प्रयोग करता है किन्तु उनके अनुवाद में समस्या खड़ी हो जाती है । उदाहरण के लिए संस्कृतनिष्ठ शब्द, आमोद-प्रमोद, मनोमालिन्य, संस्कार, तद्भव शब्द 'अचरज' और अरबी-फारसी शब्द मनहूस, दिल्लगी, नाजुक मिज़ाज आदि शब्द अपने भीतर सामाजिक सूचना लिये होते हैं । इससे दो भिन्न संस्कृतियों की विशिष्टता का पता चलता है । इनके अनुवाद में ऐसी विशेषता की जानकारी नहीं मिल पायेगी । भारतीय सन्दर्भ में 'संस्कार' शब्द अत्यन्त व्यापकता लिए हुए है जिसका सही अनुवाद कर पाना समस्यामूलक है । कन्नड़ भाषा में वी० आर० अनन्त मूर्ति द्वारा रचित 'संस्कार' उपन्यास में संस्कार' शब्द 58 बार आया है । इस उपन्यास के अंग्रेजी अनुवादक ए० के० रामानुजन ने 'संस्कार' शब्द का अनुवाद विभिन्न रूपों में किया है । इस शब्द के पर्याय culture, discipline, history, rites आदि दिये गये हैं । वास्तव में अंग्रेजी में कोई भी एक ऐसा शब्द नहीं है जो 'संस्कार' के सभी सम्भावित अर्थों को व्यक्त कर सके । इसी कारण अनुवादक ने इस शब्द का अनुवाद या तो एक सामान्य संकल्पना के रूप में किया है या व्यापक परिप्रेक्ष्य में किया है । इसी समस्या के कारण अनुवादक ने अनूदित कृति में 'संस्कार' शीर्षक का अनुवाद न कर उसे यथावत् रख दिया है ।

(3) **पाठ की प्रकृतिपरक सीमा :** विभिन्न विषयों तथा कार्यक्षेत्रों की भाषा विशिष्ट प्रकार की होती है । इसमें यह भी देखा जाता है कि विशिष्ट कार्य क्षेत्र अर्थात् वाणिज्य, विज्ञान, कार्यालयीन, मेडिकल आदि प्रयुक्तियों की भाषा की अलग संरचना होती है । इसके अतिरिक्त इसमें पाठक को भी ध्यान में

रखा जाता है कि इसका पाठक विशेषज्ञ है या सामान्य व्यक्ति, प्रौढ़ है या बालक। पाठ की प्रकृति सरल है या जटिल। उसी के आधार पर अनुवाद कर पाना कई बार कठिन हो जाता है। प्रशासनिक शब्द कई वार sanction और approval का अर्थ सन्दर्भ के अनुसार एक जैसा लगता है, अतः वहाँ इन दोनों शब्दों में भेद कर पाना सम्भव नहीं है। इसी प्रकार चिकित्सा सम्बन्धी शब्द renal के लिए 'वृक्क' या 'गुरदा' रखा जाए यह समस्या खड़ी हो जाती है कि इनमें कौन-सा शब्द उपयुक्त होगा। इसके अतिरिक्त जीव विज्ञान में poison और venom शब्दों का अर्थ एक है किन्तु ये अपने विशिष्ट गुणों के कारण भिन्न हो जाते हैं। अतः पाठ की प्रकृति के अनुसार पाठ का विन्यास करना पड़ता है। जब तक पाठ की प्रकृति और उसके पाठक का निर्धारण नहीं हो पाता तब तक उसका अनुवाद कर पाना सम्भव नहीं हो पाता। इसी प्रकार विधा का सम्बन्ध पाठ के रूप से होता है, जैसे कविता, नाटक और उपन्यास। इन विधाओं के बाह्य रूप के साथ उनकी आन्तरिक प्रकृति पर ध्यान देना पड़ता है। साहित्यिक कृति में व्याप्त अलौकिकता और विशिष्टता अनुवाद में प्रायः नष्ट हो जाती है। इसके अतिरिक्त कविता में छन्द विधान और उसकी काव्यात्मकता, नाटक की सम्वाद-योजना और उसकी नाटकीयता का अनुवाद लक्ष्य भाषा में कर पाना असम्भव-सा हो जाता है।

निष्कर्षतः यह कहा जा सकता है कि हर भाषा की अपनी संरचनात्मक व्यवस्था और सामाजिक-सांस्कृतिक परम्परा होती है। इसके साथ-साथ विभिन्न प्रयोजनों में प्रयुक्त होने के कारण उसका अपना स्वरूप होता है। इसीलिए अनुवाद में स्रोत भाषा की सूचनाओं का लक्ष्य भाषा में न्यूनानुवाद या अधि-अनुवाद (under translation or over translation) होना स्वाभाविक है। कभी-कभी तो अशुद्ध अनुवाद(mistranslation) भी हो जाता है। वास्तव में अनुवाद की यही सीमाएँ हैं जो उसे पूर्ण अनुवाद की श्रेणी में नहीं लातीं।

संदर्भ ग्रन्थ व लेख

Catford, J. C. 1965, A linguistic theory of translation, London : O U P.

Lado, R. 1957, Linguistic Across Culture. Ann Arder : University of Michigan Press.

Nida, E. A. and C. Taber 1974. The Theory & Practice

of Translation, Leiden : E. J. Brill.

Popovic, Anton 1976. Dictionary for the Analysis of Literary Translation. University of Alberta.

रवीन्द्रनाथ श्रीवास्तव और कृष्णकुमार गोस्वामी (सं०) 1985 अनुवाद सिद्धान्त और समस्याएँ, दिल्ली : आलेख प्रकाशन ।

नन्दकिशोर शागा

अनुवाद की सीमाएँ (2)

अनुवाद विधा पर आज अन्य सभी विधाओं की तुलना में अधिक विचार किया जा रहा है। हिन्दी भाषा का प्रयोग अधिक से अधिक प्रमाण में विभिन्न स्तरों पर करने के प्रयास किये जा रहे हैं। साहित्य के अतिरिक्त विज्ञान, विधि, तकनीकी, व्यावसायिक, प्रशासन, बैंकिंग, पत्रकारिता तथा सूचनापरक आदि सभी क्षेत्रों में अनुवाद को अधिकाधिक महत्त्व प्राप्त हो रहा है। देश-विदेश के विद्वान् विचारकों ने इसके सिद्धान्त और प्रविधि पक्ष पर विचार करते हुए सप्रमाण कई मान्यताएँ स्थापित की हैं। फिर भी अपनी उपयोगिता के कारण और विभिन्न भाषा-भाषी लोगों में परस्पर सम्पर्क तथा सान्निध्य स्थापित कराने में महत्त्वपूर्ण भूमिका निभाने के कारण इस विधा को एक सामाजिक आवश्यकता के रूप में स्वीकार किया जा चुका है। इसके सैद्धान्तिक तथा अनुप्रयोगात्मक दोनों पक्ष पर्याप्त समृद्ध हैं। इन पर विचार करने से यह स्पष्ट होता है कि विभिन्न भाषाओं की अनुवाद प्रणाली, प्रविधि और तकनीक भिन्न है, जितने अनुवादक हैं उनकी अपनी अनुवाद की शैली भिन्न है। विचारकों ने इन विभिन्नताओं और विषमताओं पर व्यापक विचार करते हुए इसकी परिभाषाएँ की हैं और विभिन्न परिभाषाओं के भिन्न-भिन्न आधार ग्रहण किये हैं। संगोष्ठी में अनुवाद के विभिन्न पक्षों पर विस्तृत विचार हुआ और वैसे भी उसके सैद्धान्तिक पक्ष पर विचार करने की अपेक्षा, उसके प्रयोगात्मक पक्ष के आधार पर उपस्थित चुनौतियों, समस्याओं तथा सीमाओं पर चर्चा हुई। यहाँ अनुवाद की सीमाओं के सन्दर्भ में प्रस्तुत आलेखों पर विचार किया गया है।

अनुवाद का तात्पर्य एक भाषा की सामग्री को दूसरी भाषा में प्रस्तुत करना, ऐसा करते हुए यह ध्यान रखना आवश्यक हो जाता है कि एक भाषा की सामग्री को दूसरी भाषा में मात्र स्थानान्तरित कर देना ही पर्याप्त नहीं, उस भाषा के भावों और विचारों को भी ठीक उसी रूप में रखना आवश्यक है। यदि ऐसा नहीं हुआ तो उसे अनुवाद नहीं माना जाएगा। अनुवाद मात्रा, भावों और विचारों के अन्य भाषा में स्थानान्तरण तक ही सीमित नहीं, इसके साथ जुड़े अनिवार्य रूप में अन्य तत्त्वों पर भी विचार करना आवश्यक है। जैसे —रूप, शैली,

विविध स्तर तथा छवियाँ आदि ।

संगोष्ठी में 'अनुवाद की सीमाएँ' विषय पर चर्चा करते हुए प्रतिभागियों ने विभिन्न सीमाओं का विस्तृत.एवं साधार विचार किया है । इस सन्दर्भ में डॉ० छगनलाल गौड का विचार है—"प्रायः देखा जाता है कि एक ही रचना के दो पाठक या समीक्षक उसका भिन्न-भिन्न सन्दर्भ और अर्थ देखते हैं । तब भी एक ईमानदार पाठक, समीक्षक या अध्यापक अपने इस दायित्व से इनकार नहीं कर सकता कि उसे अपने लक्ष्य अर्थात् लेखक की मूल सम्वेदना के आस्वाद तक पहुंचना है । यह अनुवादक का साध्य ही उसकी पहली सीमा अंकित कर देता है ।" अपनी बात को स्पष्ट करते हुए उन्होंने यह कहा कि "अनुवादक की एक सीमा यह भी होती है कि वह भाषा शैली का सन्तुलन कैसे बनाये रखें ।"

भाषा की सांस्कृतिक सीमाओं पर विचार करते हुए तथा इस सन्दर्भ में व्यक्त कुछ विचारकों के मतों का आधार लेते हुए डॉ० शकुन्तला पांचाल ने कहा है—"हिन्दी में जो विविध (अंग्रेजी, फ्रेंच, जर्मन, रूसी आदि) भाषाओं के अनुवाद हो रहे हैं अर्थात् हिन्दी को विविध भाषाओं के संस्कार प्राप्त हो रहे हैं, इससे अनुवाद की सीमाएँ बढ़ती जा रही है ।" अपने कथन की पुष्टी में उन्होंने डॉ० बोरा के विचारों का आधार लिया है कि—"अनुवाद के आधार पर भाषा में अभिव्यक्ति की सीमाएँ उजागर होती है और सीमाओं को विस्तार देने के लिए या उनको नया आयाम देने के लिए भाषा का आधुनिकीकरण करना पड़ता है ।" भाषा पर आवश्यक संस्कार को अनुवाद की आवश्यकता प्रतिपादित करते हुए यह स्पष्ट किया है कि अनुवाद की भाषा-अन्तर्गत सीमाओं में कहीं न कहीं अवरोध जरूर आता है इसलिए सर्जनात्मक भाषाओं की अपेक्षा अनूदित भाषा या लक्ष्य भाषा सीमित होती है । इसी सिलसिले में डॉ० घनश्याम दास भुतड़ा अनुवाद की दो सीमाएँ बतलाते हैं—1. भाषापक्ष की सीमाएँ तथा 2. प्रतिपाद्य-पक्ष की सीमाएँ । प्रथम सीमा पर विचार करते हुए कुछ उदाहरणों द्वारा अपनी बात स्पष्ट की है जैसे—शिष्ट अभिव्यक्तियाँ—उदा० Is life worth living ? It depends on the liver. इसमें 'liver' के दो अर्थ लिये गये हैं—1. 'शरीर का विशिष्ट अंग और 2. रहने वाला—अर्थात् 'one who lives' इस श्लेष को हिन्दी में पर्याय अनुवाद शब्द द्वारा प्रकट नहीं किया जा सकता । दूसरी सीमा पर विचार करते हुए उदाहरणों सहित स्पष्ट किया कि सांस्कृतिक सन्दर्भ में हिन्दी में रूढ़ शब्दवाली—नाते-रिश्ते, रोटी, धोती, रंग-बोधक, धार्मिक, दार्शनिक शब्दाली जैसे—मोह, चरणामृत आदि के लिए अंग्रेजी या अन्य विदेशी भाषाओं में पर्याय्र नहीं है ।

अनुवाद को एक असाधारण, चुनौतियों से युक्त, जटिल, कृत्रिम, आवश्यकता-जनित तथा एक प्रकार से सृजनात्मक प्रक्रिया मानते हुए विभिन्न राष्ट्रों

के बीच भाषा के माध्यम से सम्पर्क स्थापित करने में अनुवाद की समस्या पर विचार करते हुए डॉ० अम्बादास देशमुख का कथन है—"भाषाएँ समसांस्कृतिक होते हुए भी अनुवाद की दृष्टि से दोनों में अनेक कठिनाइयाँ-समस्याएँ आती हैं। जैसे—हिन्दी-मराठी। स्रोत, लिपि, परिवार, संस्कृति की दृष्टि से एक होते हुए भी हिन्दी हिन्दी है और मराठी मराठी। दोनों की अपनी संरचनागत विशेषताएँ हैं। प्रत्येक स्तर पर समानताओं के बावजूद कहीं सूक्ष्म तो कहीं स्थूल अन्तर होता ही है, चाहे वह ध्वनि स्तर, शब्द स्तर, पद स्तर, पदबन्ध स्तर, वाक्य स्तर या अर्थ स्तर पर हो। इसी कारण अनुवाद में अनेक समस्याएँ हैं। दोनों भाषाओं के कुछ शब्दों द्वारा इसे स्पष्ट किया गया है; जैसे शिक्षा, चेष्टा, प्रकृति आदि।"

आज के वैज्ञानिक आविष्कारों के युग में सम्प्रेषन-माध्यम के विकास के सन्दर्भ में भाषा की महत्ता प्रतिपादित करते हुए डॉ० माधव सोनटक्के ने अनुवाद को भाषा-भाषाओं के बीच की असम्प्रेषनशीलता की खाई को पाटने में सहायभूत माना है। अनुवाद की सीमाओं का उल्लेख करते हुए कहा है कि—"मूल साहित्यिक कृति में अभिव्यक्त सांस्कृतिक सन्दर्भों के रूपान्तर की भी अपनी सीमा है। मूलकृति की भाषा और अनुवाद की भाषा में सांस्कृतिक समानता हो तो यह दिक्कत नहीं आती, लेकिन उनमें सांस्कृतिक असमानता जितनी अधिक मात्रा में होती है, उस मात्रा में उसके अनुवाद में असहजता बढ़ जाती है। इसे अनुवाद का दोष नहीं बल्कि सीमा मानी जानी चाहिए। सांस्कृतिक सन्दर्भों का अतितायी सम्प्रेषण दुराग्रह अनुवाद को क्लिष्ट बनाता है, और नीरस भी।" इसी क्रम में प्रा० अमृत देशमुख का कथन है कि—"अनूदित पाठ में स्वच्छता, सहजता और प्रवाह की कमी खटकने लगती है। सम्बद्ध भाषाओं में सांस्कृतिक और भाषागत दूरी जितनी अधिक होगी, अनुवादगत सीमाओं की मात्रा भी उतनी ही अधिक होगी।" इसी क्रम में प्रा० प्रकाश सिंह गौर अनुवाद की भाषागत तथा सांस्कृतिक सीमाओं का उल्लेख करते हुए स्पष्ट करते हैं कि वैज्ञानिक या सामाजिक शास्त्रों के क्षेत्र में अनुवाद की स्थिति साहित्यिक अनुवाद की अपेक्षा सरल और आसान होती है। क्योंकि उनके सम्बन्ध में कुछ निश्चित ऐसे मानदण्ड निर्धारित हो चुके हैं या फिर हो रहे हैं। वहाँ केवल भाषा के भौतिक स्वरूप का ही विचार होता है। जबकि साहित्यिक अनुवाद में भौतिक एवं आन्तरिक (आत्मिक) दोनों ही स्वरूपों का विचार किया जाता है। इसलिए यह काम कुछ क्लिष्ट हो जाता है।" प्रा० नारायण राउत ने अनुवाद के स्वरूप को लेकर व्यापक विचार किया और डॉ० कृष्णकुमार गोस्वामी के कथन द्वारा अनुवाद की सीमाएँ अंकित करते हैं कि 'पूर्ण अनुवाद कभी नहीं होता, उसकी धारणा करना ही गलत है।" उनका विचार है कि—"मूल

रचना को जैसा का वैसा, उसकी मूल सम्वेदना को अनुवादक अनुवाद नहीं कर सकता…" कहने का तात्पर्य यह है कि "मूल रचना स्वाद उसकी गरिमा आनन्द को अनुवादक पूरी तरह व्यक्त नहीं कर पाता।"

'अनुवाद की सीमाओं' के सन्दर्भ में हुई चर्चा तथा प्रस्तुत विचारों के आधार पर इस निष्कर्ष पर पहुँच सकते हैं कि वर्तमान दिनों में इस विधा को अत्यन्त व्यापक एवं असाधारण महत्त्व प्राप्त हो चुका है। समाज के लघुतत्त्व से लेकर विश्वस्तर पर सम्पर्क एवं वैचारिक समन्वय का महत्त्वपूर्ण माध्यम अनुवाद है। इसकी उपयुक्तता के कारण ही असाध्य भी साध्य लगने लगा है। जहाँ एक ओर अनुवाद के इस उपयुक्तता के पक्ष में बहुत कुछ कहा जाता है, वहीं दूसरी ओर यह भी स्वीकार करना पड़ता है कि अनुवाद की अपनी कुछ सीमाएँ अवश्य हैं। जैसे—साहित्यिक रचना के शाश्वत पक्ष को लक्ष्य भाषा में रूपान्तरित अवश्य किया जा सकता है किन्तु उस रचना में समाहित विशिष्टता तथा अलौकिकता अभिव्यक्ति के स्तर पर नष्ट हो जाती है। इसलिए अनुवाद को पुन: सर्जना की भूमिका में आना होता है।

अनुवाद की सीमाओं के सन्दर्भ में अंग्रेजी भाषा के कवि राबर्ट ग्रेज की धारणा है कि अनुवाद किसी भी स्थिति में सम्भव नहीं है। अन्य कुछ विद्वानों के मतानुसार अनुवादक कभी वफादार नहीं हो सकता। इसं प्रकार भाषा पक्ष की, साहित्य तथा सांस्कृतिक सन्दर्भ में भी इसकी अपनी सीमाएँ हैं। साथ ही इनसे सम्बन्धित तथा धार्मिक तथा दार्शनिक शब्दावली जो रूढ़ हो चुकी है, अन्य भाषाओं में उनके उसी भाव को व्यक्त करने वाले पर्याय नहीं हैं।

सूर्यनारायण रणसुभे

अनुवाद क्यों और किसका ?

विभिन्न भारतीय भाषाओं के साहित्य का इतिहास पढ़ते समय इस बात का स्पष्ट एहसास होता है कि, एक भारतीय भाषा से दूसरी भारतीय भाषा में अनुवाद की प्रक्रिया 1857 के बाद अधिक गतिशील हुई है। सम्भवतः इसके मूल में 1857 में स्थापित तीन विश्वविद्यालय रहे हैं। इन विश्वविद्यालयों की स्थापना के बाद अंग्रेजी साहित्य का विधिवत अध्ययन शुरू हुआ। इस अध्ययन-अध्यापन के समय सम्वेदन क्षम व्यक्तियों का ध्यान अपनी भाषा के साहित्य की ओर गया; अंग्रेजी साहित्य में प्रचलित लोकप्रिय विधाओं का अपनी भाषा में उन्होंने अनुवाद करना आरम्भ किया। इन अनुवादों ने मौलिक साहित्य-सृजन के लिए एक नयी जमीन तैयार कर दी। परिणामस्वरूप सम्बन्धित भाषाओं में मौलिक लेखन शुरू हुआ। बम्बई और कलकत्ता विश्वविद्यालय से शिक्षित युवकों ने अपनी भाषाओं में उपन्यास, नाटक और कहानियाँ लिखनी शुरू कीं। हिन्दी प्रदेश एक ओर बंगला भाषी प्रदेश से तो दूसरी ओर मराठी भाषी प्रदेश से जुड़ा हुआ है। इस कारण हिन्दी में आरम्भ से ही मराठी और बंगला भाषा के अनुवाद मिलते हैं। स्वयं भारतेन्दु ने मराठी भाषा से एक उपन्यास का अनुवाद किया था। भारतेन्दु तथा द्विवेदी काल वास्तव में अनुवाद काल ही कहलाता है। इन अनुवादों के कारण ही हिन्दी को अभिव्यक्ति के लिए एक नयी जमीन मिली है—इसे हम न भूलें। तब से लेकर आज तक हिन्दी में ढेरों अनुवाद प्रकाशित हुए हैं, हो रहे हैं। इन अनुवादों के सन्दर्भ में एक महत्त्वपूर्ण प्रश्न उठाया जा सकता है कि अनुवाद किसका करें और क्यों करें? एक ज़माना था कि जब राष्ट्रीय स्तर पर किसी लेखक को अगर अपनी पहचान बना लेनी होती तो वह अपनी कृति का अंग्रेजी अनुवाद चाहता था। बिना अंग्रेजी में गये उसे राष्ट्रीय पहचान मिलती नहीं थी। आज यह स्थिति अन्तर्राष्ट्रीय पहचान के लिए जरूर हो गयी है। परन्तु राष्ट्रीय स्तर पर की पहचान के लिए हिन्दी में जाना आज के प्रत्येक भारतीय लेखक को जरूरी लग रहा है और इसी कारण अनुवादकों पर एक गम्भीर जिम्मेदारी आ पड़ी है। अपनी विवेचना को केवल मराठी तक सीमित कर अपनी बात अगर करूँ

तो आज प्रत्येक मराठी लेखक को लगता है कि उसकी कृति हिन्दी में आ जाये। और यहीं पर इस प्रश्न का उत्तर ढूंढ़ना पड़ता है कि किसका हो और क्यों हो? प्रशासनिक और राजनीतिक स्तर पर हिन्दी की जो भी स्थिति रही हो; परन्तु साहित्यिक क्षेत्र में यह भाषा अब अन्य सभी भारतीय भाषाओं के साहित्य को अपने में समेटती जा रही है। भारत की किसी भी भाषा की श्रेष्ठ रचना का हिन्दी अनुवाद प्राप्त नहीं है, ऐसी स्थिति आज नहीं है। चूंकि हिन्दी में अनुवाद की पुस्तकें खूब छप रही हैं, बिक रही हैं; इसलिए अनुवादकों की संख्या भी बढ़ रही है। अतः दो भाषाओं को जानने वाले प्रत्येक को लग रहा है कि किसी कलाकृति का अनुवाद कर ही दें। लेखक भी यही चाह रहे हैं। कभी मैत्री के कारण, कभी प्रसिद्धि और प्रतिष्ठा के कारण, कभी छपास के मोह के कारण अनुवादक अनुवाद कर रहे हैं। अनुवादों की इस बाढ़ में कोई इन प्रश्नों की ओर गम्भीरता से सोच नहीं रहा है कि अनुवाद किसका करें और क्यों करें?

तकनीकी शब्दावली में अनुवाद एक भाषा से दूसरी भाषा में भावों का रूपान्तरण है। वास्तव में वह एक सांस्कृतिक व्यापार है। इसे भुलाया जा रहा है। वह एक ऐसी सांस्कृतिक प्रक्रिया है जिसका सम्बन्ध मूल्य-व्यवस्था से है, जीवन पद्धति से है, समाज की बुनावट के साथ है; उसकी सोच और प्रवृत्ति को दिशा देने की क्रिया के साथ है; पुरानी जमीन तोड़कर नयी जमीन तैयार करने की कृति से है; अनुभूति के क्षेत्र को विस्तृत रूप देने के साथ है; नयी मानवतावादी भूमिका के साथ है। अनुवाद मात्र एक भाषिक धर्म निभाने की प्रक्रिया नहीं है; एक सांस्कृतिक दूत बनकर नयी मूल्य व्यवस्था की खोज है। भारतेन्दु और द्विवेदी काल में हुए अनुवाद इसी सांस्कृतिक धर्म को निभाते रहे हैं। जब इस सोच से अनुवाद किये जाते हैं तभी एक नयी जमीन उस भाषा में तैयार हो जाती है। उस काल के लेखकों ने अनुवाद द्वारा यह कार्य किया; इसी कारण हिन्दी में नयी-नयी विधाएँ विकसित हुईं। रीतिकालीन श्रृंगारी सोच बदला और प्रगतिशील मूल्य उभरे। इसका यह तात्पर्य नहीं है कि ऐसी नयी जमीन केवल अनुवादों के कारण ही तैयार होती है। प्रतिभा सम्पन्न लेखक अपनी मौलिक छवि द्वारा भी यह काम करता है। प्रेमचन्द जैसे प्रतिभा सम्पन्न लेखक खुद अपनी जमीन तैयार कर लेते हैं। परन्तु हम इस बात को भी नकार नहीं सकते कि हिन्दी में स्वच्छन्दतावादी दृष्टि अंग्रेजी और बंगला कविताओं के अनुवादों के कारण ही विकसित हुई। समस्त भारतीय भाषाओं के साहित्य में स्त्री अपनी समग्र यातना के साथ व्यक्त होने लगी, शरद के उपन्यासों के अनुवादों के बाद ही।

इस प्रकार एक अनुवादक को कृति के अनुवाद के पूर्व यह सोचना जरूरी

हो जाता है कि वह जिस कृति का अनुवाद करने जा रहा है उसका सांस्कृतिक और मूल्यात्मक महत्त्व लक्ष्य भाषा में किस प्रकार का है। एक सांस्कृतिक खाई को भरने का काम जब अनुवाद करते हैं तभी उन्हें उपलब्धि के रूप में स्वीकार किया जाता है। उदाहरण के लिए हिन्दी में प्रेम प्रधान और मनोरंजन प्रधान उपन्यास की एक प्रदीर्घ परम्परा है। श्री किशोरीलाल गोस्वामी से लेकर गुलशन नन्दा तक के लेखकों ने इस विषय पर ढेरों उपन्यास लिखे हैं। प्रेम के विविध स्तरीय अनुभव यहाँ मिलेंगे। परन्तु कल कोई मराठी के ना० सी० फड़के के उपन्यासों का हिन्दी में अनुवाद करना चाहेगा—तो उसका कोई मतलब नहीं है। हिन्दी में 1960 तक मंचीय नाटक नहीं थे। आज भी रंगमंच और व्यवसाय की दृष्टि से उत्कृष्टतम नाटक हिन्दी में नहीं हैं। इस कारण मराठी या बंगला के नाटकों के अनुवादों का वहाँ आज भी स्वागत है। अनेक उदाहरणों द्वारा यह सूची बढ़ायी जा सकती है। इन उदाहरणों से एक ही बात पर हम घूम-फिरकर आते हैं कि जिन अनुवादों के कारण लक्ष्य भाषा में नयी सम्वेदना का प्रवेश होता हो, वे ही अनुवाद काल प्रवाह में स्वीकार किये जाते हैं। मराठी के कई कवियों को ऐसे लगता है कि उनकी कविताओं का हिन्दी में अनुवाद होना चाहिए। परन्तु इन दोनों भाषाओं के तुलनात्मक अध्ययन से यह बात स्पष्ट हो जाती है कि हिन्दी कविता इतनी गहरी, सूक्ष्म और इतनी व्यापकता को ग्रहण कर चुकी है कि उससे भी आगे की कोई बात हो तो ही उसको वहाँ स्वीकार किया जायेगा। मराठी के अरुण कोल्हटकर, दि० पु० चित्रे अथवा विलास सारंग जैसे अपवादात्मक कवियों में ही यह ताकत है कि वह हिन्दी कविता में कुछ नया जोड़ सके। ठीक इसी प्रकार आंचलिक साहित्य में रेणु जिस नयी जमीन को तैयार करते हैं, उसका मराठी में अभाव है।

किसी भी भाषा का साहित्य अपने में कभी पूर्ण नहीं होता। मानवीय अनुभूति के सभी स्तरों को स्पर्श करने का दावा कोई भी साहित्यकार कर नहीं सकता। इस कारण अनुवाद एक अखण्ड प्रक्रिया है। अनुवाद द्वारा नयी सम्वेदना और अभिव्यक्ति के नये प्रयोग प्राप्त होते हों तो ही उनका महत्त्व होता है। इसीलिए दो भाषाओं पर असाधारण अधिकार भर ही एक अच्छे अनुवादक की पहचान नहीं है अपितु दोनों भाषाओं की सांस्कृतिक खाई को पहचानने की जबरदस्त क्षमता भी उसमें होनी जरूरी है। न केवल यह समझ अपितु दोनों भाषाओं के क्षेत्र का राजनीतिक, आर्थिक, सामाजिक और सांस्कृतिक इतिहास भी जानना उसके लिए जरूरी है। केवल इतना ही नहीं उस समाज, या भाषा, या राष्ट्र के सम्मुख जो चुनौतियाँ खड़ी हुई हैं, उसका एहसास भी उसे रखना जरूरी हो जाता है। हिन्दी प्रदेश विभाजन की विभिषिका को न अपनी आँखों से देख पाया है, उसे भुगत भी चुका है; उसकी बहुत बड़ी कीमत

भी वह अदा कर चुका है। इस कारण हिन्दू-मुस्लिम समस्या को एक नये मानवीय धरातल पर इस भाषा का लेखक पकड़ पाता है। धर्म के परे जाकर वह मात्र इन्सानियत के बिन्दुओं को उभार सका है। यदि भीष्म साहनी का उपन्यास तमस हो या डॉ० राही मासूम रजा का आधा गाँव। ठीक इसके विपरीत मराठी भाषा का साहित्य है। यहाँ इस प्रश्न को, हिन्दू-मुस्लिम सम्बन्धों को कथा-साहित्य में उभारा ही नहीं गया। आज जबकि फिर से फिरकापरस्ती की बात की जा रही है, तब अनुवादक पर एक गम्भीर जिम्मेदारी आ पड़ती है। धर्मान्धता को उभारने वाली कृतियों का अनुवाद वह करना चाहेगा अथवा सहज मानवीय सम्बन्धों का; इस पर से ही उस भाषा के सोच को एक दिशा मिलने वाली है। इस कारण अनुवाद किसका हो ? यह प्रश्न सम्पूर्ण राष्ट्रीय के सन्दर्भो साथ जुड़ जाता है।

अनुवाद के न केवल राष्ट्रीय सन्दर्भ होते हैं, अपितु उसके अन्तर्राष्ट्रीय सन्दर्भ भी हैं। क्या यह सच नहीं है कि मार्क्स द्वारा जर्मन भाषा में लिखे गये ग्रन्थों का अनुवाद विश्व भर की भाषाओं में हो जाने के कारण ही विश्व भर के चिन्तन को एक नयी दिशा मिली ! ठीक इसी प्रकार से रवि बाबू की गीतांजलि के अनुवाद जब विश्व भर की भाषाओं में प्रकाशित होने लगे तब 'विश्व भारती' की संकल्पना का प्रचार-प्रसार हुआ। यहाँ कोई यह मुद्दा उठाएगा कि यह तो सर्जनात्मक और प्रखर चिन्तन के फलस्वरूप होता है; उसका श्रेय अनुवादक को कैसे दिया जा सकता है ? इस प्रश्न के उत्तर में इन प्रश्नों के उत्तर अन्तर्भूत हैं कि अनुवाद किसका और क्यों किया जाये।

सर्जनात्मक लेखन और अनुवाद में प्रेरणास्तर पर भी अन्तर है। सर्जनात्मक लेखन किसी विशिष्ट अनुभूति या विचार के दबाव के कारण होता है। इस दबाव के फलस्वरूप लेखक एक विशिष्ट अवस्था में लिखने के लिए मजबूर होता है। इस अवस्था में वह पूर्णतः निर्वैयक्तिक होकर; जाति, धर्म तथा अन्य सभी दबावों से मुक्त होकर; मात्र अनुभूति के स्तर पर अभिव्यक्ति करते जाता है। उस अभिव्यक्ति के प्रकाशन के बाद कैसी प्रतिक्रिया होगी, उस अभिव्यक्ति को कौन किस स्तर पर झेलेगा, उसके सामाजिक सन्दर्भ क्या होंगे इसके परे वह चला जाता है। परन्तु अनुवादक इस स्तर पर जाकर अनुवाद नहीं कर सकता, न उसे वैसा करना चाहिए। सर्जनात्मक लेखक का लेखन जहाँ समाप्त हो जाता है, वहीं से अनुवादक का काम शुरू हो जाता है। उस कलाकृति में व्यक्त मूल्य-बोध, उसके सांस्कृतिक सन्दर्भ, लक्ष्य भाषा में उस कलाकृति के अनुवाद से निर्माण होने वाली स्थितियाँ, लक्ष्य भाषा के पाठकों की मानसिकता इन सबका एहसास उसे रखना पड़ता है। एक लेखक की लेखन में जितनी स्वतन्त्रता है, उतनी स्वतन्त्रता अनुवादक को नहीं है। अर्थात् सर्जनात्मक लेखन की प्रेरणा

विशुद्ध अनुभूति है तो अनुवादक की प्रेरणा लक्ष्य भाषा की सीमा और उसकी सांस्कृतिक और वैचारिक खाई है।

आज हिन्दी को राष्ट्रीय स्तर पर का मार्केट प्राप्त हो गया है। पाठकों की संख्या में निरन्तर वृद्धि होती जा रही है। एशिया और यूरोप के अनेक देशों में इस भाषा के अध्ययन-अध्यापन की व्यवस्था हो रही है। परिणामतः अनुवादित पुस्तकों की एक बाढ़-सी आ रही है। ऐसे समय अनुवादक को अपने सही दायित्व का एहसास जरूरी है। इस एहसास के बाद ही अनुभूति की नयी जमीन हिन्दी में तैयार होने की सम्भावना है। अनुभूति के नये आयाम उद्घाटित करना, संवेदनाओं के नये क्षेत्र उपलब्ध करा देना, विचारों को नयी गति देना, पारम्परिक विचारों को नया मोड़ देना, ज्ञानक्षेत्र को अधिक गहराना आदि कार्य अनुवादों द्वारा होने जरूरी हैं। हिन्दी साहित्येतिहास में अनुवादकों ने कभी इस दायित्व को पूरी गम्भीरता से निभाया था। आज के अनुवादक यह भूमिका निभा रहे हैं या नहीं इसका निर्णय आत्म-परीक्षण द्वारा ही सम्भव है।

सुरेश कुमार

समीक्षा का प्रारूप

1. आधारभूत मान्यताएँ : व्यवहार पक्ष, चिन्तन पक्ष। व्यवहार पक्ष में अनुवाद (कार्य) लेखन है (पुनरुक्त लेखन)। चिन्तन पक्ष में अनुवाद (सिद्धान्त) पाठ सिद्धान्त के अन्तर्गत है।

2. अनुवाद— समीक्षा (व्यापार) के दो स्तर :

(क) अनुवाद व्यापार का अंग—साधनात्मक—पुनरीक्षण समीक्षामूलक —सुरचित पाठ की निष्पत्ति।

(ख) अनुवाद समीक्षा एक ज्ञानविधा—स्वयं साध्य—यही इस समय विवेचनीय।

3. "जो लिख सकते हैं, लिखते हैं; जो लिख नहीं सकते वे अनुवाद करते हैं; जो अनुवाद भी नहीं कर सकते वे अनुवाद के बारे में चर्चा किया करते हैं।" क्रमशः मौलिक लेखन, पुनरुक्त लेखन, समीक्षात्मक लेखन। मौलिक लेखन—शून्य पाठ (प्रि-टेक्स्ट) से प्रथम/मूल भाषा पाठ (सोर्स लैंग्विज टेस्ट)। पुनरुक्त लेखन (अनुवाद)—प्रथम/मूल भाषा पाठ से द्वितीय/लक्ष्य भाषा पाठ (टार्गेट लैंग्विज टेक्स्ट), बरास्ता शून्य पाठ की प्रतिकृति। समीक्षात्मक लेखन —शून्य + प्रथम (शून्य की प्रतिकृति) + द्वितीय के 'काम्प्लेक्स' (संकुल) के तुलनात्मक विश्लेषण + समीक्षात्मक मूल्यांकन का प्रक्रिया + परिणामों का वाहक निरूपक भाषा पाठ (मेटा लैंग्विज टेक्स्ट)। तीनों में परिपूरकता तथा आंशिक अतिव्याप्ति (= अन्तस्सम्बद्धता)। अनुवाद-समीक्षा तीसरी स्थिति और अतएव जटिलतम स्थिति। अनुवाद-समीक्षक को, साधनात्मक रूप में, कभी मौलिक लेखक और कभी अनुवादक का व्यवहार करना आवश्यक, परन्तु यह अनुरूपण (Simulation) परक स्थिति, वास्तविक से भिन्न। (उद्धरण से व्यंजित उपहास भाव, वास्तविकता के विपरीत)।

4. अनुवाद समीक्षा के आयाम :

(क) वर्णनात्मक—मूल पाठ का एक अनुवाद—अनुवाद सन्तोषजनक है/ नहीं है।

(ख) तुलनात्मक—मूलपाठ के दो (एकाधिक) अनुवाद—एक अनुवाद से दूसरा अनुवाद बेहतर है ।

5. समीक्षा व्यापार का मुख्य आधार अनुवाद—दोष-विश्लेषण । साथ ही, अनुवाद गुण सन्धान भी । अनुवाद-दोष की संकल्पना का मूल आधार "पूर्ण अनुवाद असम्भव परन्तु हर पाठ का अनुवाद सम्भव है ।" अतः अनुवाद में दोष रह जाना अस्वाभाविक नहीं । अनुवाद के सम्भावित दोष :

(क) मूल कथ्य का विपर्यय, (ख) दुर्बोध अनुवाद, (ग) निरर्थक प्रतीत होने वाला या वदतो व्याघात पूर्ण अनुवाद, (घ) बड़ी विकृति, परन्तु सम्प्रेषणीयता अबाधित, (ङ) छोटी विकृति, परन्तु सम्प्रेषणीयता अबाधित ।

6. मूल प्रश्न—अनुवाद समीक्षा की कसौटी क्या हो ? निर्णय का मूल आधार मूल भाषा पाठ के अनुवाद के लिए कौन-सी अनुवाद प्रणाली किस रूप में उपयुक्त—अर्थ केन्द्रित अनुवाद प्रणाली—सम्प्रेषण केन्द्रित अनुवाद प्रणाली इसका निर्धारण अनुवाद प्रणाली के नियामक तत्त्वों की सहायता से । यह सन्दृष्टि केवल मूलनिष्ठता बनाम 'प्रभावसमता' की कसौटी अधिक व्यापक तथा सन्तुलित है ।

7. समीक्षा के सोपान—

(क) प्रथम—(अ) अनुवाद के उद्दिष्ट पाठक की पहचान, अनुवाद के उद्देश्य का निर्धारण, अनुवाद की भौतिक परिस्थितियों की जानकारी (यदि सम्भव हो) ।

(ब) मूल भाषा पाठ का बोधन, लक्ष्य भाषा पाठ का बोधन—दोनों, पाठ के बोधन-सापेक्ष सामान्य और विशिष्ट पक्षों की पहचान पर आधारित ।

(ख) द्वितीय—प्रथम सोपान की भूमिका पर, दोनों पाठों के तुलना-व्यतिरेक द्वारा अनुवाद व्यापार के नकारात्मक और सकारात्मक बिन्दुओं का निर्धारण । इसके लिए अनुवाद-परीक्षण की युक्तियों का प्रयोग ।

(ग) तृतीय—प्रथम और द्वितीय सोपान की भूमिका पर, समीक्षा के निष्कर्षों को त्रिसूत्री मानदण्ड पर स्थापित करना—मूल से घटिया, मूल से बेहतर, मूल के (लगभग) बराबर (उतना ही बढ़िया या घटिया) ।

पुष्पा विधाते

अनुवाद समीक्षा[1]

'अनुवाद' शब्द की उत्पत्ति और अर्थ को व्याकरण के दृष्टिकोण से (अनुवाद : परिभाषा और भेद-प्रभेद को) पूरी गम्भीरता के साथ विश्लेषण किया है। साथ ही अन्य विद्वानों की परिभाषाओं को भी उद्धृत किया है। अनुवाद : प्रक्रिया और सिद्धान्त को भली-भाँति सूक्ष्म-विशद अतःपरीक्षण करते हुए वैज्ञानिक दृष्टि-कोण से आपके सामने रखा है। इसी प्रकार हिन्दी साहित्य में आरम्भ से अब तक की अनुवाद परम्परा को उपस्थापित तर्कों तथा तथ्यों का अपनी ओर से परीक्षण करते हुए युक्ति संगत सटीक रूप से प्रस्तुत किया है। अन्ततः 'सीपी और शंख' में संकलित डी० एच० लारेन्स की पाँच अनूदित कविताओं का मूल्यांकन किया है। साथ ही 'सीपी और शंख' की महत्त्वपूर्ण कविताओं का आशय गम्भीरता के साथ सन्निर्विष्टित है।

'सीपी और शंख' (1957) रामधारी सिंह दिनकर जी द्वारा अनूदित काव्य संग्रह के आधार पर विवेचन करना बड़ा दुष्कर था। दिनकर साहित्य के अध्ये-ताओं, समालोचकों, अनूदित कार्य के पाठकों और अनुवाद करने वाले शोधार्थियों को ये पुस्तकें सरलता से उपलब्ध नहीं हो पा रही है।

काव्य की रचना करना कोई साधारण कार्य नहीं है। हर किसी व्यक्ति के बस की बात नहीं है। काव्य निर्मिति के लिए कठोर साधना की आवश्यकता होती है। काव्य रचना कवि करता है, वह अपनी गिनी-चुनी पंक्तियों में आशययुक्त शब्दों की रचना भावोक्ति से इस तरह करता है कि वह काव्य बन जाता है।

काव्य की परिभाषाएँ अनेकों ने कीं पर सर्व सम्मत साहित्य दर्पणकार विश्वनाथ और पं० जगन्नाथ की समिश्रित परिभाषा से हम काव्य का महत्त्व जान सकते हैं। —विश्वनाथ

'वाक्यं रसात्मक काव्यम्:
रमणीयार्थ प्रतिपादकः शब्दः काव्यम्:' —पं० जगन्नाथ

---

1. 'कविता : अनुवाद और मूल्यांकन' एम० फिल० के शोध प्रबन्ध का अंश (मराठवाड़ा विश्वविद्यालय, औरंगाबाद (महाराष्ट्र)।

शब्दकोश के अनुसार काव्य की परिभाषा—'रमणीयार्थ प्रतिपादक अलंकृत रसात्मक विचित्रता या चमत्कार चातुर्य से पूर्ण वाक्य या रचना जो अलौकिक आनन्द दे सके।' (भाषा शब्दकोश —'रसाल')

काव्य के भेद-प्रभेद को जानने की यहाँ हमें कोई आवश्यकता नहीं, वह साहित्य-शास्त्र के अन्तर्गत बात है। हमें यहाँ यही कहना है कि कवि चेतना शक्ति के जरिए अपनी मनोभावनाओं का चित्रीकरण काव्य में करता है। कवि की चन्द पंक्तियाँ उसके विस्तृत भावों को प्रकट कर जाती है। विस्तृत भावों को, विचारों को गिने-चुने शब्दों या पंक्तियों में ढालना बड़ा दुष्कर कार्य है। सिद्धहस्त कवि बड़ी आसानी से अपनी कविता के जरिए शब्दों के माध्यम से विस्तृत भावों को हर एक पंक्तियों में गूँथकर अपनी मनोभावना को सबद्धता के साथ व्यक्त करता है। इसी प्रकार कवि की भावनाओं को समझने के लिए रसिक पाठक को भी कवि तुल्य साधना की आवश्यकता होती है। कवि क्या कहने जा रहा है यह पूरी तरह से ज्ञात होना जरूरी है। कविता समझना भी एक कठिन कार्य है। यह बात सतत प्रयास से ही सहज साध्य होती है। रसिक पाठकों को भी कवि के समकक्ष ऊपर उठकर उसकी भावनाओं को सही अर्थों में जानना जरूरी है। तभी वह रसिक पाठक कहलायेगा। प्रायः यह देखने में आता है कि कवि की भावनाओं को ज्यों का त्यों जानना अच्छे-अच्छे रसिक पाठक को भी कभी कठिन हो जाता है। इसलिए काव्य को समझकर अपने शब्दों के जरिए कवि के भावों को व्यक्त करना एक दुष्कर कार्य तो है, लेकिन असम्भव नहीं।

इसी प्रकार अनुवाद का है। किसी काव्य कृति का अनुवाद करना बड़ा मुश्किल कार्य है। भिन्न भाषिक अनुवादकों को तो और भी कठिन हो जाता है। मूल कविता में आये हुए शब्द को पर्यायी शब्द रख देने से अनुवाद नहीं होता। इसलिए कविता के भीतर आये हुए हर शब्द की गहराई तक अनुवादक को जानना होगा, तभी तो वह मूल कविता के भावों की अमूल्य मोती को प्राप्त कर सकता है। अनुवाद करते समय अनुवादक मूल भावों को ज्यों का त्यों रखते हुए सफल अनुवाद कर सकता है। पर इसके लिए अनुवादक को कड़ी मेहनत की आवश्यकता है। एक तो उसे स्वयं अपनी भाषा पर पूरा अधिकार होना चाहिए और दूसरी बात जिस भाषा का अनुवाद किया जा रहा है उस भाषा का भी गहराई से ज्ञान होना जरूरी है। भिन्न प्रदेश या देश की भाषा ज्ञान के साथ वहाँ की संस्कृति सामाजिक, आर्थिक, राजनीतिक और भौगोलिक परिस्थिति का समग्र ज्ञान सफल अनुवादक के लिए आवश्यक है। नहीं तो वह मूल कृति का अनुवाद सही तौर पर नहीं कर पायेगा।

अनुवाद की कठिन समस्याओं को सुलझाने के लिए कविता : अनुवाद और

मूल्यांकन (सीपी और शंख के सन्दर्भ में) इस लघु शोध प्रबन्ध का कार्य हाथ में लिया। सीपी और शंख में दिनकर जी द्वारा अनूदित कविता का समग्र अध्ययन करते हुए अनुवाद कार्य को एक नयी दिशा देने का प्रयास किया है।

हिन्दी साहित्य जगत में बहुत से अनुवाद देशी और विदेशी भाषाओं से हुए हैं। दिनकर जी के अनूदित दो मौलिक काव्यसंग्रह 'आत्मा की आँखें', 'सीपी और शंख' हिन्दी साहित्य को दी हुई अनमोल देन है। इसे हिन्दी साहित्य कभी भूल नहीं पायेगा। दिनकर जी का भाषा ज्ञान हिन्दी और अंग्रेजी तक ही सीमित था। उन्होंने देशी-विदेशी भाषाओं के साहित्यों का सीधे अंग्रेजी से सफल अनुवाद किया है। उस समय की जागतिक परिस्थिति और देश की बिगड़ती हालात को सामने रखते हुए उन्हीं विषयों का अनुवाद किया जो तत्कालीन समय का रहा। शोषित वर्ग के प्रति उनके मन में घृणा और सर्वहारा वर्ग के प्रति सहानुभूति। पूंजीवाद, सामन्तशाही, जमींदार, किसान, मजदूर आदि पर ही उन्होंने बहुत कुछ लिखा। अनूदित कविताओं में इन सभी का उल्लेख है।

प्रथम अध्याय 'अनुवाद : परिभाषा और भेद-प्रभेद' के अन्तर्गत 'अनुवाद' शब्द की उत्पत्ति और अर्थ के साथ 'अनुवाद' की सस्यूर, कैटफोर्ड, नाइडा फोस्टर्न, डॉ० भोलानाथ तिवारी, पराडकर और पट्टनायक द्वारा परिभाषाएँ देते हुए अनुवाद की वास्तविक प्रक्रिया के दृष्टि से विस्तृत रूप में उसकी आधुनिक परिभाषा दी है। अनुवाद विषयक चर्चाओं के आवश्यक पक्ष भेद-प्रभेद हैं। इन भेद-प्रभेदों का समझने के लिए यथास्थान आरेख का उचित प्रयोग किया है।

द्वितीय अध्याय 'अनुवाद : प्रक्रिया और सिद्धान्त' का है। प्रक्रिया और सिद्धान्त के अन्तर्गत स्रोत भाषा (मूलपाठ) और लक्ष्य भाषा के परस्पर सम्बन्ध पर आधारित अनुवाद प्रक्रिया का विश्लेषण आरेख द्वारा रेखांकित किया गया है। अनुवाद को सम्प्रेषण की प्रक्रिया मानकर उसके मध्यवर्ती स्थिति और संक्रमण की परिकल्पना नाइडा और न्यमार्क के मतानुसार दी है। अनुवाद प्रक्रिया को विश्लेषित करते हुए भाषाविज्ञान और अनुप्रयोगात्मक भाषाविज्ञान के आधार पर बोथगेट और कैटफोर्ड की प्रक्रिया को भली भाँति समझाने का प्रयास किया है। साथ ही सम्प्रेषण सिद्धान्त और समतुल्यता/सममूल्यता के सिद्धान्त को आरेख द्वारा स्पष्ट किया है।

तृतीय अध्याय में 'हिन्दी साहित्य में अनुवाद की परम्परा' को विस्तृत रूप से विश्लेषण किया है। पंच-तंत्र की वैदिक कहानियों से लेकर साहित्य, दर्शन, धर्म ग्रन्थों आदि रचनाओं के आधार पर आदिकाल, भक्तिकाल, रीतिकाल से गुजरते हुए द्विवेदी युग की लम्बी यात्रा पार कर वैज्ञानिक युग तक अनुवाद परम्परा का जिक्र किया है।

चतुर्थ अध्याय में राष्ट्रीय कवि दिनकर जी द्वारा अनूदित 'सीपी और शंख' कविताओं को :

1. व्यापक मानवीय हित बन्धुभाव से युक्त प्रेमपरक कविताएँ,
2. प्रेम की वैयक्तिक मन:स्थिति को व्यजित करने वाली कविताएं,
3. ईश्वर प्रेम की सम्वेदना से प्रेरित कविताएँ,
4. आत्म प्रेम की सम्वेदना से प्रेरित कविताएँ,

इन चार विभागों में विभाजित किया है।

'सीपी और शंख' काव्य संग्रह में निहितक विताओं के अनुवाद और चयन में बन्धुत्वभाव से सम्बद्ध कविताओं को अधिक प्रश्रय देते हैं। यही कारण है कि आलोच्य कृति में बन्धुत्व भाव की सम्वेदना से युक्त कविताएँ ही सर्वाधिक हैं। कवि को विश्वास है कि मानव अपने बन्धुओं को कष्टमुक्त करने की क्षमता से युक्त है। इसलिए वे समर्थ मानवों को इस यज्ञ में आहुति देने की प्रेरणा देता है। कवि को मानव के उज्ज्वल भविष्य की मंगलमय कामना पर पूरा भरोसा है।

इसी प्रकार व्यापक मानव हित की कामना से युक्त मानव प्रेमपरक कविता अधिक है। उसके बाद प्रेम की वैयक्तिक मन:स्थिति को व्यंजित करने वाली कविताएँ हैं। कहीं आत्मप्रेम की सम्वेदना से भरी कविताएँ हैं, तो दूसरी ओर द्रष्टव्य है कि ईश्वर प्रेम सम्बन्धी कविता के साथ रोमांटिक कविताओं का अन्तर्भाव है।

हमने 'सीपी और शंख' की अनूदित केवल लारेन्स की कविताओं का ही खासतौर पर अध्ययन किया है। लारेन्स और दिनकर जी की अनूदित कविता का मूल्यांकन करते हुए इस निष्कर्ष पर पहुँचते हैं कि कवि ने लारेन्स की सभी कविता का बड़ी खूबी के साथ भावानुवाद किया है, और वे अत्यधिक सफल हुए हैं। मूल कवि के भावों को बिम्बों में इस प्रकार जकड़ कर सटीक भाषा में काव्य कृति की है जो लारेन्स की भावों और बिम्बों से कहीं कम प्रतीत नहीं लगता।

माधुरी छेड़ा

साहित्यिक अनुवाद (1)

'अनुवाद मानव सभ्यता के साथ ही विकसित एक ऐसी तकनीक है जिसका आविष्कार मनुष्य ने बहुभाषिक स्थिति की विडम्बनाओं से बचने के लिए किया था।' साहित्यिक अनुवाद के प्रसंग में यह अत्यन्त महत्त्वपूर्ण है कि जर्मन कवि व नाटककार गेटे ने 'शकुन्तला' के अनुवाद को पढ़कर विश्व-साहित्य की कल्पना विकसित की थी। 'शकुन्तला' के साथ ही तुलसीकृत 'रामचरितमानस', प्रेमचन्द के 'गोदान', विभूतिभूषण के 'पाथेर पांचाली', तकबी के 'चैम्मीन' जैसी भारतीय भाषाओं की महत्त्वपूर्ण कृतियों के यूरोपीय भाषा में अनुवाद हुए। भारतीय भाषाओं के साथ-साथ विश्व-मानव की आधुनिक कल्पना को मूर्त करने के लिए अन्य देशों की साहित्यिक रचनाओं के अनुवाद की प्रक्रिया शुरू हो चुकी, क्योंकि अनुवाद के द्वारा मनुष्य के बीच स्थित भौगोलिक, सांस्कृतिक, भाषागत दीवारों को तोड़, दूरियाँ कम की जा सकती हैं।

प्राचीन संस्कृत साहित्य में 'अनुवाद' शब्द का जो अर्थ अभिप्रेत था, आज वह बदल गया है। ऋग्वेद, यास्क के निरुक्त और पाणिनी के अष्टाध्यायी के अनुर्त्यसभया के अनुसार संस्कृत से संस्कृत में ही पुनरुक्ति, व्याख्या अथवा स्पष्टीकरण के अर्थ में अनुवाद शब्द का प्रयोग किया जाता रहा है। भाषा की भिन्नता का आधुनिक अर्थ वहाँ अभिप्रेत नहीं है। इसी प्रकार अनुवाद कार्य के सैद्धान्तिक पक्षों पर पाश्चात्य देशों में वैज्ञानिक चिन्तन की परम्परा बहुत पहले प्रारम्भ हो चुकी थी परन्तु प्राचीन भारतीय साहित्य में अनुवाद कार्य को स्वतन्त्र विषय के रूप में माने जाने के प्रमाण नहीं मिलते। प्राचीन साहित्य पद्यबद्ध या सूत्रबद्ध होने के कारण उसको समझाने या दोहराने की आवश्यकता थी—

'बड़े बड़े विज्ञान विशारद
वेदान्ती और शास्त्र समर्थ
एक-एक पद के करते थे
बीस-बीस जो अद्भुत अर्थ।'

प्राचीन संस्कृत साहित्य में भावों की सभ्यता के सिद्धान्तों पर अवश्य विचार किया गया है। आनन्दावर्धनाचार्य ने अर्थापहरण अर्थात् दूसरे के भावों पर आधारित रचनाओं के तीन भेद माने हैं—(1) प्रतिबिम्बित, (2) आलेख्यवत्, (3) तुल्यदेहिवत्। आचार्य राजशेखर इन तीनों भेदों के साथ भी परपुर प्रवेश नामक चौथे भेद का भी उल्लेख करते हैं।

इस अर्थापहरण अथवा परपुर प्रवेश का भाव आधुनिक अनुवाद के अर्थ के निकट पड़ता है। लेकिन प्राचीन विद्वान अपहरण या परपुर प्रवेश को अवांछित कार्य समझते थे जबकि आज के अनुवादक इसे परकाया प्रवेश मानते हैं।

भारतीय भाषाएँ मध्ययुग तक आते-आते काफी विकसित हो चुकी थीं। इस युग के कवियों ने अनुवाद किये थे। ये कवि अनुवादक मात्र नहीं थे, ये सृजनधर्मी कवि कलाकार थे जिन्हें अपनी मौलिक प्रतिभा प्राप्त थी। उनका लक्ष्य किसी रचना-विशेष का अनुवाद नहीं था बल्कि उस काल के समूचे साहित्य के माध्यम से एक विशिष्ट जीवन-दृष्टि प्रस्तुत करना उनका अभिप्राय था—'कई-कई संस्कृत ग्रन्थों के अंशों पर आधृत यह अनुवाद कहीं मूलनिष्ठ होते थे, कहीं स्वतन्त्र, कहीं छायामात्र और कहीं अनेकानेक स्थानों से भावों को मिलाकर एक छन्द में प्रस्तुत कर दिया जाता। तुलसी, सूर, बिहारी, केशव आदि इसी प्रकार के अनेक सारग्रही कवि अनुवादक थे।'[1]

आधुनिक युग में समूची विश्व की जनता में समकालीन साहित्य को पढ़ने की रुचि, अन्य भाषाओं के साहित्य के प्रति जिज्ञासा का भाव जाग्रत हो रहा है। विश्व-मानव के विश्व-साहित्य की कल्पना साकार होने का स्वप्न मनुष्य देख रहा है। इसी कारण आज विश्व भर में साहित्यिक अनुवाद की माँग बढ़ रही है।

हम लोग अनुवाद के सामान्यतया दो आयाम देख सकते हैं—एक साहित्यिक अनुवाद, व दूसरे साहित्येतर अनुवाद। कई विद्वानों की यह धारणा है कि तकनीकी और वैज्ञानिक अनुवाद की तुलना में साहित्यिक अनुवाद सरल होता है, पर वास्तविकता इसके विपरीत है। तकनीकी और वैज्ञानिक सामग्री का अनुवाद पर्याय शब्दों की जानकारी में सरल हो जाता है। पर किसी साहित्यिक रचना के अनुवाद के समय विशेषतः कविता का अनुवाद करते समय अनुवाद की भाषा के पर्यायों का ज्ञान काफी नहीं है। क्योंकि कविता के अनुवाद में एक शब्द के स्थान पर उसके पर्याय को रखने से इच्छित भाव प्रकट नहीं

---

1. अनुवाद (त्रैमासिक), अप्रैल-जून 1985; अध्याय—"अनुवाद : व्युत्पत्ति और अर्थ-विकास"—डॉ० गार्गी गुप्त।

होगा; क्योंकि कविता की भाषा रूढ़ नहीं, लाक्षणिक व ध्वन्यात्मक होती है। टाउन शेड नामक विद्वान ने शब्दानुवाद के लिए लिखा है—

'शब्दानुवाद तो
चिमड़ा रहता है निरामूल पाठ से
कभी-कभी तो वह होता है उसके
इतना सन्निकट
पाठक को लगता है
वह अति विकट।'

अनुवाद के सम्बन्ध में विभिन्न विद्वानों की विभिन्न धारणाएँ हैं। कुछ विद्वानों के अनुसार मूल काव्य में प्रयुक्त छन्द, लय और संगीत ज्यों-के-त्यों अनुवाद में होने चाहिए जबकि अन्य विद्वानों के अनुसार मूल कृति का लक्ष्य भाषा के शिल्प में ढला होना चाहिए। बच्चन ने मैकबेथ और ओथेलो का अनुवाद हिन्दी की प्रकृति के अनुसार रोलाँ छन्द में किया, पाश्चात्य विद्वान हिलेरी बेलाक का कहना है कि उपन्यास का अनुवाद करते हुए शब्दशः अनुवाद के स्थान पर कृति को सम्पूर्णता में परखते हुए उसके विभिन्न हिस्सों का अनुवाद कुल अर्थ ध्यान में रखकर करना चाहिए। नाटक के अनुवाद में भी खासी जटिलताएँ हैं। साहित्यिक विधाओं की तुलना में नाटक में एक और तत्त्व अधिक जुड़ा होता है। और वह है मंचाभिनय। नाटक की समूची क्षमता का परिचय प्राप्त करने में मंचाभिनय का भी महत्त्वपूर्ण योगदान है। मंचाभिनय में कथन-पद्धति का अपना विशिष्ट महत्त्व है। सम्वादों की लय, पैटर्न, पिच तथा गले का आरोह-अवरोह इन सबके अन्तर्गत भाषाशास्त्रीय ध्वनि-संकेतों का सम्बन्ध जुड़ा होता है। इन्हें आत्मसात करना जरूरी है। इसी के साथ-साथ युगानुरूप बदलती दृष्टि, रंगमंच के सन्दर्भ में होने वाले परिवर्तनों व पाठक की चेतना का ध्यान रखना भी जरूरी है। बंगला के मोहितलाल चट्टोपाध्याय ने क्षीरोद प्रसाद के 'अलीबाबा' नाटक का बंगला से बंगला में ही अनुवाद किया किन्तु अनूदित नाटक के साथ एक ऐसा आधुनिक सन्दर्भ जोड़ दिया जिसे आज की व्यवस्था से पीड़ित दर्शकों ने बहुत पसन्द किया।

वास्तव में अनुवाद प्रक्रिया की कुछ समस्याएँ हैं। इस प्रक्रिया में भाषा अपने कोशगत अर्थ के स्तर पर सार्थक नहीं होती; क्योंकि साहित्य एक व्यापक सांस्कृतिक प्रक्रिया है। इस दृष्टि से हर भाषा के कुछ सन्दर्भ व प्रसंग होते हैं। प्रबन्ध काव्य कथात्मक साहित्य व नाटक के अन्तर्गत मिथक, पुराण, विशिष्ट सन्दर्भ प्रसंग आदि होते हैं तो कविता के अन्तर्गत प्रतीक, रूपक श्लेष, चमक, लय, संगीत होते हैं। अनुवादक को मूल भाषा के सांस्कृतिक आयामों का जान-

कार होना चाहिए व काव्यानुवाद के लिए काव्य-सर्जन की प्रतिभा भी। यही नहीं, एक भाषा के मुहावरे को दूसरी भाषा में रूपान्तरित करने की समस्या भी आती हो। प्रत्येक भाषा की अभिव्यक्ति का अपना विशिष्ट ढंग होता है जो अपनी भौगोलिक, ऐतिहासिक, सांस्कृतिक स्थितियों से प्रभावित होता है। एक उदाहरण हम देखेंगे—इंग्लिश में कहा जाता है—'वार्म वेलकम।' 'वेलकम' के साथ 'वार्म' शब्द प्रादेशिक शीत के सन्दर्भ में प्रयुक्त होता है। इसका अनुवाद हम 'गर्म स्वागत' करें तो भारत के ऊष्ण तापमान के सन्दर्भ में यह विरूप व हास्यास्पद हो उठेगा। इसी प्रकार यदि हिन्दी के 'आत्मप्रकाश' नाम का शब्दानुवाद 'सेल्फ लाइट' कर दिया जाये तो कैसा लगेगा ? अतः अनुवादक के लिए इन सन्दर्भों, प्रसंगों की जानकारी अनिवार्य है।

अनुवाद की सम्भावनापूर्ण सफलता की दिशा में भी कुछ सोच सकते हैं। मूल भाषा की रचना में प्रयुक्त मिथक, प्रतीक, मुहावरे, कहावतें, लोकोक्तियाँ आदि में कुछ ऐसा होता है जो परम्परा से अनुवाद की भाषा में भी उपलब्ध होता है, चाहे वह मूल भाषा के बिलकुल समान न हो पर उससे समानता रखने वाला अवश्य होता है। अनुवादक इनका प्रयोग कर एक सशक्त अनुवाद दे सकता है।

कच्छ की बोली भाषा में एक लोकोक्ति है—'रूप रूवे ने करम खाये'। एक बातचीत के दौरान कथा-लेखिका श्रीमती कमलेश बखशी के द्वारा जानने को मिला कि पंजाबी में भी एक कहावत है—'रूप रोवे करम हँसे।'

डॉ० इन्द्रनाथ चौधरी के अनुसार साहित्यिक अनुवाद न तो पूरी तरह अनुकरण है और न पूरी तरह सृजन है—' अनुवादक तो कृति के अनुरूप सृजन करता है, मगर कृति में निहित विचारों को मात्र प्रस्तुत नहीं करता। उसको रूपान्तरित करता है। अनुवादक एक इस प्रकार का सृष्टा है जो लेखक के यथार्थ के सम्मुख अपने को समर्पित करता है।"

अनुवाद प्रक्रिया के दौरान अनुवादक को कितनी स्वतन्त्रता या छूट लेनी चाहिए, विलियम कूपर के अनुसार—' पूर्ण ईमानदारी भी एक अयथार्थ स्थिति है, मगर मूल के साथ बहुत अधिक स्वेच्छाचारिता करना भी अननुज्ञय है।' वास्तव में अनुवाद के दौरान काव्य-सौन्दर्य की अभिव्यक्ति ही सबसे बड़ी ईमानदारी होती है।

और अन्त में यह प्रश्न तो फिर भी रहता ही है कि अनुवाद-कार्य को हम किस प्रकार स्वीकारते हैं। इस कार्य को हम निम्न स्तर का मानते हैं और अनुवाद को उसके कार्य का कोई श्रेय नहीं मिलता। परिणामस्वरूप अनुवाद का कार्य स्वेच्छा से नहीं अपनाया जा रहा बल्कि आर्थिक विवशता ही इस कार्य की प्रेरक रही है। और विवशताजन्य अनुवाद उत्कृष्टता के शिखर को नहीं छू सकता।

इस स्थिति के निवारण के लिए विद्वानों के द्वारा समय-समय पर कुछ सुझाव दिये गये हैं । कुछ महत्त्वपूर्ण सुझाव इस प्रकार हैं—

(1) अनुवादक के आर्थिक पक्ष को ध्यान में रखते हुए शासकीय पुस्तकालयों के लिए खरीदी जाने वाली पुस्तकों में एक निश्चित प्रतिशत अनूदित पुस्तकों के लिए रखा जाना चाहिए; क्योंकि अनूदित पुस्तकों की बिक्री अनुवादक को अर्थ-लाभ करा सकती है ।

(2) संस्थाओं में पुस्तकों के चयन का अधिकार किसी एक व्यक्ति को न होकर उसे विकेन्द्रित करना चाहिए ।

(3) अनूदित पुस्तक या रचना पर लेखक के नाम के साथ अनुवादक का नाम प्रकाशित होने की अनिवार्य परम्परा बनायी जाये ।

(4) अनुवाद के क्षेत्र में उत्कृष्ट कार्य पर पुरस्कार और सम्मान की व्यवस्था हो ।

ह० श्री साने

साहित्यिक अनुवाद (2)

आत्माभिव्यक्ति के अनेक साधनों-प्रकारों में से एक मुख्य साधन है भाषा व्यवहार। भाषा व्यवहार की सामाजिक उपयोगिता के सम्बन्ध में अलग से कुछ कहने की आवश्यकता नहीं। परन्तु भाषा व्यवहार के मुख्य प्रकारों का स्थूल ज्ञान आवश्यक है। बोलना, सुनना, पढ़ना और लिखना ये चार भाषिक कौशल भाषा व्यवहार के लिए आवश्यक होते हैं; इनमें से प्रथम दो को प्रधान कौशल और दूसरे दो को गौण कौशल माना जाता है। प्रथम दो कौशलों को प्रधान इसलिए माना जाता रहा कि वे अभिव्यक्ति के प्रत्यक्ष सम्पर्क साधन हैं। अभिप्राय है कि जब बोलने वाला और सुनने वाला प्रत्यक्ष सम्पर्क करते हैं तब परस्पर अभिव्यक्ति का साधन 'बोलना-सुनना' होता है। अन्य स्थितियों में 'पढ़ना-लिखना' को अपनाया जाता है इसलिए उन्हें गौण साधन कहा जाता है। 'बोलना-सुनना' और 'पढ़ना-लिखना' की प्रधानता और गौणता कई अन्य बातों की सापेक्षता में सार्थक होती है। ध्वनियन्त्र, कर्णयन्त्र की सक्षमता, लिपि-ज्ञान, लिखने की प्रणाली वे मुख्य बातें हैं जिन पर प्रधानता और गौणता निर्भर करती हैं।

जब हम बोलते हैं और लिखते हैं तब हम अपने अमूर्त भावों-विचारों को एक तराके से अनूदित ही करते हैं। अभिव्यक्ति की यह प्रक्रिया अमूर्त को मूर्त करने की प्रक्रिया के बीच की कड़ी है। ध्वनि, शब्द, पद आदि यद्यपि अर्थ, भाव, विचार को अभिव्यक्त करते हैं तथापि यह अभिव्यक्ति भी अमूर्त ही होती है परन्तु मूर्त की ओर एक कदम आगे की होती है। बोलना-सुननां और लिखना-पढ़ना के सम्बन्ध में भारतीय विचार अर्थानुगामी या भावानुगामी अधिक है। शब्द चयन और वाक्य संरचना को भारतीय विचार गौण स्थान देता है। शब्द अर्थ के पीछे-पीछे चलते हैं और हम आखिर अर्थ की ही अभिव्यक्ति करते हैं। इस प्रकार हमारा समूचा भाषा व्यवहार अपने को शब्दार्थों में रूपान्तरित, अनूदित करने का होता है।

अगर 'शब्दार्थौ सहितौ काव्यम्' है तो, हमारा सारा भाषा व्यवहार काव्य (साहित्य) बन जाता है, परन्तु हम सारे वाक् व्यापार को साहित्य नहीं कहते।

विशेष उद्देश्यों से प्रेरित होकर जब शब्दार्थों में अभिव्यक्ति होती है तब वह साहित्य होती है। साहित्य की अनेक परिभाषाएँ इसलिए सम्भव हुईं कि प्रत्येक में उद्देश्य अलग-अलग होता है और प्रत्येक उद्देश्य प्रासंगिक और सार्थक भी होता है। साहित्य के इस व्यापक स्वरूप को ठीक से समझ पाने के लिए व्याप्ति के अनुरूप प्रकार भेद किये गये हैं। आकार-प्रकार, शैली पद्धति, कथ्य-प्रतिपाद्य के आधारों पर फिर उसके कई भेदोपभेद भी किये गये हैं। इस समूची प्रक्रिया में साहित्य का स्वरूप जितना अधिक सुलझता गया उतना ही अधिक संश्लिष्ट होता और उलझता भी गया है।

रचना और कल्पना [रच + ना, कल्प + ना] में भी आत्माभिव्यक्ति को मुख्य प्रयोजन माना जाता है, और नवीन की ललक, निर्माण की इच्छा आदि को गौण प्रयोजन माना जाता है। साहित्य की व्यापकता में से अभिप्रेत रूप को रेखांकित करने के लिए रचनात्मक विशेषण जोड़ा गया है। उपयोगी, ललित, ज्ञान, शक्ति विशेषणों का प्रयोग कर साहित्य के विशिष्ट स्वरूप को अलग किया जाता है। ये सारे विशेषण भी सापेक्ष रूप में ही अलग हैं, वरन जब ये परस्पर घुलमिल जाते हैं तब साहित्य का सश्लिष्ट रूप ही उभरता है। प्रायः ललित और शक्ति साहित्य को रचनात्मक साहित्य माना जाता है। रचनात्मकता पर कई भारतीय और पाश्चात्य विचारकों की अपनी अलग-अलग मान्यताएँ हैं और अलग-अलग दृष्टिकोणों से इन मान्यताओं को स्थापित करने का प्रयास भी किया गया है। इनमें से प्रमुख मान्यताएँ हैं कि साहित्य रच जाता है और रचा जाता है। 'रच' और 'रचा' के अन्तर से—जैसे कविता हो जाती है, की नहीं जाती—इनके बीच के अन्तर को समझा जा सकता है। 'रच जाने' में जो उत्स्फूर्तता है वह 'रचा जाता' में नहीं है और यह पुरानी परम्परा रही है कि 'रच जाने वाले' साहित्य को उच्च कोटि का और 'रचे जाने वाले' साहित्य को निम्न कोटि का माना जाये। परन्तु व्यवहार में इस प्रकार का सूक्ष्म अन्तर साफ-साफ न दिखायी देता है और न सिद्ध किया जा सकता है। इसलिए रचनात्मक का स्थूल अर्थ कि 'रच जाता है' और 'रचा जाता है' के समन्वित रूप में करना उचित होगा। इसलिए रचनात्मक साहित्य का अभिप्राय उस समस्त शक्ति और ललित साहित्य से है जिसमें कथा साहित्य—उपन्यास, कहानी, नाटक, एकांकी, महाकाव्य, खण्डकाव्य का, और निबन्ध, रेखाचित्र, यात्रावर्णन, रिपोर्ताज, आत्मकथा, जीवनी, मुक्तक काव्य, संस्मरण का समावेश किया जाता है। इस सन्दर्भ में समीक्षात्मक और वैचारिक (सामाजिक, राजनैतिक, धार्मिक, आर्थिक आदि) लेखन का भी समावेश किये जाने का प्रश्न उभरता है। इस साहित्य के लालित्य, उपयोगिता, शक्त्यात्मकता और ज्ञानात्मकता को सिद्ध करना अथवा अलगाव को रेखांकित करना भी टेढ़ी खीर है।

रचनात्मक साहित्य के अनुवाद के सन्दर्भ में इस बात पर विचार करना आवश्यक है कि कलानुवाद की सीमाएँ और सम्भावनाएँ कौन-सी हैं। कला-विचार बहुआयामी, संश्लिष्ट विचार है। रूप, निर्मिति, उद्देश्य, परिणाम आदि के सन्दर्भ में कला और कलानुवाद पर काफी विचार किया जा चुका है, परन्तु कलानुवाद की असम्भवनीयता का प्रतिपादन किसी ने भी दृढ़ता के साथ, पत्थर की लकीर के रूप में नहीं किया है।

रचनात्मक साहित्य चूँकि एक ओर रचनात्मकता से सम्बद्ध है और दूसरी ओर भाषा व्यवहार से, इसके भाषिक स्वरूप को समझ लेना भी आवश्यक है। इस सन्दर्भ में भाषा-विचार भी बहुआयामी है। भाषा का स्वरूप, निर्मिति की प्रक्रिया, विविध सन्दर्भ और परिप्रेक्ष्य आदि कई आयामों का विचार करना होगा। इस सन्दर्भ में यह विचार सहायक हो सकता है कि साहित्य भाषा मात्र में नहीं होता बल्कि भाषा का भी होता है। भाषा जिस अर्थ को सूचित करती है उसकी सभ्यता, संस्कृति के साथ होने वाली प्रतिबद्धता बहुत महत्त्व की बात है। भाषा की, शब्दों की अर्थ वहन और सम्प्रेषित करने की क्षमता, अभिधा, लक्षणा और व्यंजना शब्द शक्तियों पर निर्भर मानी जाती है और ये शक्तियाँ पूरी सामाजिक-मानसिक परिप्रेक्ष्य में सार्थक होती हैं।

भारतीय काव्य (साहित्य) शास्त्र के अनुसार कृति या रचना का अपना एक अर्थ, एक फल, एक भाव, एक कार्य होता है और इस 'एक-ता' का निर्वाह भाषा प्रयोग और रचना की अन्य युक्तियों (साधनों) के सहारे किया जाता है। युक्तियों का सम्बन्ध साहित्य के कलापक्ष से है और अर्थ, फल, भाव आदि का सम्बन्ध साहित्य के भावपक्ष के साथ है। अतः रचना का अनुवाद यानी किसका अनुवाद ? भाव का ? अथवा कला का ? अथवा दोनों का ? जिस तरह श्रेष्ठ साहित्य में भावपक्ष और कलापक्ष के सन्तुलित सम्बन्ध का निर्वाह वांछित होता है उसी तरह अच्छे अनुवाद में भी।

इसलिए रचनात्मक साहित्य का अनुवाद करते समय सर्वप्रथम समूची रचना का पाठ करना आवश्यक है क्योंकि समूची रचना के माध्यम से रचनाकार एक भाव, एक अर्थ, एक फल आदि की अभिव्यक्ति करना चाहता है। अतः उस 'एक-ता' को हृदयंगम किये बिना रचना का अनुवाद आरम्भ करना गलत होगा।

अनुवादक, मूल भाषा और लक्ष्य भाषा का सम्यक् ज्ञाता है इसे स्वीकार करने पर ही, कतिपय सीमाओं और समस्याओं को समझना और सुलझाना सम्भव होगा। दोनों भाषाओं का ज्ञाता होने से अभिप्राय भाषा के सामाजिक, सांस्कृतिक और संरचनात्मक अंगों का ज्ञाता होने से है, तभी कथ्य (भाव) और शैली (युक्ति) का समन्वित अनुवाद सम्भव है। रचनाकार के भाव को थोड़ी

देर के लिए अगर हम 'सत्य' मान लें तो अनुवादक को इस बात का ध्यान लगातार रखना चाहिए कि किसी एक शब्द, वाक्य और परिच्छेद द्वारा भी वह 'सत्य' का अपलाप न करे। शैली के अनुवाद के सम्बन्ध में आदर्श यही है कि मूल रचना जैसा यानी समप्रभावशाली अनुवाद हो परन्तु हर भाषा की सामाजिक, सांस्कृतिक और संरचनात्मक विशेषताएँ इसमें बाधक हो भी सकती हैं। अभिप्राय है कि रचनाकार की मनोभूमि पर उतरकर और उसके भाषा प्रभुत्व को आत्मसात् करने पर ही सफल अनुवाद करना सम्भव है। परन्तु अनुवाद की सफलता और असफलता की जाँच-पड़ताल की और मूल्यांकन की कोई वस्तुनिष्ठ कसौटी भी नहीं है, सारा विचार व्यक्ति सापेक्षता पर जाकर रुक जाता है। इसका यह अभिप्राय जरा भी नहीं कि अनुवाद किये ही न जायें। अगर साहित्य के पठन से हम अपने जीवनानुभावों को समृद्ध करते हैं तो इस समृद्धि को केवल अपनी भाषा तक सीमित करना उचित नहीं होगा, इसलिए रचनात्मक यानी ललित साहित्य का अनुवाद काफी मात्रा में होना चाहिए, और होता रहा है, और होगा भी क्योंकि समृद्धि की कोई सीमा नहीं होती। प्रदेश, देश और संसार की सभ्यता, संस्कृति से परिचित होकर अपने ज्ञान को बढ़ाने की आवश्यकता भी अनुवादों के कारण सिद्ध होती है। रचनात्मक साहित्य के अनुवाद की आवश्यकता को अन्य एक दृष्टि से भी आँका जा सकता है। रचनात्मक साहित्य की दोहरी विशेषता से हम परिचित हैं, इतिहास और उपन्यास की तुलना करते हुए यह कहा जाता है कि उपन्यास में नाम और तिथियाँ सही नहीं होतीं, बाकी सब सही होता है और इतिहास में सिर्फ नाम और तिथियाँ सही होती हैं।

इस प्रकार उपन्यास काल्पनिक होकर भी सम्भवनीयता की कसौटी पर उस सत्य के बहुत निकट पहुँचता है जिसे हम मनोवैज्ञानिक सत्य—यूनिवर्सल ट्रूथ कहते हैं। इस दृष्टि से भी अनुवाद की आवश्यकता है। मानव मात्र की एकता को स्थापित करते हुए रचनात्मक साहित्य विश्व मानवता के आदर्श को स्थापित करता है। इसके साथ-साथ भारतीय और पाश्चात्य आचार्यों द्वारा प्रतिपादित काव्य-प्रयोजनों की भी सिद्धि अनुवादों के कारण होती है।

जिस तरह काव्यशास्त्र के नियमों और सिद्धान्तों को पढ़कर कोई कवि नहीं बनता उसी तरह अनुवाद के नियमों और सिद्धान्तों को पढ़कर भी कोई सफल अनुवादक नहीं बनता। बावजूद इस तथ्य के न हम काव्यशास्त्र के नियमों-सिद्धान्तों को बनाने से बाज आये और न अनुवाद के। इस तरह बनाये गये नियम पूर्ववर्ती अनुवादों की जाँच-पड़ताल कर बनाये जाते हैं जो आने वाले अनुवादकों के लिए अनुवाद के इतिहास का ज्ञान कराते हुए थोड़ा-बहुत मार्ग-दर्शन भी करते हैं। इसी सापेक्षता के कारण अनुवाद विषयक सीमाएँ-समस्याएँ

और उनके समाधान भी सापेक्ष ही रह जाते हैं और इसीलिए स्थूल मार्गदर्शक भी। उत्तम, उत्तमतर, उत्तमतम की कोटियों की सापेक्षता से हम परिचित हैं और हमेशा उत्तमतम का आदर्श अपने सामने रखते हैं। अनुवादक भी उत्तमतम अनुवाद देने का आदर्श अपने सामने रखे। इस स्थिति में सम्भव है कि मूल रचना से भी अधिक उत्तम अनुवाद हो जाये या समप्रभावशाली हो जाये परन्तु निम्न प्रभावशाली वह कभी नहीं होगा। जब तक किसी योग्य परीक्षक से कहा नहीं जायेगा तब तक अनुवाद को कोई अनूदित रचना मानकर नहीं पढ़ता, उसे मौलिक रचना मानकर ही पढ़ा जाता है। इसलिए मूल रचना का जो प्रभाव अनुवादक पर हुआ है कम-से-कम उतना और वैसा ही प्रभाव अनुवाद को पढ़ने वालों पर हो इसका भान अनुवादक को रखकर ही अपने भाषायी कौशलों का उपयोग करना चाहिए। इसी बिन्दु, भाषिक संरचना के अतिरिक्त अन्य भाषायी आयाम जैसे शब्द शक्ति, अलंकार, प्रतीक, बिन्दु, कहावतें, मुहावरे, ध्वन्यात्मक प्रयोग आदि महत्त्वपूर्ण बन जाते हैं। इसी बिन्दु पर ज्ञान साहित्य की भाषा और शक्ति (ललित, रचनात्मक-साहित्य) की भाषा का अन्तर स्पष्ट हो जाता है। ज्ञान साहित्य की भाषा अभिधार्थ बोध कराती है तो शक्ति साहित्य की भाषा लक्षितार्थ और व्यंग्यार्थ का बोध भी कराती है।

रचनात्मक साहित्य के अनुवाद के सम्बन्ध में स्थूल और सापेक्ष बातें ही कही जा सकती हैं। रचना के स्वरूप का यानी विनोदी या गम्भीर प्रवृत्ति का भाव रखना आवश्यक है। रचनाकार कौन है—उसके कृतित्व का सम्यक् परिचय यहाँ अपेक्षित है। वह क्या कहना चाहता है—रचना का एक भाव, फल आदि क्या है ? वह किसके लिए रचना करता है—यानी रचना के पाठक कौन हैं और रचनाकार कैसे कहता है—यानी उसकी शैली विशेष का ज्ञान यहाँ अपेक्षित है—इन चार सवालों पर गहराई से सोचकर ही अनुवाद का आरम्भ किया जाना चाहिए।

साहित्य-विधा का भाव भी आवश्यक है। अभिप्राय है कि उपन्यासत्व, कहानीपन, नाटकत्व, एकांकीपन, आदि विधाओं की निर्मिति जिस तरह अलग-अलग कौशलों की माँग करती है उसी तरह अनुवादक से भी इन कौशलों को निभाने की उम्मीद रहती है। सम्भव है इसी बिन्दु पर अनुवादक की कसौटी ली जा सकती है। मूल भाषा में कहानी, उपन्यास लिखना शायद इसीलिए तुलनात्मक दृष्टि से सहज माना गया होगा। उपन्यास का उपन्यास भी बना रहे, और वह मूल उपन्यास जैसा प्रभावक्षम भी हो, इस तरह की दोहरी जिम्मेदारी निभानी होती है अनुवादक को और इसीलिए अनुवाद कार्य की तुलना खड्ग की धार पर चलने के साथ की जाती है। अनुवाद होते हुए भी मौलिक रचना का प्रभाव देने का कार्य अनुवादक से अपेक्षित रहता है। शायद इसीलिए अनुवाद को

कला भी माना गया है।

रचनात्मक साहित्य की भाषा चूँकि एक सामाजिक सांस्कृतिक-वस्तु है। हर रचना में साहित्य रचना के अनुवाद के साथ-साथ संस्कृति का भी अनुवाद करना पड़ता है। इस दृष्टि से विचार करने पर विदेशी भाषाओं से भारतीय भाषाओं में अनुवाद करने का कार्य अधिक मुश्किल बन जाता है और इसीलिए भारतीय भाषाओं में परस्पर अनूदित रचनाओं की संख्या बढ़ती जा रही है। शायद संस्कृति, सभ्यता, खान-पान, रिश्ते-नाते, रहन-सहन, रीति-रिवाज, तीज-त्योहार, धार्मिक कर्मकाण्ड के अनुवाद की मुश्किलों के कारण विदेशी भाषाओं से अनूदित रचना अनुवाद न कहलाकर रूपान्तरित और आधारित रचना बन जाती है। सम्भवतः इसी सिलसिले में सृजनात्मक अनुवाद की संकल्पना उभरी होगी प्रायः सांस्कृतिकता के अनुवाद के सन्दर्भ में पाया गया कि अनुवाद के साथ कई पाद-टिप्पणियाँ देनी पड़ती हैं और इन टिप्पणियों को मूल रचना की तुलना में अधिक रोचक मानकर पढ़ा जाता है। इस तरह का अनुवाद कभी वांछित और सफल अनुवाद नहीं माना गया।

रचनात्मक साहित्य के कारण अपनी भाषा की अभिवृद्धि होने का दावा भी किया गया है परन्तु इस अभिवृद्धि की नाप-जोख का कोई साधन उपलब्ध न होने से इस दावे को शत-प्रतिशत स्वीकार नहीं किया जा सकता। जैसे किसी भाषा की किसी बोली में अगर कोई रचना ह तो अनुवाद मानक भाषा में किया जाये, या लक्ष्य भाषा की किसी बोली में ? बोली अगर अभिव्यक्त संस्कृति को अनूदित करने में अक्षम हो तो? इस प्रकार के अबूझ प्रश्न इससे उभरते हैं। इसलिए भाषा की अभिवृद्धि का दावा स्वीकार नहीं किया जा सकता। इसका एक अन्य कारण भी है, भाषा अभिवृद्धि वैज्ञानिक, आर्थिक, राजनैतिक, सामाजिक अभिवृद्धि के साथ भी जुड़ी हुई है। इसलिए इन क्षेत्रों से भी नवीन शब्द संरचना, अर्थ आदि पाकर भाषा वर्धित होती रही है। इस तरह की भाषिक अभिवृद्धि करना उक्त क्षेत्र-विशेषों का उद्देश्य नहीं होता, जन-जीवन में घुल-मिलकर, रूढ़ होने पर ही वे शब्द, संरचना, अर्थ आदि मानक भाषा में स्थान पाते हैं। इसी तरह अनुवादक को भी सामान्यजनों की भाषावृद्धि करने का आग्रह नहीं रखना चाहिए, ऐसे दुराग्रह से पाठकों पर विपरीत परिणाम होगा।

अनुवादक अपनी आन्तरिक प्रेरणा से अनुवाद करता है, परन्तु ऐसे अनुवादों की संख्या बहुत कम होती है। प्रायः अनुवादों की माँग होती है और तब उनकी पूर्ति की जाती है। देश-विदेश की चर्चित रचनाओं के ही अनुवाद होते रहे हैं। देशी-विदेशी पुरस्कार पाने वाली रचनाएँ भी अनूदित होती रही हैं। इस सन्दर्भ में एक अलग मुद्दा उठता है—अगर एक भारतीय भाषा से सीधे दूसरी भाषा में अनुवाद हो तो वह आदर्श होगा, परन्तु न होने की स्थिति में पाया गया है कि

अंग्रेजी में अनुवाद के सहारे भारतीय भाषाएँ अनूदित होती हैं जिसे निश्चय ही अवांछित मानकर टाला जाये और हिन्दी के माध्यम से भारतीय भाषाएँ अनूदित हों। कई दृष्टियों से यह मार्ग उपयोगी है। कोई कारण नहीं कि अनुवादक अपनी भाषा को कमजोर और हीन माने। व्यापार, कला कौशल, खेलकूद, न्याय, धर्म, लस्कर, दरबार, सामान्य बोलचाल आदि से हिन्दी भी समृद्ध भाषा है और जिस तरह किसी भाषा की कोताही के कारण मौलिक रचनाकारों की कलम रुकती नहीं उसी तरह अनुवादक की भी ठप्प नहीं होनी चाहिए।

रचनात्मक साहित्य के अनुवाद में नाटक और कविता के अनुवाद कई कारणों से मुश्किल लगते हैं। नाटक लिखा जाता है वार्तालाप या कथोपकथन की प्रणाली में। नाटक चूँकि रंगमंच पर खेला जाता है। वहाँ पर अभिनय में अनूदित होता है। इस तरह, नाट्यानुवाद में एक साथ दो-दो अनुवादों का भाव रखना पड़ता है। लिखित रूप अर्थात् संहिता को नाट्यदिग्दर्शक रंगावृत्ति में अनूदित करता है और इस प्रक्रिया में अभिनेताओं का बड़ा योगदान होता है। एक तरीके से नाटक का अनुवाद 'टीम वर्क' होता है। रचनात्मक अनुवाद की अन्य समस्याओं के अतिरिक्त नाटक के अनुवादक को उक्त समस्याओं का भान बराबर रखना पड़ता है। अपनी मिट्टी से संस्कृति-सभ्यता से मेल न खाने वाली बातों-दृश्यों को अनूदित करना अधिक मुश्किल होता है क्योंकि यहाँ पादटिप्पणियों का सहारा नहीं होता। नाटक, चूँकि दृश्य काव्य है, दृश्यों का अनुवाद वाकई समस्यामूलक होता है।

कविता के सम्पृक्त रूप को अनूदित करना कई कारणों से मुश्किल होता है। कविता में कुछ जोड़ना-घटाना यानी कविता के कवितापन को घटाना ही सिद्ध होता है। छन्द का बन्धन अन्य समस्या को उभारता है। रचना में, प्रयुक्त मिथकों, प्रतीकों का अनुवाद एक समस्या होती है। इसलिए कविता का अनुवाद कड़ी-दर-कड़ी, प्रायः असम्भव माना जाता है। परन्तु लक्ष्य भाषा की संस्कृति में कविता ढाली जा सकती है। कई बार गद्य की अपेक्षा कविता का अनुवाद सरल भी होता है। वैसे समस्त रचनात्मक साहित्य के बारे में कहा जा सकता है, परन्तु खासकर कविता के सन्दर्भ में यह बात लागू होती है। अनुवाद, दूसरे से अपनी पीठ खुजलवाने जैसा है, पीठ खुजलाई तो हो जाती है परन्तु वह सन्तोष नहीं होता जो खुद खुजलाने में होता है। इस सिलसिले में अनुवाद को परोपजीवी कहने की बात पर थोड़ा गौर करेंगे। अनुवादक को मूल लेखक की मनोभूमि पर उतरकर 'समवृत्ति' होना पड़ता है, मूल कथ्य को अवांछित रखते हुए दूसरी भाषा में ढालना पड़ता है, मूल के सम्यक् प्रभाव को बरकरार रखना पड़ता है, सांस्कृतिक, सामाजिक आदि समस्याओं को पार कर मूल रचना के प्रति निष्ठा का निर्वाह करना होता है, अपने पाठकों के साथ निष्ठा रखनी होती है, उन्हें

कुछ नवीन देना होता है, वाक्यों, प्रसंगों, शब्दों के अनुवाद के लिए बौद्धिक-मानसिक संघर्ष से गुजरना पड़ता है, मौलिक लेखन की तुलना में अधिक समय अनुवाद में लगाना पड़ता है, दोनों भाषाओं, सभ्यताओं, संस्कृतियों और भाषायी कौशलों का ज्ञाता होना पड़ता है तब कहीं जाकर सफल अनुवादक बनना नसीब होता है; ऐसी स्थिति में अनुवाद को परोपजीवी कहना उचित नहीं होगा।

निबन्ध, रेखाचित्र आदि विधाओं के सम्बन्ध में भी उक्त विचार लागू होते हैं। वैचारिक और समीक्षात्मक-सैद्धान्तिक लेखन को भी रचनात्मक साहित्य माना जाता है, सृजनात्मक समीक्षा से यही विचार प्रकट होता है। इस तरह के लेखन में ललित साहित्य की अपेक्षा अधिक सतर्कता और जागरूकता से काम करना पड़ता है। इस प्रकार के ललितेतर रचनात्मक साहित्य में स्वल्पविरामों, कोष्ठकों, डैशों, हाइफनों तक का ध्यान रखना पड़ता है वरन् अनर्थ, अर्थात् 'सत्य' का अपलाप होने का खतरा रहता है। ज्ञान साहित्य के पहली और ललित साहित्य के बाद की पादान पर ललितेतर रचनात्मक साहित्य होता है। समीक्षात्मक साहित्य में पारिभाषिक शब्दों के अनुवाद की अतिरिक्त समस्या का सामना अनुवादक को करना पड़ता है और हर सन्दर्भ में उसके निर्वाह की जिम्मेदारी भी उठानी पड़ती है।

कुल मिलाकर रचनात्मक साहित्य के अनुवाद की आवश्यकता के बारे में दो राय नहीं है। उसकी सीमाओं और समस्याओं का विवेचन किया गया है।

भीमसेन निर्मल

समस्याएं (1)

अनुवाद के स्वरूप और प्रक्रिया के बारे में अनेकानेक परिभाषाओं के अनुशीलन और परिशीलन के बाद यह स्पष्ट विदित होता है कि डॉ० भोलानाथ तिवारी की निम्न परिभाषा अनुवाद की प्रक्रिया को और उसके विभिन्न आयामों को स्पष्ट एवं समग्र रूप से अभिव्यक्त करती है।

"एक भाषा में व्यक्त विचारों को यथासम्भव समान और सहज अभिव्यक्ति द्वारा दूसरी भाषा में व्यक्त करने का प्रयास अनुवाद है।"

तात्पर्य यह है कि अनुवाद की प्रक्रिया में स्रोत भाषा की रचना में अभिव्यक्त भावों या विचारों को लक्ष्य भाषा में अभिव्यक्त करने का प्रयास किया जाता है। इस प्रक्रिया में प्रथमतः अर्थ तत्त्व को महत्त्व दिया जाता है तो अभिव्यंजना की शैली को द्वितीय। दूसरी बात यह है कि स्रोत भाषा की अभिव्यक्ति के स्थान पर लक्ष्य भाषा में यथासम्भव समान अर्थात् अधिक-से-अधिक समान, निकटतम अभिव्यक्ति को प्रधानता देनी चाहिए। तीसरी बात यह है कि स्रोत भाषा की अभिव्यक्ति के स्थान पर प्रस्तुत की गयी अभिव्यक्ति, लक्ष्य भाषा की प्रकृति के यथासम्भव सहज रूप में, प्रस्तुत की गयी हो। यदि इन बातों को ध्यान में रखकर ईमानदारी के साथ अनुवाद के कार्य में प्रवृत्त हो तो मूल अभिव्यक्ति की प्रभावशीलता को लक्ष्य भाषा में ला सकते हैं।

मूल लेखक की अनुभूतियों तथा भावभूमि से तादात्मय स्थापित कर सकने पर ही, अनुवादक अपने कार्य में सफलता प्राप्त कर सकता है। भाव-सौन्दर्य के साथ भाषा-सौन्दर्य से (अभिव्यक्ति पक्ष) भी मूल लेखक की अनुभूति को आत्मसात् कर सकने पर ही यह सम्भव होता है। मूल लेखक के दृष्टिकोण तथा परिवेशगत विशेषताओं से भी अनुवादक को अवगत होना चाहिए। लेकिन यह कार्य उतना सरल नहीं है जितना लोग समझते हैं।

अनुवादक को मूल भाषा की प्रकृति और साहित्यिक परम्पराओं से सुष्ठु परिचय तथा लक्ष्य भाषा की प्रकृति तथा साहित्यिक परम्पराओं का पूर्ण ज्ञान रखना चाहिए। अनुवाद के कार्य में विषय-ज्ञान भी महत्त्वपूर्ण स्थान रखता है। परिचय और ज्ञान की अपेक्षा अनुवाद का कार्य निरन्तर अभ्यास की अपेक्षा

भी रखता है। इनके अतिरिक्त अनुवादक को अपने कार्य के प्रति ईमानदारी का भाव रखना चाहिए।[1] इन चार गुणों से युक्त अनुवादक का कार्य अवश्य ही सफल होता है।

अनुवादक के क्षेत्र में अनुप्रयुक्त भाषा-विज्ञान का महत्त्वपूर्ण स्थान है। ध्वनि-विज्ञान, अर्थ-विज्ञान, वाक्य-विज्ञान, रूप-विज्ञान और शब्द-विज्ञान के अध्ययन से अनुवादक अपने कार्य को सुचारु रूप से सम्पन्न कर सकता है।

वैज्ञानिक ग्रन्थों के अनुवाद में तथ्य प्रधान शैली को अपनाना चाहिए क्योंकि इस क्षेत्र में अभिव्यंजना की शैली की अपेक्षा विषय-सम्प्रेषण प्रधान होता है। साहित्यिक और वह भी मुख्य रूप से काव्य के अनुवाद के क्षेत्र में अभिव्यंजना-विधा, शब्द-चयन, अलंकार, शब्द-शक्तियाँ, छन्दोविधान आदि को ध्यान में रख कर, अनुवादक को अपना कार्य सम्पन्न करना पड़ता है। प्रसिद्ध आलोचक जॉनसन ने कहा था कि काव्य का अनुवाद स्वयं उसी भाषा में नहीं हो सकता (पोइट्री कैन नॉट बी ट्रांसलेटेड इन इट्स औन लैंगवेज)। फिर भी काव्यानुवाद के सफल उदाहरण संसार की विभिन्न भाषाओं के साहित्यों में प्राप्त होते हैं। आज के इस वैज्ञानिक युग में अनुवाद के सहयोग के बिना विज्ञान और साहित्य के क्षेत्र में प्रगति असम्भव है। अनुवाद को एक विडम्बना मानते हुए भी कई विद्वानों ने और कवियों ने अनुवाद का कार्य किया है। "बेटर ए लैव स्पैरो देन ए स्टफ्फड ईगल" कहने वाले फिट्जराल्ड ने उमर खैयाम की रूबाइयों का अनुवाद किया है जो संसार भर में प्रसिद्ध हुआ है। इसलिए यह कहा जा सकता है कि पूर्ण रूप से किसी भाषा की महत्त्वपूर्ण रचना से अपरिचित रहने की अपेक्षा उसके भावपक्ष एवं कला पक्ष के बारे में अधूरा ज्ञान भी अपेक्षणीय नहीं है। हाँ, यह सत्य है कि समर्थ के हाथों में पकड़कर अनुवाद मूल के सौन्दर्य की अभिव्यक्ति में चार चांद लगा देता है, वही असमर्थ के हाथों में पड़कर अर्थ का अनर्थ भी कर देता है।

अनुवाद को सफल रूप देने में 'पुनरीक्षण' का महत्त्वपूर्ण स्थान है। लक्ष्य भाषा के विद्वान कवि या लेखक को सुनाकर (प्रकाशन से पूर्व) यथोचित संशोधन करने में संकोच नहीं करना चाहिए। इससे अनूदित कृति प्रामाणिक सिद्ध होगी।[2]

भारतीय ज्ञानपीठ पुरस्कार के विजेता डॉ॰ सी॰ नारायण रेड्डी जी ने अनुवाद को पुनःसृष्टि या पुनःसर्जन कहा है। क्योंकि अनुवाद मूल की हूबहू प्रतिकृति न होकर, कलात्मक ढंग से प्रस्तुत की गयी चित्रकला होती है। अनुवाद मूल-कृति की भाषा रूपी बाह्य-आवरण को तज कर, उसके आत्मगत सौन्दर्य को प्रस्तुत करने वाला होता है। सफल अनुवाद, अनुवाद-सा प्रतिभासित होते हुए भी, कलात्मक सौन्दर्य से संयुक्त होकर, मूल रचना के समान प्रभावशाली होता

है । इसीलिए अनुवाद को कला की श्रेणी में रखा गया है ।

भारतीय संस्कृति एवं साहित्य की एकात्मकता अकाट्य तथ्य है । संस्कृत, पालि, प्राकृत, अपभ्रंश आदि भाषाओं ने इस एकात्मकता को बनाये रखा था। ऐतिहासिक एवं राजनैतिक कारणों से हिन्दी भाषा ने अपने विभिन्न रूपों में इस उत्तरदायित्व को सँभाला है । यह आश्चर्यजनक तथ्य है कि अंग्रेजों के आगमन के पूर्व हमारे देश के सभी प्रान्तों में द्विभाषा-सूत्र का प्रचलन था । प्रादेशिक भाषा के साथ राष्ट्रभाषा का गठबन्धन ![3] अंग्रेजों ने प्रादेशिक भाषा के साथ राष्ट्रभाषा के गठबन्धन को तोड़कर, राष्ट्रभाषा के स्थान पर अंग्रेजी को जनता के सिर पर लाद दिया । हमारे देश के लिए त्रिभाषा-सूत्र की अपेक्षा द्विभाषा-सूत्र ही उपयुक्त है । ऐसी परिस्थितियों में भावात्मक एकता के साधक साहित्यकारों का यह दायित्व हो जाता है कि प्रादेशिक भाषाओं के साहित्य का राष्ट्रभाषा हिन्दी में और हिन्दी के साहित्य को प्रादेशिक भाषाओं में उपलब्ध करा दें । प्रादेशिक भाषाओं के साहित्य का हिन्दी में उपलब्ध होने से वह अन्य प्रादेशिक भाषाओं में सुलभ हो सकता है ।

अब हम हिन्दी और तेलुगू में परस्पर अनुवाद की प्रक्रिया में प्रस्तुत होने वाली समस्याओं पर विचार करेंगे ।

हिन्दी और तेलुगू दो भिन्न परिवारों की भाषाएँ हैं । हिन्दी आर्य परिवार की भाषा है जबकि तेलुगू द्रविड़ परिवार की । उत्तर और दक्षिण के संगम-स्थान पर स्थित होने के कारण आन्ध्र प्रदेश की भाषा और साहित्य पर संस्कृत भाषा का अत्यधिक प्रभाव पड़ा है । यह प्रभाव इतना अधिक है कि आन्ध्र प्रदेश के भाषाविदों के दो प्रमुख सम्प्रदाय बन गये हैं । कुछ विद्वान यह मानते हैं कि तेलुगू संस्कृत-जन्य है तो दूसरे सम्प्रदाय के विद्वान दक्षिण की चार प्रधान भाषाओं को मूलतः द्रविड़ परिवार की मानते हैं । कुछ विद्वान मध्यम मार्ग का अनुसरण करते हुए यह मानते हैं कि मूलतः द्रविड़ परिवार से सम्बद्ध होने पर भी, अपनी सहोदरियों से बहुत प्राचीन काल में ही अलग होकर, संस्कृत भाषा और साहित्य से तेलुगू भाषा इतनी प्रभावित हो गयी कि मानो वह आर्य परिवार की गोद में चली गयी । फिर भी आर्य परिवार की भाषाओं की तुलना में तेलुगू भाषा की प्रकृति में—वाक्य रचना, शब्दावली छन्दोविधान, सन्धिविधान आदि में—समानता नहीं है । इसीलिए हिन्दी और तेलुगू में अनुवाद करने वाले को प्रथमतः भाषागत इन विशिष्टताओं से सुष्ठु परिचय रखना चाहिए ।

हिन्दी और तेलुगू की वाक्य रचना का क्रम, मुख्य रूप से परोक्ष कथन में, एकदम उलटा है । उदाहरण के लिए तेलुगू के वाक्य में "मैं आता हूँ, कहकर उसने कहा", ऐसा होता है तो हिन्दी में इसी वाक्य का रूप निम्नलिखित प्रकार से होता है :

'उसने कहा कि मैं आऊँगा।'

तेलुगू में, विशेष रूप से प्राचीन तेलुगू में, असमापक क्रिया (कृदन्त) का प्रयोग करके लम्बे-लम्बे वाक्य लिखने की प्रथा है। इस प्रकार लम्बे वाक्य लिखना हिन्दी भाषा की प्रकृति के अनुरूप नहीं है। इसलिए अनुवादक को लम्बे-लम्बे वाक्यों को छोटे-छोटे वाक्यों में लिखना समुचित होगा।

अब शब्दावली को लें।

तेलुगू के देशी शब्दों को छोड़ दें तो संस्कृत के तत्सम और तद्भव शब्दों के अर्थों में हिन्दी और तेलुगू में भिन्नता है। अनुवादक को हिन्दी और तेलुगू में प्रयुक्त कतिपय तत्सम और तद्भव शब्दों के अर्थ की भिन्नता पर ध्यान देना चाहिए। वरन् अर्थ का अनर्थ हो जाने की आशंका है। मैंने ऐसे समान स्रोत वाले और समान रूप वाले, पर भिन्नार्थ रखने वाले लगभग दो सौ शब्दों का संकलन किया है। उदाहरण के लिए 'अनर्गल' शब्द को लीजिए। हिन्दी में इस शब्द का अर्थ 'बकवास' होता है तो तेलुगू में 'धारा प्रवाह' अर्थात् बाधा रहित। दोनों भाषाओं में मूल संस्कृत की दो अर्थच्छायाओं को ग्रहण किया गया है। ये अर्थच्छायाएँ उन-उन भाषाओं में रूढ़ बन गयी हैं।

कुछ ऐसे संस्कृत शब्द हैं जो तेलुगू में बहुप्रचलित हैं, तो हिन्दी में उनका प्रचलन न के बराबर है। यथा, लवित्र। संस्कृत के इस शब्द का अर्थ 'दराती' या 'हँसिया' है। इस तत्सम शब्द का प्रयोग तेलुगू में उसी अर्थ में होता है। भगवान को या भगवान के नाम को 'पापलतालवित्र' कहने की प्रथा है। अर्थात् पापरूपी लता के लिए लवित्र समान। यदि अनुवादक इसे संस्कृत का तत्सम शब्द मानकर, हिन्दी में प्रयोग करें तो हिन्दी भाषी पाठक उसे आसानी से समझ नहीं पायेंगे।

अरबी-फारसी से तेलुगू में आगत कतिपय शब्दों के रूप और अर्थ में परिवर्तन हो गया है। अनुवादक को इस प्रकार के अर्थ परिवर्तन पर भी ध्यान देना चाहिए।

संस्कृत के प्रभाव के कारण तेलुगू में कई शब्दों से युक्त लम्बे-लम्बे समास लिखने की परिपाटी है। लेकिन हिन्दी में दो या तीन शब्दों से बढ़कर समास का प्रयोग करना भाषा की प्रकृति क अनुकूल नहीं है। इसलिए अनुवादक को हिन्दी में लम्बे समासों के स्थान पर छोटे-छोटे समासों का प्रयोग करना चाहिए।

हिन्दी में विशेष्य के लिंग वचन के अनुसार विशेषण में परिवर्तन होता है। लेकिन तेलुगू में ऐसा नहीं होता।

तेलुगू में शब्दों के अन्त में आने वाले स्वर का पूरा उच्चारण होता है। इसीलिए तेलुगू को 'अजंत' अर्थात् स्वरान्त भाषा कहते हैं। हिन्दी हलंत भाषा

है। अर्थात् शब्द क अन्त में आने वाले स्वर का उच्चारण नहीं होता। ध्वनियों और उनके उच्चारण की विशिष्टता लिप्यन्तरण में समस्याएँ पैदा करती हैं। विशेष रूप से तेलुगू के संज्ञा पदों को देवनागरी लिपि में लिखते समय इस समस्या को हल करने के अनेक प्रयास किये गये। उदाहरण के लिए नन्नय्या, तिक्कन्न को लीजिए। नन्नय और नन्नय्य और तिक्कन और तिक्कन्न इन संज्ञा पदों के अन्त में आने वाले स्वर का पूरा उच्चारण होना चाहिए।

इसी प्रकार तेलुगू में 'ए' और 'ओ' के ह्रस्व रूप प्रचलित हैं। तेलुगू में 'ए' और 'ओ' का उच्चारण ह्रस्व रूप में भी होता है। वेंकटेश्वर में 'वे' का उच्चारण ह्रस्व रूप में ही होना चाहिए। इसलिए ह्रस्व 'ए' और 'ओ' के लिए अलग लिपि चिह्न बनाने चाहिए।[4]

तेलुगू में साधारणतया वाक्य के मध्य में आने वाले स्वर का उच्चारण नहीं होता। यदि दो स्वर हैं तो पूर्व स्वर का लोप होकर, उत्तर-स्वर पूर्व व्यंजन में मिल जाता है। यथा 'नाकु+अन्नमु'='नाकन्नमु' हो जाता है। अनुवादक को इस स्वरलोप के बारे में अत्यधिक सावधानी बरतनी चाहिए।

इसके अतिरिक्त नकारान्त शब्द के बाद आने वाले सरल अक्षर (क, च, ट, त, प) परूष अक्षर (ग, ज, ड़, द, ब) में अर्थात् वर्ग प्रथम अक्षर वर्ग तृतीय अक्षर में बदल जाता है। यथा कोडलु (बहू) इस नियम के अनुसार गोडलु (दीवारें) बन जाता है। इस अक्षर-परिवर्तन से भी अर्थ में परिवर्तन हो जाता है। अनुवादक को इस अक्षर परिवर्तन को बड़े ध्यान से समझना होगा।

तेलुगू में 'ने' प्रत्यय का प्रयोग नहीं होता। 'ने' के प्रयोग से हिन्दी वाक्य में होने वाले परिवर्तनों पर भी अनुवादक को ध्यान रखना चाहिए।

तेलुगू में स्त्रीलिंग, पुंलिंग, नपुंसकलिंग हैं। जबकि हिन्दी में स्त्री, पुंलिंग दो ही लिंग हैं। हिन्दी में लिंग विधान, संस्कृत के समान शब्द के रूप में आधारित है। शब्द के लिंग का निर्धारण करने वाले जितने नियम हैं, सब अपवादों से भरे हुए हैं। अहिन्दी भाषी के लिए शब्दों के लिंग का निर्णय करना कठिन हो जाता है। एक ही शब्द के दोनों लिंगों में भिन्न-भिन्न अर्थ भी हो जाते हैं। यथा, 'हार' का पुंलिंग में अर्थ 'पुष्पमाला' है तो स्त्रीलिंग में 'पराजय'। हिन्दी में वह, यह आदि सर्वनाम स्त्री और पुंलिंग दोनों के लिए समान रूप से प्रयुक्त होते हैं। तेलुगू में पुंलिंग, स्त्रीलिंग और नपुंसकलिंग के लिए अलग-अलग शब्द हैं। अनुवादक को इस बात पर ध्यान रखकर, वाक्य रचना करनी चाहिए। लिंग भेद को व्यक्त करने का कोई न कोई प्रयास करना चाहिए।

मुहावरे और लोकोक्तियों में भाषा की प्राण शक्ति निहित है। ये प्रत्येक भाषा के सौन्दर्यवर्धक और प्रभाववर्धक तत्व होते हैं। इनका अनुवाद करत समय अनुवादक को सावधानी बरतनी पड़ती है।

इतनी भूमिका के बाद अनुवाद की प्रक्रिया की व्यावहारिक समस्याओं पर प्रकाश डालना समुचित होगा।

काव्यानुवाद करते समय तीन पद्धतियों का अनुसरण किया जा सकता है।

हिन्दी और तेलुगू का छन्दोविधान एकदम भिन्न है। यद्यपि तेलुगू और हिन्दी में संस्कृत के वर्णवृत्तों का प्रयोग होता है और मात्रिक छन्दों का प्रचलन है, फिर भी भाषा की प्रकृति के अनुसार गति और लय में भिन्नता है। इसलिए छन्दोबद्ध अनुवाद करने का प्रयास सुसंगत नहीं होगा। यदि कोई अनुवादक तेलुगू में दोहा छन्द लिखने का प्रयास करें तो तेलुगू का पाठक दोहा छन्द की गति और लय से अपरिचित रहने के कारण रसास्वादन करने में अपने-आपको असमर्थ पायेगा। इसी प्रकार तेलुगू में लिखे गये किसी वर्णवृत्त को, उसी प्रकार हिन्दी में वर्ण वृत्तों में—लिखने का प्रयास करें तो वह भी रसास्वादन में बाधक ही सिद्ध होगा। इसलिए मूल के अर्थ और शब्द सौन्दर्य को बनाये रखते हुए, मुक्त छन्द में अनुवाद करना उत्तम होगा।

जब मूल रचना का लिप्यन्तरण भी प्रस्तुत करना होगा तब गद्यानुवाद करना ही सबसे अच्छा होगा। इस प्रकार के अनुवाद में अनुवादक को कभी-कभी अपनी ओर से कुछ जोड़ने की और कुछ समझाने की आवश्यकता पड़ सकती है। उस समय कोष्ठकों का प्रयोग करना चाहिए। इस प्रकार का मूल-निष्ठ अनुवाद लक्ष्य भाषा की प्रकृति का शतप्रतिशत अनुकरण नहीं कर सकेगा। जहाँ मूल का लिप्यन्तरण नहीं दिया जाता, वहाँ अनुवादक लक्ष्य भाषा की प्रकृति को ध्यान में रखकर, मूल के भाव-सौन्दर्य को प्रस्तुत करने का प्रयास कर सकता है। इस विधान में वह मूल के शब्द सौन्दर्य को भी प्रस्तुत करने का यथासम्भव प्रयास कर सकता है।

कहानी, उपन्यास, नाटक आदि गद्य की अन्य विधाओं के अनुवाद में लक्ष्य भाषा की प्रकृति के अनुसार विषय-वस्तु को प्रस्तुत करना चाहिए। इस क्षेत्र में स्रोत भाषा में प्रयुक्त विशिष्ट प्रयोगों को लक्ष्य भाषा की प्रकृति के अनुरूप प्रस्तुत करना चाहिए। इस क्षेत्र में शब्द की अपेक्षा भाव-सम्प्रेषण का महत्त्व-पूर्ण स्थान होता है। हाँ, इस क्षेत्र में शीर्षकों का अनुवाद समस्या पैदा करता है। स्रोत भाषा में प्रस्तुत शीर्षक के व्यंग्य-वैभव को समझ कर, उसी प्रकार के शीर्षक प्रस्तुत करने लिए प्रयास करना पड़ता है।

तेलुगू में छोटे बच्चों को लाड़-प्यार के कारण 'दोर बाबू' कहते हैं। 'दोर बाबू' का शाब्दिक अर्थ होता है, "साहब का (वह भी गोरे) लड़का", हिन्दी में उसका पर्यायवाची शब्द 'राजा बेटा' है।

एक तेलुगू कहानी का शीर्षक है, "एक फूल खिला" लेकिन कहानी में तेलुगू भाषा की प्रकृति के अनुसार फूल स्त्रीलिंगवाची शब्द है। सारी कहानी 'फूल'

के स्त्रीत्व पर आधारित है। तेलुगू में समस्त जड़ पदार्थों और अप्राणिवाचकों को स्त्रीलिंग माना जाता है। इस कहानी के शीर्षक को हिन्दी भाषा की प्रकृति के अनुरूप 'एक कली खिली' किया गया, कथावस्तु की सौन्दर्याभिव्यक्ति की रक्षा करने के लिए।

हिन्दी की एक श्रेष्ठ कहानी है 'पगडंडी'। इसमें पगडंडी को स्त्री, रामू के कुएँ को पुरुष, वटवृक्ष को बट दादा के रूप में ग्रहण किया गया। अब इस कहानी का तेलुगू में अनुवाद करना असम्भव ही है। क्योंकि तेलुगू में कुआँ और वृक्ष के पर्यायवाची शब्द स्त्रीलिंग में ही होंगे।

वैज्ञानिक विषय सम्बन्धी अनुवादों की अपनी समस्याएँ होती हैं। इनमें विषय का ज्ञान प्राथमिक महत्त्व का होता है। दूसरी समस्या पारिभाषिक शब्दों की है। पारिभाषिक शब्दों के अनुवाद में बड़ी सावधानी बरतनी पड़ती है।

निष्कर्षतः हम कह सकते हैं कि अनुवाद का काम तलवार की धार पर चलने के समान होता है। लक्ष्य भाषा की प्रकृति के अनुरूप मूल के कथ्य को अपरिवर्तित रूप में सम्प्रेषित कर सकने में ही अनुवादक की सफलता है। एडवर्ड मार्श ने कहा था कि सफल अनुवादक ईमानदार दर्जी के समान होता है, जो कपड़े को काट-छाँट कर, नाप-तौल कर, पहनने योग्य कुर्ता बनाता है। अनुवाद ठीक न होने पर अनूदित कृति प्रभावशाली और सुपाठ्य तो होती नहीं वरन् मूल कृति के सौन्दर्य और उद्देश्य को भी नष्ट करने वाली होती है। इसलिए अनुवादक को सतत अभ्यास करते हुए, अपने ज्ञान की वृद्धि करते हुए, ईमानदारी के साथ प्रयत्न करना चाहिए।

यह कहने में कोई अत्युक्ति नहीं है कि वर्तमान परिस्थितियों में, भावात्मक एकता की साधना के क्षेत्र में, अनुवाद का महत्त्वपूर्ण स्थान है। विभिन्न भारतीय भाषाओं को परस्पर एक-दूसरे के निकट लाने का और साहित्य की मूलभूत परम्पराओं से परिचित कराने में, आदान-प्रदान के क्षेत्र में, अनुवाद का विशिष्ट योगदान है। तुलनात्मक अध्ययन अनुवाद की भित्ति पर ही आधारित है।

महीयसि महादेवी वर्मा का कथन है कि "अपरिचय जनित सन्देह और अविश्वास तथा अर्ध परिचय जनित भ्रान्तियाँ हमारे सांस्कृतिक आकाश पर सघन होती जा रही हैं। राजनीतिक दलों के संघर्ष हमारे जीवन की सहज सहानुभूति को सुखा-सुखाकर, उसकी वह दशा कर रहे हैं जो जल की तरलता के अभाव में नदी के तल की होती है। ××× बुद्धि के प्रति बुद्धि को उदार बनाने के लिए, हृदय को हृदय के निकट लाने के लिए हमें एक बार उन विचारकों तथा साहित्यकारों की अनिवार्य आवश्यकता है, जिनका साध्य जीवन का सामंजस्य और साधन सम्वेदनशीलता है।" अनुवाद और तुलनात्मक अध्ययन

इसी धरातल पर, सामंजस्यं तथा संवेदनशीलता के आधार पर, अनेकता में निक्षिप्त एकता को अभिव्यक्ति प्रदान करते हैं, जो आज की परम आवश्यकता है।

संदर्भ ग्रन्थ व लेख

1. विषय ज्ञान के सम्बन्ध में या शब्द-चयन के सम्बन्ध में अनुवादक को अधिकारी विद्वान से सहयोग प्राप्त करने में कदापि संकोच नहीं करना चाहिए।
2. देखिए 'विश्वम्भरा' (मूल डॉ० सी० नारायण रेड्डी, अनु: डॉ० निर्मल) की भूमिका—प्रकाशक, भारतीय भाषा परिषद्, कलकत्ता।
3. तेलुगू भाषी हिन्दी नाटककार : पं० पुरुषोत्तम कवि—डा० भीमसेन निर्मल, प्रकाशक, हिन्दी साहित्य भण्डार, लखनऊ।
4. देखिए भुवनवाणी ट्रस्ट, लखनऊ द्वारा प्रकाशित 'रंगनाथ रामायण' की भूमिका।

वेदकुमार वेदालंकार

समस्याएँ (2)

'अनु' उपसर्ग एवं 'वाद' संज्ञा के संयोग से अनुवाद शब्द बना है। 'अनु' उपसर्ग से पीछे आने या जाने का भाव सूचित होता है। यथा—अनुगमन, अनुकरण आदि। अनुवाद शब्द से भी स्पष्ट ध्वनित होता है कि अनुवादक को मूल रचनाकार के पीछे आना अथवा जाना है। वह मूल रचना के विचारों, भावों एवं आशय से बँधा होता है। किन्तु केवल मूल लेखक के पदचिह्नों पर पग रखते चलना मात्र यहाँ अभिप्रेत नहीं है। आशय है—दिशा की ओर अनुगमन करना, लेखक के आशय एवं लक्ष्य के प्रति गतिशील होना।

इस प्रकार अनुवादक की पहली समस्या यही है कि वह स्वतन्त्र है भी—नहीं भी है। बन्धन में है—मुक्त भी है। उसे मूल-रचना के भाव एवं अभिव्यंजन की सीमाओं में सीमित रहना है, अपनी स्वतन्त्र-सृजनशील प्रतिभा का उपयोग भी उन्हीं सीमाओं के भीतर करना है। अवश्य ही यह एक कठिन कार्य है—विचित्र स्थिति है—मुक्त भी, बद्ध भी। यदि कहा जाये कि अनुवाद-कार्य मूल लेखन से कठिनतर है, तो सम्भवतः अतिशयोक्ति न होगी। मूल लेखक अपनी रुचि, इच्छा के अनुसार शब्द, भाव, वाक्य आदि को बदल सकता है—काट-छाँटकर सजा-सँवार सकता है, मनचाहे रूप-रंग को आकार दे सकता है, जबकि अनुवादक को मूल आशय से बँधे रहना है। व्यक्त आशय को अपने शब्दों में ढालना है। कई बार तो यह कार्य मूल लेखन से भी कठिन जान पड़ता है। शिशु को जन्म देने की अपेक्षा उसका लालन-पालन सम्भवतः अधिक दुष्कर है।

अनुवाद के लिए सुयोग्य रचना का चुनाव अनुवादक की दूसरी समस्या है। नाटक, उपन्यास, कहानी आदि साहित्य की विविध विधाओं में कौन-सी विद्या अपनी सृजनक्षमता के अनुरूप है, इसका उसे पहले ही निर्णय कर लेना है। चुनाव में भूल हुई, तो अनुवाद समस्या का पर्वत बन जायेगा। कथा-साहित्य एवं निबन्ध दोनों साहित्य-विधाएँ हैं, किन्तु दोनों का स्वरूप एवं शैली भिन्न है। उपन्यास का सुचारु-सुन्दर अनुवाद करने वाला अनुवादक निबन्ध एवं नाटक के प्रति अपनी कलात्मकता को मोड़ पायेगा—अवश्य ही सन्देहास्पद बात है।

अतः अनुवादक को अपनी रुचि, शब्दसम्पदा, भाषा पर अधिकार आदि बातों पर विचार करके ही साहित्य-विधा का चुनाव करना चाहिए।

अनुवाद की तीसरी समस्या है—मूल रचना के वातावरण के यथार्थ को अनूदित कृति में ज्यों का त्यों चितारना। प्रसिद्ध भाषाविज्ञ श्री रामचन्द्र वर्मा ने कहा है, "अनुवाद वस्तुतः वही अच्छा होता है, जिसमें मूल की सब बातें ज्यों की त्यों आ जायँ। न तो मूल की कोई बात छूटने पावे और न बिगड़ने पावे।" (अच्छी हिन्दी—पृष्ठ 254) केवल भाषा का रूपान्तर, पर्यायवाची शब्दों का प्रस्तुतीकरण तथा आशय का वर्णन कर देने भर से अनुवाद पूर्ण नहीं हो सकता। किसी देश अथवा समाज के रीति-रिवाज, सभ्यता-संस्कृति, तीज-त्यौहार आदि का सजीव चित्रण करना अनुवादक के परीक्षा की घड़ी होती है। पर्व-उत्सवादि के ऐसे स्थलों में केवल शब्द की अभिधा-शक्ति से काम नहीं चलता। लाक्षणिक शब्दावली तथा 'गागर में सागर' वाली शैली से वातावरण की सजीवता को यथावत् प्रस्तुत करना सम्भव है। यदि आवश्यक जान पड़े, तो ऐसे स्थलों को मूल की अपेक्षा अधिक वाक्यों का सहारा लेकर स्पष्ट करना उपादेय होता है। मराठी उपन्यास के 'मुढी-पाडवा' अथवा 'पोत नाचविणे' जैसे पर्व एवं प्रथा को स्पष्ट करने के लिए हिन्दी-अनुवाद में एक शब्द अथवा एक वाक्य पर्याप्त नहीं हो सकता। उसे अधिक वाक्यों द्वारा पाठकों तक शब्द चित्र के रूप में प्रस्तुत करना होगा।

अनुवादक के लिए यह तो नितान्त आवश्यक ही है कि उसे मूल भाषा तथा अनुवाद-भाषा दोनों का समृद्ध ज्ञान हो, दोनों पर अधिकार हो, तथापि उसमें अनुवाद-भाषा के बारे में आत्मविश्वास एवं अभिव्यक्ति की सक्षमता का होना भी परमावश्यक है। सामान्य स्थिति में अनुवाद-भाषा अनुवादक की मातृभाषा होती है। क्योंकि उसके सोचने-विचारने की क्रिया उसी में होती है। है। तथापि कुछ असामान्य प्रतिभा सम्पन्न व्यक्तियों की दोनों या अधिक भाषाओं में समान रूप से गति होती है। ऐसे व्यक्ति इस स्थापना के अपवाद माने जाने चाहिए। यदि अनुवाद-भाषा मातृभाषा से भिन्न है, तो वह अध्ययन तथा अभ्यास से अर्जित भाषा बन जाती है। कई बार इसीलिए ऐसी अनुवाद-भाषा में शरीर तो होता है, आत्मा खोयी-सी लगती है। मातृभाषा की स्थिति में ममता तथा निजत्व का रूप स्वयमेव निखर आता है।

प्रभूत शब्द-सम्पदा तथा पर्यायवाची शब्दों का समृद्ध भण्डार अनुवादक के लिए परम आवश्यक ही नहीं, अनिवार्य भी है। विशेषकर कहावतों तथा मुहावरों का अनुवाद करने में तो और भी अनिवार्यता बन आती है। समानार्थी तथैव तत्सम प्रभावशाली लाक्षणिक शब्द अथवा कहावत-मुहावरा अत्यन्त आवश्यक होता है। मराठी कहावत 'खायला काळ अन भुईला भार' को हिन्दी में

'काम का ना काज का, दुश्मन अनाज का' कहना कितना व्यंजक एवं उपयुक्त है ! 'तुणतुणें वाजविणें (अपना ही राग अलापना); तोंडात शेण घालणें (मुँह पर थूकना); मांजर आडवे येणें (बिल्ली रास्ता काट जाना) आदि मराठी मुहावरों का समानार्थी तथा उसी के समान प्रभावोत्पादक हिन्दी मुहावरा हो, तभी अनुवाद सशक्त बन पाता है।

अनुवादक को तत्सम शब्दों का प्रयोग भी अत्यन्त सावधान होकर करना चाहिए। अन्यथा मराठी और हिन्दी में 'चेष्टा', 'शिक्षा' जैसे तत्सम शब्दों का अशुद्ध प्रयोग कितना हास्यास्पद हो जायेगा ! संस्कृत के कई शब्द मराठी में भी तत्सम रूप से प्रचलित हैं, किन्तु हिन्दी में अप्रचलित हैं। तत्सम होते हुए भी हिन्दी में वे शब्द अनुपयोगी तथा प्रकृति-विरोधी हो गये हैं। 'अंगवस्त्र', 'उपमर्द', 'जीव', 'देव' आदि शब्द मराठी और हिन्दी दोनों में तत्सम हैं, तथापि हिन्दी के लिए या तो अनुपयुक्त हैं अथवा भिन्न अर्थ के सूचक बन गये हैं।

तद्भव शब्दों के बारे में ऐसी स्थिति नहीं बनती। तद्भव शब्द भाषा के अपने शब्द होते हैं। अतः किसी भी आशय एवं विचार को अपने निजी सामर्थ्य से प्रकट करने की क्षमता रखते हैं। सगाई, आँचल, तगड़ा, सुनहरा जैसे तद्भव तथा देशज शब्द कितना अपनापन लिये हैं, यह सहज ही अनुभव किया जा सकता है। तद्भव तथा देशज शब्दों के अधिकाधिक प्रयोग से अनुवाद सजीव हो उठता है—अनुवाद केवल भाषान्तर न होकर स्वतन्त्र-सृजन बन जाता है। आवश्यक होने पर अनुवादक नये शब्द गढ़कर भी अपनी समस्या स्वयं हल कर सकता है। नये शब्दों की सृजनशीलता से अनुवादक शब्दसम्पदा तो अधिक समृद्ध करता ही है, मूल के आशय को भी अधिक प्रभावशालिता से व्यक्त कर लेता है।

अनुवाद की स्वयं में एक स्वतन्त्र प्रक्रिया है। मूल भाषा के एक वाक्य अथवा अनुच्छेद को लेकर वाक्य के अनुसार वाक्य लिखते जाना मात्र अनुवाद नहीं कहाता। अनुवाद अनुवाद न लगे, मौलिक रचना लगे, यही तो अनुवाद की खरी कसौटी है। श्री रामचन्द्र वर्मा कहते हैं, "यदि हम कोई अनुवाद पढ़कर मूल का ठीक-ठीक आशय और भाव समझ लें, पर यह न समझ सकें कि यह अनुवाद किस भाषा से किया गया है, तो हमें मानना पड़ेगा कि यह अनुवाद सचमुच बहुत अच्छा हुआ है, और नहीं तो नहीं।" (अच्छी हिन्दी, पृष्ठ 255) शब्द के स्थान पर शब्द अथवा वाक्य के स्थान पर वाक्य रखते जाना मक्खी पर मक्खी मारते जाना' कहलायेगा। 'मेरा सिर चकरा रहा है' को 'My Head is eating circles' कहना कितना हास्यास्पद प्रयोग होगा !

अनुवाद की स्वतन्त्र-प्रक्रिया इस प्रकार होनी चाहिए कि अनुवादक पहले मूल भाषा की पूरी कृति (उपन्यास, कहानी, निबन्ध आदि) को ध्यानपूर्वक

पढ़े। उसकी आत्मा तथा कलेवर को पहचाने। पुनः एक वाक्य या एक अनुच्छेद को पढ़े तथा उस वाक्य या अनच्छेद के आशय के साथ सहभाव स्थापित करे। पुनः अनुवाद-भाषा में वाक्य लिखे—यों अनुच्छेद पूरा करे और फिर एक बार नये सिरे से अनूदित रूप को अनुवाद-भाषा के चश्मे से पढ़े। ऐसा करते समय यदि कहीं जाने-अनजाने मूल भाषा का शब्द, उसकी वाक्य-रचना अथवा छाया का प्रभाव रह गया हो, तो तुरन्त खटकने लगता है। ऐसी अशुद्ध अनात्मीय छाया को दूर किया जा सकता है।

मूल रचना के आंचलिक प्रसंगों तथा संवादों का अनुवाद करना तो सम्भवतः अनुवादक की सबसे कठिन समस्या है। जो उपन्यास, कहानी आदि आंचलिक, ग्रामीण अथवा बोली-भाषा में लिखे जाते हैं, उनका उल्था अनुवाद-भाषा में करना यदि असम्भव नहीं, तो अति दुष्कर अवश्य है। ऐसी दशा में समुचित उपाय यही होगा कि मूल की आंचलिकता को ध्यान में रखकर अनुवाद-भाषा के किसी आंचलिक रूप को अपना लिया जाये। मराठी के ग्रामीण बोली रूप को मुन्शी प्रेमचन्द जी की ग्रामीण भाषा-शैली में रूपान्तरित किया जा सकता है। यह भी एक उपाय सुझाया जा सकता है कि मूल की देशी बोली को अनुवाद-भाषा की ही किसी एक बोली में अनूदित कर दिया जाय। जैसे मराठवाड़ा प्रदेश की आंचलिक बोली की स्वाभाविकता बनाये रखने के लिए हिन्दी-प्रदेश की ब्रजभाषा अथवा बाँगडू बोली को अपना लिया जाये। अवश्य ही ऐसे प्रयोग से मूल की यथार्थता एवं स्वाभाविकता भी बनी रह सकती है।

प्रत्येक साहित्य-विधा की शैली भिन्न होती है—फिर यह शैली भी प्रत्येक लेखक के अनुसार रूप बदलती है। शैली की इस विविधता को अनुवादक अनुवाद में भी बनाये रख सके, यह उसकी अनुवाद-कला की चरम परीक्षा है। मूल कथा के वर्ण्य आशय को, उद्देश्य को अनुवाद-भाषा में कह देना एक भाषा स्वामी के लिए सम्भव है, तथापि मूल की शैली को, वर्णनात्मक या भावात्मक शैली रूप को अनुवाद में बनाये रख पाना अनुवादक की सबसे बड़ी विजय कही जायेगी। मुन्शी प्रेमचन्द की 'बूढ़ी काकी' अथवा 'सवा सेर गेहूँ' कहानी को मराठी या बंगला में वर्णित कर देना भर पर्याप्त नहीं है। प्रेमचन्दीय भाषा-शैली को अनुवाद-भाषा में उतार देना निस्सन्देह ही अनुवादक की कलात्मकता का परम उत्कर्ष बिन्दु माना जा सकता है। सम्भवतः शैली की इतनी परिपक्वता तथा तद्रूपता ही अनुवाद-प्रक्रिया की अथवा अनुवाद-कला के विकास की अन्तिम सीढ़ी है।

गद्य तथा पद्य दोनों की अनुवाद-धारा दो भिन्न पाटों से होकर बहती है गद्य का सफल अनुवादक पद्य में भी सफल हो, यह आवश्यक नहीं। उल्था करके अथवा रूपान्तरित करके भी गद्य का उत्तरदायित्व कुछ सीमा तक निभ भी

सकता है, किन्तु कविता का अनुवाद करते समय भावात्मकता, लय एवं गति का संयम बनाये रखना कठिन कर्म है। पद्य का छन्दोबद्ध रूप तो और भी कठिन कर्म है। मात्राओं, वर्णों की सीमा में रहते हुए मूल पद्य को अनूदित काव्य-रूप में ला पाना अवश्य ही श्रेष्ठ कलात्मकता की अपेक्षा रखता है। और भी—मूल काव्य के छन्द को अपनाकर पद्यानुवाद करना भी अति कठिन है। काव्यानुवाद करना इसीलिए अनुवादक के लिए विकट समस्या बन जाती है। जहाँ तक छन्द का प्रश्न है, यह आवश्यक नहीं कि मूल भाषा के छन्द को ही अपनाया जाये। हिन्दी के अथवा अनुवाद-भाषा के अपने छन्दों को अपनाना ही अधिक समीचीन एवं प्रकृति-अनुरूप लगेगा। सन्त तुकाराम का अभंग छोटा-सा छन्द है, किन्तु हिन्दी में अनदित करते समय गीतिका, दोहा, सोरठा जैसे निजी छन्द को ही अपनाना काव्यानुवाद के लिए स्वाभाविक लगेगा।

अनुवाद की समस्या वस्तुतः समस्या नहीं है। 'करत करत अभ्यास के' जब जड़मति भी 'सुजान' बन जाता है, तो अनुवाद भी 'अनुगमन' न रहकर नूतन सृजन बन जाता है। अनुवादक भी साहित्य-कोष को हीरक-मणियों से भरी अपनी अंजलि से और अधिक समृद्ध कर देता है।

रमाकान्त आपरे

समस्याएँ (3)

विश्व की अनेक भाषाओं में कई विषयों पर आधारित अनेक प्रकार का साहित्य उपलब्ध होता है। आज के युग में सभी पाठकों को वह साहित्य पढ़ना असम्भव है ऐसी स्थिति में पाठक का अपने आप अनुवादित साहित्य की ओर खींचा जाना स्वाभाविक हो जाता है। आज के इक्कीसवीं सदी में तो अनुवादित साहित्य का महत्त्व इसी कारण बढ़ा है।

अलग-अलग भाषाओं के साहित्य का अनुवाद किसी दूसरी भाषा में करने की प्रक्रिया बहुत प्राचीन समय से शुरू है अर्थात् अनुवाद का इतिहास बहुत पुराना है। ईसवी पूर्व दूसरी सदी में रोजेटा प्रस्तर पर लिखा हुआ अनुवाद इसी बात का प्रमाण है। इसके सम्बन्ध में डॉ० सराफ और गोस्वामी कहते हैं कि—

"इसमें मिस्र की प्राचीन लिपियों में मिस्री इतिहास तथा संस्कृति विषयक मूल सामग्री प्रस्तुत है। तथा इसका यूनानी भाषा में अनुवाद भी दिया गया है।"[1]

भारत का प्राचीन इतिहास भी यह बताता है कि चीनी यात्री फाह्यान ने भारत आकर संस्कृत भाषा का अध्ययन किया और संस्कृत के कुछ ग्रन्थों का अनुवाद भी किया। हिन्दी साहित्य में भी अनुवाद की परम्परा बहुत पुरानी है। भक्तिकाल में महाकवि तुलसीदास जी से पहले के कवियों ने और बाद के कवियों ने अनुवाद कला को अपनाया। तुलसीदास जी ने भी संस्कृत के कुछ पदों का अनुवाद करके उन्हें रामचरितमानस में स्थान दिया है जैसे—

"यदा यदा हि धर्मस्य ग्लानिर्भवति भारत।
अभ्युत्थानम् अधर्मस्य तादात्मानं सृजाम्यहम ।।"

अनुवाद देखिए—

"जब जब होई धरम की हानी।
बाढ़ हि असुर महा अभिमानी ।

1. अनुवाद : सिद्धान्त एवं स्वरूप, सं० डा० सराफ/डा० गोस्वामी, पृष्ठ 76

तब तब धरि प्रभु मनुज सरीरा
हरहिं कृपानिधि सज्जन पीरा ॥"

उपर्युक्त उदाहरण इस बात का द्योतक है कि अनुवाद परम्परा अचानक आज ही विकसित नहीं हुई। उसका अपना एक गरिमामय इतिहास है। आधुनिक काल में भारतेन्दु जी ने अनुवाद साहित्य को और अधिक गरिमा प्रदान की है। उन्हीं के समय से यह विधा बड़े धड़ल्ले से विकसित हुई।

अनुवाद केवल भाषान्तर नहीं। उसके साथ-साथ उसमें सम्वेदनात्मकता आनी चाहिए। स्रोत भाषा के भाव, शब्द के बदले में लक्ष्य भाषा के शब्दकोशीय अर्थ प्रस्तुत करना भी अनुवाद नहीं होता। अनुवादक को इस बात का ध्यान रखना चाहिए कि अनुवाद यन्त्रवत न होकर उसके प्रतिभा का उद्घाटन करने में सहायक सिद्ध हो। हम आखिर अनुवाद किसे कहेंगे? अनुवाद का अर्थ यह है कि एक भाषा में व्यक्त विचारों को किसी दूसरी भाषा में परिमार्जित रूप देकर अभिव्यक्त करना अनुवाद है। या "किसी भाषा का साहित्य अन्य भाषा में रूपविज्ञान और वाक्यविज्ञान को ध्यान में रखकर रूपान्तरित करना अनुवाद है।"

आज अनुवाद की आवश्यकता इसलिए महसूस हो रही है क्योंकि अन्य भाषा में प्राप्त तकनीकी और वैज्ञानिक ज्ञान हम अनुवादित साहित्य के द्वारा हासिल कर सकें। अनुवाद ग्रन्थों का अध्ययन कर हम मानव-मानव में बन्धुत्व, साहचर्य और प्रेमभाव को बढ़ा सकें तथा अन्य देश, प्रान्तों में वर्णित संस्कृति, साहित्य, राजनीति आदि का ज्ञान प्राप्त करें। अनुवादित साहित्य दो कालखण्डों के बीच सेतू का काम करता है।

साहित्य निर्माण अपने आप में एक कला है, उसे विज्ञान के अन्तर्गत नहीं रख सकते। अनुवाद एक साहित्य विधा होने से उसे विज्ञान नहीं कह सकते। अनुवादक की शैली भी तो भिन्न-भिन्न होती है, जो विज्ञान के समान दृढ़ नहीं होती। तथा विज्ञान के समान सार्वभौम, सर्वश्रेष्ठ नहीं होती अतः अनुवाद को विज्ञान नहीं बल्कि कला कहा जाये।

अनुवाद विधा विज्ञान के अनुरूप चलती है इसलिए उसे विज्ञान मानते हैं। अनुवाद शैली को भाषाविज्ञान का सहारा लेना आवश्यक होता है। स्रोत भाषा का अनुवाद करते समय लक्ष्य भाषा के भाषाविज्ञान के अनेकविध अंगों को ध्यान में लिया जाता है अतः अनुवाद विज्ञान है।

अनुवाद पूर्ण रूप से विज्ञान है यह अस्वीकार करते हुए यही कहा जाता है कि अनुवाद एक कला है क्योंकि अनुवादक के स्वयं के कुछ मानदण्ड होते हैं जो विज्ञान के सिद्धान्तों के विपरीत होते हैं।

अनुवाद कार्य के बहुत से भेद हैं जिसमें कुछ इस प्रकार हैं—भावानुवाद,

छायानुवाद, शब्दानुवाद, गद्यानुवाद, पद्यानुवाद आदि। हम इस पर अधिक चर्चा न करते हुए "अनुवाद कला एवं समस्या" पर ही चर्चा करेंगे।

अनुवाद कला के कुछ सिद्धान्त तय हो चुके हैं जिनमें से कुछ महत्त्वपूर्ण सिद्धान्त इस प्रकार हैं—

सहजता—अनुवादक व्यक्तित्व की झलक न दिखाकर सहज सरल अनुवाद करें। अनुवाद पढ़ रहा हूँ यह आभास पाठक को न हो। इस ओर अनुवादक को ध्यान देना पड़ता है।

एकरूपता—अनुवादक को दोनों भाषाओं के साथ एकरूप होना आवश्यक है। इस बात को ध्यान में रखने वाला ही सफल अनुवादक बन सकता है अन्यथा नहीं।

प्रामाणिकता—अर्थ के साथ खिलवाड़ न करें और अर्थ का अनर्थ होने से बचायें।

असंदिग्धता—एक स्पष्ट अर्थ देने वाले परिमार्जित वाक्य तथा शब्द रखें।

यथार्थता—शब्द और उनके अर्थ को यथार्थ रूप में और प्रभावी ढंग से स्वेच्छाचार न करते हुए अपनायें। मूल साहित्य के प्रति निष्ठा रखकर अनुवाद करें। कहीं पर भी जोड़-तोड़ ना करें।

पारिभाषिक शब्द प्रयोग—अनुवाद में प्रयोग में लाये शब्द अर्थपूर्ण और प्रभावशाली हो।

ये सब अनुवाद के कुछ सिद्धान्त हैं।

अनुवाद की प्रक्रिया किस प्रकार होनी चाहिए यह देखते समय निम्न सोपानों को ध्यान में लिया जा सकता है—

मूलपाठ का बोधन—मूल भाषा और स्रोत भाषा का बोधन भाषिक संरचना और विषय तथा व्याकरण को ध्यान में रख कर करना चाहिए। स्रोत भाषा के अध्ययन के पश्चात् अनुवाद करें।

विश्लेषण—अनुवाद करते समय व्याकरण, शब्दार्थ तथा शब्दशक्ति को ठीक तरह से समझ लें। और अनुवाद करें।

भाषान्तरण—अनुवाद करते समय भाषान्तरण को सही अर्थ में ध्यान में रखें।

पुन:निरीक्षण—भाषान्तर का फिर से निरीक्षण करें।

समायोजन—सहज, सुलभ, सरल अनुवाद करें तथा उसमें स्रोत भाषा की छाप न पड़ने दें।

तुलना—अनूदित सामग्री की तुलना स्रोत भाषा की सामग्री से करें।

अनुवाद करते समय अनुवादक के सामने कई समस्याएँ आती हैं। उनमें से कुछ समस्याएँ इस प्रकार हैं।

अनुवाद करते समय अनुवादक के सामने सबसे पहले भाषा की समस्या खड़ी होती है। स्रोत भाषा में आये कई शब्दों के लिए लक्ष्य भाषा में शब्द प्राप्त नहीं होते, ऐसे शब्द हैं भी तो वे अपना प्रभाव नहीं जमा सकते। वैज्ञानिक तथा तकनीकी भाषा के ग्रन्थों का अनुवाद करते समय यह समस्या अक्सर उत्पन्न होती है। ऐसे समय अनुवादक अभीष्ट अर्थ को स्वीकार करके अनुवाद करता है जो कभी-कभी अस्पष्ट और अपूर्ण हो जाता है। ऐसी स्थिति में अनुवादक को दोनों भाषा के शब्दावली का पूर्ण ज्ञान होना आवश्यक है। साथ-साथ अनुवादक को भाषा के व्याकरण को ध्यान में रखकर अनुवाद करना पड़ता है। व्याकरण को छोड़कर किया अनुवाद हास्यास्पद हो जाता है।

मूल भाषा की ध्वनियाँ लक्ष्य भाषा में नहीं होती— ऐसी स्थिति में अनुवादक के लिए समस्या उत्पन्न होती है। तब उसे मूल उच्चारण ओर ध्वन्यात्मकता से परिचित होकर अनुवाद करना चाहिए।

अनुवादक को विषय का पूर्ण ज्ञान न होने से अनुवाद कार्य सहज, सुलभ और स्पष्ट नहीं होता। अतः अनुवादक को विषय का पूर्ण ज्ञान हो जिससे वह विषय की गहराई तक पहुँचकर तथ्य की जानकारी प्राप्त करा सकें। केवल दोनों भाषा का जानकार होना ही उसके लिए काफी नहीं है बल्कि विषय का सर्वज्ञ होना भी महत्त्वपूर्ण है।

शब्द चयन की समस्या अनुवादक को हमेशा सताती है। स्रोत भाषा के शब्दों के लिए लक्ष्य भाषा में शब्द चाहिए। यदि ऐसे शब्द प्राप्त नहीं होते तो मूल भाषा का भाव समझकर अनुवाद करना चाहिए। अथवा स्रोत भाषा के पारिभाषिक शब्दों के समकक्ष उपयुक्त शब्द लिए जायें जो प्रभावशाली हों। जिन शब्दों का चयन किया है उनसे मूल भाषा के भाव स्पष्ट हों अर्थात् सार्थक शब्दों का चयन करें। इसी कारण शब्द का चयन तथा उसके प्रभाव की ओर ध्यान देना आवश्यक है।

वाक्य का जो तत्त्व है सौन्दर्य का उसे अनुवादक दुर्लक्षित करता है जिससे काव्य का भाव नष्ट होता है। इसलिए सौन्दर्य तत्त्व को कायम रखकर अनुवाद करें।

हर भाषा की वाक्य-रचना अलग-अलग होती है। अनुवादक को वाक्य का मूल अर्थ और सन्दर्भ आदि को समझना चाहिए। विस्तृत वाक्यों को छोटा करके अनुवाद करना चाहिए।

शिल्प और शैली की समस्या अनुवाद में होती है। स्रोत भाषा से बढ़कर लक्ष्य भाषा में इसका क्षेत्र व्यापक होना चाहिए। स्रोत भाषा के शिल्प और शैली को बरकरार रखते हुए अनुवाद होना चाहिए।

अनुवादक को स्रोत भाषा के रूप और रचना विधान का जानकार होना

चाहिए। जिससे अनुवाद करते समय वह लक्ष्य भाषा के रचना विधान के अनुसार अनुवादित कर सके। रूप और रचना विधान से तात्पर्य है लिंग, वचन, कारक, समास, शब्द रचना आदि से।

मुहावरें, कहावतें, लोकोक्तियाँ आदि का अनुवाद करना कठिन काम है अतः उनका अनुवाद करते समय सतर्कता रखकर यदि सम्भव है तो अनुवाद कार्य करें अन्यथा उसका भावानुवाद करें, जिससे अनुवाद अर्थपूर्ण एवं स्पष्ट होगा। स्रोत भाषा के अलंकार, छन्द आदि का अनुवाद सम्भव नहीं है फिर भी अलंकारों का भावानुवाद करें तथा छन्दों का अनुवाद करते समय उन्हें मुक्त छन्द में अनुवादित कर सकते हैं। अलंकार और छन्द का अनुवाद इसलिए कठिन है क्योंकि स्रोत भाषा के अलंकार और छन्द लक्ष्य भाषा में होंगे यह कहना मुश्किल काम है। इस कारण यह समस्या खड़ी होती है।

अनुवाद करते समय कभी-कभी मूल अर्थ और भाव नष्ट होता है। इसलिए उन्हें बाधा न पहुँचाते हुए अनुवाद करना चाहिए। स्रोत भाषा में व्यक्त विचारों को लक्ष्य भाषा में यथार्थता की कसौटी पर चितारना अनुवादक का कार्य है जिससे स्रोत भाषा के विचार लक्ष्य भाषा में प्रकट हो और अनुवाद श्रेष्ठ हो।

गद्य का अनुवाद करते समय कथा की हानि होती है। और उस पर अन्याय भी होता है। इसलिए कथा को 'ना तोड़ो और ना जोडो' के तत्त्व पर अनुवादित करना चाहिए। जिससे कथा पर अन्याय भी नहीं होगा और अनुवाद भी स्पष्ट रूप से होगा।

अनुवादित साहित्य में अनुवादक का व्यक्तित्व उभरकर सामने आ जाता है क्योंकि अनुवादक एक साहित्यकार होता है और साहित्यकार अपना प्रभाव साहित्य पर छोड़ना चाहता है। इसलिए अनुवादक को इस बात से सतर्क रहना चाहिए कि अपना व्यक्तित्व अनुवाद द्वारा उभरकर सामने न आये।

अनुवाद करते समय बहुत-सी समस्याएँ आती हैं लेकिन अनुवादक यदि सचेत है और अपनी प्रतिभा का ठीक से उपयोग कर सकता है तो आयी हुई समस्याओं का हल वह निकाल सकता है।

सफल अनुवादक के कुछ गुण इस प्रकार हैं :

1. अनुवादक अनुवाद कार्य श्रद्धा एवं लगन से करें।

2. अनुवादक को स्रोत भाषा और लक्ष्य भाषा का सम्यक् ज्ञान चाहिए।

3. मूल विषय की रक्षा करें और नये को व्यक्त करें। अनुवाद मूल का दर्पण है यह ध्यान में रखकर अपना अनुवादक का दायित्व पूरा करें। भाव एवं विचारों का रक्षण करें।

4. सहज, सरल भाषा का प्रयोग करके अनुवाद करें।

5. 'ना कुछ जोड़ो ना कुछ तोड़ो' तत्त्व का निर्वाह अनुवादक करें अर्थात् मूल को ना छोड़ो और नये को ना जोड़ो।

6. किया हुआ अनुवाद कार्य मूल रूप से (कृति से) मिलता हो।

अनुवादक यदि उपर्युक्त गुणों को ध्यान में रखकर अनुवाद करेगा तो वह सफल अनुवादक तो होगा ही बल्कि उसका अनुवाद भी सफल और श्रेष्ठ अनुवाद होगा।

कमलाकर गंगावणे

मराठी भाषी हिन्दी अनुवादक

मराठी भाषी सृजकों तथा अनुवादकों की हिन्दी को देन असाधारण है। अनुवादकों का अनुवाद कार्य हिन्दी के लिए उपादेय रहा है। अतः अनुवादकों की देन का ब्यौरा प्रस्तुत किया जा रहा है। यद्यपि यह ब्यौरा समीक्षा की अपेक्षा परिचयात्मक है तथापि उस समग्र रूप में रखने की कोशिश की गयी है।

मराठी से हिन्दी में अनुवाद करने की प्रेरणा

मराठी भाषी हिन्दी अनुवादक हिन्दी की विशिष्ट स्थिति से भली-भाँति अवगत रहा है। स्वतन्त्रता के बाद तो हिन्दी राष्ट्रभाषा तथा राजभाषा के रूप में तत्त्वतः स्वीकृत की गयी। फलस्वरूप मराठी भाषी अनुवादकों की हिन्दी के साथ तादात्म्य स्थापित करने की तथा राष्ट्रीय प्रवाह में एकरूप होने की स्वाभाविक इच्छा बलवती होती गयी। अपनी भाषा के साहित्य एवं संस्कृति को हिन्दी के माध्यम से अन्य भाषा-भाषी राज्यों को ज्ञात कराने की प्रेरणा तथा उद्देश्य से मराठी भाषी हिन्दी अनुवादक प्रयत्नशील रहे। अनुवादकों ने स्वसाहित्य की विशिष्ट कलाकृतियों एवं रचनाओं के अनुवाद प्रस्तुत किये। अनुवाद करने का उद्देश्य जो भी रहा हो, इतना तो निश्चित है कि अनुवाद का अपना एक तन्त्र होता है। मराठी भाषी हिन्दी अनुवादकों ने अनुवाद के तन्त्र को बड़ी कुशलता एवं सफलता के साथ कार्यान्वित करने का यत्न किया है।

मराठी से हिन्दी में अनुवाद : सहज साध्य

यह सर्वविदित है कि अनुवाद कार्य सम्पन्न करना सहज साध्य नहीं है। अनुवाद की असम्भवनीयता को श्रम के द्वारा पुनः सृजन में परिवर्तित किया जा सकता है। अतः अनुवाद श्रम साध्य है। इसके लिए पर्याप्त श्रम आवश्यक है। मराठी से हिन्दी में अनुवाद करने में भी श्रम अनिवार्य है। वह भी सहज साध्य नहीं है। "मराठी से हिन्दी में अनुवाद करना उतना सरल एवं सहज साध्य नहीं, जितना कि लगता है।"[1]

इस वस्तु स्थिति को भाषान्तर क्षेत्र से सम्बद्ध और इसमें रुचि सम्पन्न अनुवादक भली-भाँति जानते हैं। यद्यपि अनुवाद कार्य में रस लेने वाले मराठी भाषी अनुवादकों की स्थिति और गति एक-सी नहीं रही है। तथापि वे अनुवाद हेतु अपनी कलम चलाते रहे हैं और भविष्य में भी चलाते रहेंगे। इस प्रकार मराठी भाषी अनुवादक दोनों भाषाओं के भाषान्तर कार्य में पूरी तरह से अनुरक्त रहे।

अनुवाद कार्य और मराठी-हिन्दी का सह-सम्बन्ध

मराठी भाषी हिन्दी अनुवादकों द्वारा किये गये अनुवाद कार्य का स्वरूप बहुआयामी है। अनुवाद के माध्यम से मराठी-हिन्दी के परस्पर सम्बन्ध को दृढ़ बनाने में अनुवादकों ने असाधारण योगदान दिया है। कमोवेश रूप से अनुवाद के माध्यम से आदान-प्रदान का क्षेत्र व्यापक बनाया है।

मराठी-हिन्दी में परस्पर विचार-विनिमय की प्रक्रिया प्राचीन काल से गतिमान रही है। मराठी-हिन्दी का मूल उत्स आर्यभाषा संस्कृत है। दोनों का सम्बन्ध भाषा सहोदेरा का है। फलस्वरूप दोनों भाषाओं में मूलभूत एकता है। दोनों की लिपि भी देवनागरी रही है। शब्द सम्पदा एवं शब्द रूप, वाक्य रचना, अर्थपरकता, ध्वनि संयोजन आदि के सन्दर्भ में दोनों में पर्याप्त मात्रा में समानता है।

इसका यह अर्थ नहीं है कि इन दोनों भाषाओं में लाक्षणिक भेद नहीं है। प्रायः इनमें कुछ हद तक भेद है। भेद होते हुए भी…"दोनों भाषाएँ भारतीय हैं,…समस्त भारतीय भाषाओं के सन्दर्भ में दोनों का अपना-अपना महत्त्व है तथा दोनों प्रादेशिकता के साथ-साथ राष्ट्रीय विकास चक्र की परिधि पर कार्यशील हैं, दोनों के साहित्य का एक दूसरी में अनूदित होना आवश्यक एवं कालोपयुक्त है। मराठी को अपनी प्रादेशिक भाषाई विशिष्टताओं और सांस्कृतिक-सामाजिक, व्यावहारिक चेतना बिन्दुओं सहित हिन्दी जैसी उत्तर भारतीय भाषा के साथ सम्पर्क बनाये रखना आवश्यक है और हिन्दी को प्रादेशिक भाषाओं तक पहुँचकर अपने बृहत्तर सन्दर्भ में सार्थकता प्रमाणित करना जरूरी है।"[2]

मराठी-हिन्दी की मौलिक एकता के आधार पर मराठी भाषी सजग अध्येता हिन्दी भाषा की प्रकृति को जानने-समझने की कोशिश करता है। इतना ही नहीं, हिन्दी की प्रकृति से भली-भाँति परिचित होकर उसे आत्मसात कर लेता है। तदनन्तर अनुवाद क्षेत्र से जुड़कर अपनी सामर्थ्यानुसार हिन्दी की सेवा करने का प्रयत्न करता है। "जितने मराठी लोगों ने हिन्दी सीखी है और जितनी हिन्दी की सेवा की है उसकी तुलना में किसी हिन्दी भाषा ने मराठी में

लिखा हो ऐसा देखने-सुनने में नहीं आता ।"[3]

मराठी-हिन्दी के सह-सम्बन्ध को मौलिक एवं अनुवाद के माध्यम से दृढ़-दृढ़तर-दृढ़तम बनाने का प्रयत्न प्राचीन काल से होता रहा है । "मौलिक लेखन अनुवाद के माध्यम से मराठी और हिन्दी के बीच एक सेतुबन्ध बना रहा है जिसका नैरन्तर्य और महत्त्व अक्षुण्ण है ।"[4] भाषान्तर के कारण कुछ भी रहे हों, इतना तो स्पष्ट है कि मराठी भाषी अनुवादकों की परम्परा गरिमामय रही है । फलतः मराठी भाषी अनुवादकों द्वारा अनूदित हिन्दी साहित्य प्रचुर मात्रा में उपलब्ध है ।

मराठी अनुवादकों द्वारा अनूदित साहित्य का लेखा-जोखा

मराठी भाषी हिन्दी अनुवादकों द्वारा अनूदित साहित्य का सांकेतिक रूप में लेखा-जोखा प्रस्तुत करना ही समीचीन होगा । परिमित शब्दों तथा पृष्ठों में ही विषय का समापन करना हो तो संकेत के तौर पर कहा जा सकता है कि मराठी भाषी हिन्दी अनुवादकों ने अनुवाद का क्रम तथा परम्परा आधुनिक काल में भी खण्डित नहीं होने दी । अनुवादकों द्वारा धर्मग्रन्थ, शास्त्रीय ग्रन्थ, सूचनात्मक गद्य, काव्य, कहानी, उपन्यास, नाटक, निबन्ध, आत्मकथा, वैज्ञानिक और तकनीकी आदि साहित्य भी हिन्दी में अनूदित किया गया है ।

अनूदित मराठी की प्राचीन रचनाओं में ज्ञानेश्वर की 'ज्ञानेश्वरी', समर्थ रामदास का 'दासबोध' तथा तुकाराम के 'अभंग' आदि का सन्निवेश है । 'ज्ञानेश्वरी' के अनुवादक पं० रघुनाथ माधव भागडे हैं । बाबूराव कुमटेकर ने भी 'ज्ञानेश्वरी' हिन्दी में रूपान्तरित की है । तुकाराम के 'अभंग' के रूपान्तरकर्ता डॉ० हरीचन्द्र दिनकर हैं । बाल गंगाधर तिलक द्वारा रचित 'गीता रहस्य' और स्वतन्त्रता सेनानी वीर सावरकर द्वारा लिखित '50 का स्वातन्त्र्य युद्ध' हिन्दी में अनूदित है । 'गीता रहस्य' के अनुवादक माधवराव सप्रे हैं। विष्णुशास्त्री चिपळूणकर की 'निबन्धमाला' का रूपान्तर माधवप्रसाद ने किया है ।

इसी प्रकार आचार्य जावडेकर द्वारा रचित 'आधुनिक भारत' भी हिन्दी में अनूदित है। 'प्रभु श्रीराम' न्यायमूर्ति राम केशवर रानडे के व्याख्यानों का संकलन मराठी से हिन्दी में सदानन्द पैठे द्वारा अनूदित है ।

मराठी भाषी हिन्दी अनुवादकों द्वारा मुख्यत रचनात्मक साहित्य अनूदित किया गया है । मराठी का कथा-साहित्य और नाट्य साहित्य जो अनूदित किया गया है वह हिन्दी को बहुआयामी रूप देने में सहायक रहा है । हरि नारायण आपटे द्वारा लिखित 'उष.काल', 'वज्रघात', 'सूर्योदय' और 'गढ़ आला पण सिंह गेला' उपन्यासों का अनुवाद हिन्दी में किया गया है । वामन मल्हार

जोशी के 'रागिणी' तथा 'आश्रम हरिणी' उपन्यासों को हरिभाऊ उपाध्याय ने रूपान्तरित कर अनुवाद कार्य को क्षिप्रगति प्रदान की है। मानवता के पुजारी साने गुरुजी की 'श्यामची आई' का रूपान्तरन गोपीवल्लभ उपाध्याय ने 'श्याम की माँ' शीर्षक से किया है। ठीक इसी तरह वि० स० खाण्डेकर के उपन्यासों को भी रूपान्तरित किया गया है। खाण्डेकर के 'आश्रु' को गो० प० नैने ने अनूदित किया है। 'ययाती' के अनुवादक मोरेश्वर तपस्वी रहे हैं। 'उल्का' के अनुवादक विद्वान समीक्षक डॉ० प्रभाकर माचवे रहे हैं।

अनुवादक : डॉ० प्रभाकर माचवे

मूलतः मराठी भाषा-भाषियों में मराठी से हिन्दी में अनुवाद कार्य करने वालों में डॉ० माचवे पहली पंक्ति में आते हैं। मराठी वाङ्मय के प्रचुर साहित्य का हिन्दी में श्रमसाध्य अनुवाद कर डॉ० माचवे हिन्दी साहित्य मर्मज्ञों की ज्ञानपिपासा की तुष्टि करते रहे। साथ-ही-साथ बहुत सारा अनुवाद कार्य सम्पन्न होने की पृष्ठभूमि भी वे तैयार करते रहे। श्रीधर व्यंकटेश केतकर द्वारा रचित 'ब्राह्मण कन्या' के अनुवादक भी वे ही रहे।

मराठी के जिन आधुनिक कथाकारों तथा काव्य प्रतिभाओं का अनुवाद कार्य डॉ० माचवे द्वारा सम्पन्न हो सका है, उनके नाम हैं—य० गो० जोशी, वि०स० खाण्डेकर, वामन चोरथडे, गंगाधर गाडगीळ, अरविन्द गोखले, यशवन्त माधव ज्यूलियन, पु० शि० रेगे, भास्कर ताम्बे, अनिल, बा० भ० बोरकर, बा० सी० मर्ढेकर आदि। डॉ० माचवे द्वारा अनूदित किया गया मराठी काव्य हिन्दी की बहुचर्चित पत्रिकाओं—'आजकल' तथा 'नयी कविता' में प्रकाशित हुआ है।

अनुवादक : रा० र० सर्वटे

मराठी के कथा साहित्य का अनुवाद करने का प्रचलन व्यापक स्तर पर चलता रहा है।

संख्यात्मक दृष्टियों से विविध लेखकों द्वारा रचित अधिकाधिक उपन्यासों को रा० र० सर्वटे ने हिन्दी में अनूदित किया है। वि० स० खाण्डेकर, व्यंकटेश माडगूलकर, भा० वि० वरेरकर, चन्द्रकान्त काकोडकर, मालती दाण्डेकर, बा० द० सातोस्कर, अण्णाभाऊ साठे, डॉ० सुमति क्षेत्रभाण्डे आदि उपन्यासकारों के उपन्यासों को रा० र० सर्वटे ने अनूदित किया है। सर्वटे ने वि० स० खाण्डेकर के कुछेक उपन्यासों—'ययाति', 'मोगरा फूला', 'हृदय की पुकार' तथा 'कांचनमृग'—को रूपान्तरित किया। व्यंकटेश माडळुकर की रचना 'बनगरवाडी', भा० वि० वरेरकर द्वारा रचित रचनाओं में से 'सिपाही

की बीवी', 'द्राविडी प्राणायाम', 'सात लाख में एक', 'सन्तुलन', 'तूफान और एक जिन्दगी', 'पुतलीघर', 'नन्दिनी', 'खिलती कली', 'देवदासी', 'गीता', 'धरती की धूल' आदि का अनुवाद किया।

इसी तरह रा० र० सवंटे ने चन्द्रकान्त काकोडकर का उपन्यास 'कीर्ति मन्दिर', मालती दाण्डेकर का 'गृहस्थी में पदार्पण', सातोस्कर का 'परछाईं', अण्णाभाई साठे का 'फकिरा' तथा डॉ० सुमति क्षेत्रभाण्डे का 'गौर प्रिया' का रूपान्तर किया है।

मराठी उपन्यासों को हिन्दी में रूपान्तरित करने वाले अनुवादकों में विजयदेव देसाई, डॉ० रा० श० केलकर, विजय बापट, डॉ० भगवानदास वर्मा, डॉ० चन्द्रकान्त बान्दिवडेकर, प्राचार्य वेदालंकार, गोपाल अर्पसिगीकर, माधव मोहळकर आदि का अनुवाद कार्य उल्लेखनीय है।

विजयदेव देसाई ने चि० त्र्यं० खानोलकर के 'अजगर', डॉ० रा० श० केळकर ने श्री पैंडसे के 'रथचक्र' तथा विजय बापट ने जयवन्त दळवी के 'चक्र' (अनूदित रचना का नाम 'घूनब स्तियाँ') और ए० वि० जोशी के उपन्यास को 'अँधेरे का बदन' शीर्षक से अनूदित किया है।

डॉ० भगवानदास वर्मा ने हमीद दलवाई के 'इंधन' का, दीनानाथ मनोहर के 'रोबो' का तथा डॉ० भालचन्द्र नेमाडे के 'कोसला' का अनुवाद प्रस्तुत किया है।

डॉ० चन्द्रकान्त बान्दिवडेकर द्वारा अनूदित रचनाओं में श्री ना० पेंडसे का 'आक्टोपस' और चि० त्र्यं० खानोलकर का 'चानी' उपन्यास है।

प्राचार्य वेदकुमार वेदालंकार ने शिवाजी सावंत के 'छावा' को और रा० र० बोराडे के 'पाचोला' को 'तिनके' शीर्षक से अनूदित किया है।

गोपाल अर्पसिगीकर ने ग० त्र्यं० माडखोलकर का 'डाकबंगला' और ना० सी० फड़के की 'दौलत' को भाषान्तरित किया है।

माधव मोहोलकर द्वारा विश्राम बेडेकर रचित 'रणांगण' का अनुवाद किया गया है। मोहोलकर ने स्वतन्त्र रूप में तथा सहयोगी भाषान्तरकर्ता के रूप में भी कार्य किया है।

मोहोलकर डॉ० प्रभाकर माचवे के साथ अनुवाद कार्य कर चुके हैं। दोनों ने पु० शि० रेगे द्वारा रचित 'सावित्री, अवलोकिता' को 'तीन सहेलियाँ' शीर्षक से अनूदित किया है।

मराठी उपन्यासों के अनुवादों की तुलना में मराठी कहानी भी कम अनूदित नहीं हुई है। मराठी कहानी के अनुवादकों में श्रीपाद जोशी, माधव मोहोलकर, डॉ० सुनीलकुमार लवटे, विजय बापट तथा प्रकाश भातम्बेकर का कार्य उल्लेखनीय है।

माधव मोहोलकर ने पु० शि० रेगे द्वारा रचित कहानियों का अनुवाद 'सुप्रिया' शीर्षक के अन्तर्गत किया है।

डॉ० सुनीलकुमार लवटे ने वि०स० खाण्डेकर की श्रेष्ठ कहानियाँ सम्पादित एवं अनूदित की हैं।

इसी तरह विजय बापट ने मराठी की श्रेष्ठ कहानियाँ सम्पादित एवं अनूदित की हैं।

प्रकाश भातम्बेकर अनुवादकों में अग्रणी हैं। उनका अनुवाद कार्य बहुविध और बहुआयामी है। मराठी के बहुचर्चित लेखकों के उपन्यासों, कहानियों तथा नाटकों का भाषान्तर उन्होंने किया है। उनके द्वारा अनूदित साहित्य संख्यात्मक दृष्टि से अतीव विपुल है। संकेत के तौर पर इतना ही कहा जा सकता है कि वे निरन्तर अनुवाद कार्य से जुड़े हुए हैं। उनके द्वारा अनूदित रचनाओं की सूची देना सम्भव नहीं है।

मराठी कथा साहित्य की अपेक्षा नाट्य-साहित्य का विशेष रूप से अधिक अनुवाद हुआ है। मराठी नाट्य-साहित्य हिन्दी की तुलना में प्रगतिशील है।

मराठी नाट्य-साहित्य की परम्परा हिन्दी की अपेक्षा कथ्य और शिल्प, दोन-की दृष्टि से बहुत ही समृद्ध रही है। इसलिए अनुवादकों का लक्ष्य मराठी नाट्य-साहित्य पर केन्द्रित हुआ है। मराठी के लगभग सभी प्रथितयश नाटककारों के नाटकों को रूपान्तरित किया गया है।

मराठी नाटककारों में से खाडिलकर और कोल्हटकर के कुछेक नाटकों का हिन्दी में अनुवाद किया गया है। रांगणेकर के 'वहिणी' का 'भाभी' शीर्षक से प्रशान्त पाण्डे ने भाषान्तर किया है। मुक्ताबाई दीक्षित के 'जुगार' को डॉ० भूपटकर ने 'जुआ' नाम से रूपान्तरित किया है। मामा वरेरकर के 'भूमिकन्या सीता' के अनुवादक टेंबे हैं। 'जिवाशिवाची भेट' का भाषान्तर पण्डित शिवकुमार ने किया है।

अनुवादक : वसन्तदेव देसाई

वसन्तदेव देसाई द्वारा अनूदित उपन्यास साहित्य से सम्बन्धित उल्लेख इसके पूर्व ही किया गया है। अतः यहाँ नाट्य साहित्य का ही विवेचन किया जा रहा है। मराठी नाट्य साहित्य का रूपान्तर करने वाले अनुवादकों में वसन्तदेव का कार्य व्यापक है। विजय तेंडुलकर, वसन्त कानेटकर, विद्याधर पुंडलिक, गोविन्द देशपाण्डे आदि नाटककारों के नाटकों के वे अनुवादकर्ता रहे हैं।

वसन्तदेव द्वारा विजय तेंडुलकर लिखित जिन नाटकों का भाषान्तर किया गया है वे नाटक हैं—'घासीराम कोतवाल', 'बेबी', 'कमला', 'गिधाडे' (गिद्ध),

'संकल्पित नाम चि. सौ० कां० (अंजी)'।

वसन्त कानेटकर द्वारा रचित जिन नाटकों को देव ने अनूदित किया है, उन नाटकों की सूची है —'जाग उठा है रायगढ़', 'घर' (बेबसी), 'प्रेमा तुझा रंग कसा' (ढाई आखर प्रेम का)।

तेंडुलकर और कानेटकर के नाट्य साहित्य के अतिरिक्त देव ने विद्याधर पुंडलिक द्वारा लिखित 'माता द्रौपदी' नाटक का 'कर्मभूमि' नाम से अनुवाद किया है। इसी प्रकार उन्होंने गोविन्द पुरुषोत्तम देशपाण्डे द्वारा रचित 'उध्वस्त धर्मशाला' का भी अनुवाद किया है।

अनुवादक : विजय बापट

अनिल बर्वे, जयवन्त दलवी तथा विजय तेंडुलकर के नाटकों को रूपान्तरित करने का कार्य विजय बापट द्वारा सम्पन्न हुआ है। उनके द्वारा अनूदित की गयी रचनाएँ हैं—'थैंक यू मिस्टर ग्लंड', 'बैरिस्टर', 'एक हट्टी मुलगी' (एक जिद्दी लड़की)। डॉ० सुधाकर कलावडे ने वसन्त कानेटकर द्वारा रचित नाटक 'मला काही सांगाचय' का 'मुझे कुछ कहना है' शीर्षक से भाषान्तरित किया है।

इधर कुछेक वर्षों से मराठी साहित्य क्षेत्र में दलित साहित्य का बड़ा बोलबाला है। दलित साहित्य एक साहित्यिक, सांस्कृतिक आन्दोलन के रूप में उभरा है। हिन्दी भाषा-भाषियों को इससे परिचित कराने के हेतु से मराठी भाषी हिन्दी अनुवादकों ने विविध विधाओं में लिखा गया दलित साहित्य संकलित, सम्पादित तथा अनूदित किया है।

डॉ० सूर्यनारायण रणसुभे तथा डॉ० कमलाकर गंगावणे ने दलित कथाओं को 'दलित कहानियाँ' शीर्षक से संकलित, सम्पादित तथा अनूदित किया है। इस संकलन के सहयोगी अनुवादक हैं—प्रा० अरुणा लोखण्डे, प्रा० तुषार मोरे, प्रा० घनश्यामदास भुतड़ा, प्रा० श्याम आगले, विलास रणसुभे, पंढरीनाथ सरदेशमुख तथा श्रीमती शीला बरडे।

डॉ० चन्द्रकान्त पाटील मराठी के प्रथितयश कवि एवं अनुवादक हैं। डॉ० पाटील ने 'मुक्तिबोध, चन्द्रकान्त देवताले, श्रीकान्त वर्मा आदि हिन्दी कवियों की कविताओं का मराठी में अनुवाद कर मराठी भाषियों को उनसे परिचित कराया है। इसी प्रकार दलित कवियों की कविताओं को हिन्दी में अनूदित कर हिन्दी भाषा-भाषियों को भी अवगत कराने में वे सफल रहे हैं। डॉ० पाटील ने दलित कवियों की मराठी कविताओं का एक प्रतिनिधि संकलन 'सूरज के वंशधर' शीर्षक में संकलित, सम्पादित एवं अनूदित किया है।

डॉ० कमलाकर गंगावणे और प्रा० त्र्यम्बक महाजन ने दलित एकांकी का

एक संकलन 'दलित रंगमंच' शीर्षक से सम्पादित तथा अनूदित किया है। प्रस्तुत संकलन के सहयोगी अनुवादक हैं—प्रा० वामन जगताप, प्रा० घनश्याम डोंगरे, प्रा० बी० के० चौन्दन्ते, प्रा० नामदेव उतकर तथा डॉ० माधव सोनटक्के।

मराठी के आत्मनिवेदनात्मक साहित्य में दलित सृजकों द्वारा रचित आत्मनिवेदात्मक साहित्य सामाजिक एवं सांस्कृतिक परिप्रेक्ष्य में वैशिष्ट्यपूर्ण है। मराठी भाषी अनुवादकों के लिए इसे हिन्दी में अनूदित करना एक चुनौती ही रही है। फिर भी कतिपय अनुवादकों ने अतीव परिश्रम से दलित साहित्यिकों की आत्मनिवेदनात्मक कृतियों को अनूदित किया है। इनमें डॉ० सूर्यनारायण रणसुभे, दामोदर खडसे, डॉ० केशव प्रथमवीर आदि का समावेश है।

डॉ० सूर्यनारायण रणसुभे ने प्र० ई० सोनकांबले द्वारा लिखित 'आठवणींचे पक्षी' को 'यादों के पंछी' शीर्षक से रूपान्तरित किया है। इसके अतिरिक्त उन्होंने शरणकुमार लिम्बाले द्वारा रचित 'अक्करमासी' भी अनूदित किया है।

दामोदर खडसे ने दयापवार द्वारा लिखित 'बलुत' को 'अछूत' शीर्षक से अनूदित किया है।

डॉ० केशव प्रथमवीर ने मराठी कथा साहित्य के अग्रणी कथाकार शंकरराव खरात द्वारा लिखित 'तराल अन्तराल' का भाषान्तर किया है।

डॉ० चन्द्रभानु सोनवणे (वेदालंकार) ने मराठी ग्रामीण साहित्य के पुरस्कर्ता डॉ० नागनाथ कोतापल्ले द्वारा रचित 'गांधारीचे डोळे' का 'गांधारी की आँखें' शीर्षक से अनुवाद किया है।

डॉ० गणेश अष्टेकर ने कां० एस० एस० मिरजकर द्वारा लिखित आत्मनिवेदनात्मक रचना 'अंधारातून प्रकाशाकडे' को 'अँधेरे से उजाले की ओर' शीर्षक से रूपान्तरित किया है।

अनुवाद क्षेत्र में कार्य करने वालों में महिला अनुवादकों का भी समावेश है।

महिला अनुवादकों के अनुवाद कार्य को नजरअंदाज करना अनुचित ही होगा। महिला अनुवादकों का अनुवाद कार्य महत्त्वपूर्ण एवं सराहनीय है। महिला अनुवादकों में श्रीमती मनुहरि पाठक, श्रीमती विमल एम० सहस्रबुद्धे श्रीमती सरोजिनी तथा डॉ० कुसुमकुमार का अनुवाद कार्य उल्लेखनीय है।

श्रीमती मनुहरि पाठक ने डॉ० सुमति क्षेत्रभाण्डे द्वारा लिखी गयी 'मेघ-मल्हार' शीर्षक की रचना भाषान्तरित की है।

श्रीमती विमल सहस्रबुद्धे ने हरि नारायण आपटे द्वारा लिखित 'मी' शीर्षक के उपन्यास को 'मैं' नाम से रूपान्तरित किया है।

श्रीमती सरोजिनी वर्मा ने मराठी के नाटककार वसन्त कानेटकर, विजय तेंडुलकर, अरविन्द गोखले आदि की नाट्य-रचनाएँ अनूदित की हैं। उनके

द्वारा अनूदित रचनाएँ हैं—'गाठ आहै माझ्याशी' (टक्कर मुझसे है), 'शांतता ! कोर्ट चालू आहे' (खामोश ! अदालत जारी है), 'अशी पाखरे येती' (पंछी ऐसे आते हैं) तथा 'कन्यादान'।

डॉ० कुसुमकुमार ने जयवन्त दलवी, विजय तेंडुलकर तथा वसन्त कानेटकर की रचनाएँ अनूदित की हैं। अनूदित रचनाएं हैं—'संध्या छाया', 'पाहिजे जातीचे' (उसकी जात), 'सखाराम बाइण्डर' 'हिमालयाची सावली' (हिमालय की छाया) आदि।

उपरोक्त विवरण से यह स्पष्ट होता है कि मराठी भाषी हिन्दी अनुवादकों ने पर्याप्त साहित्य अनूदित किया है। उपलब्ध अनूदित साहित्य के आधार पर यह कहा जा सकता है कि मराठी भाषी हिन्दी अनुवादकों ने अनुवाद कार्य की अम्सभवनीयता को मिथ्या साबित किया है।

अनुवाद कार्य को दो भाषाओं के रचनाओं के धरातल पर एकरूप होना अनिवार्य है। एक भाषा मूल रचना की होती है तो दूसरी भाषा अनुवादित रचना की। भाषा एक ओर वर्ण, ध्वनियों से सम्पृक्त होती है, तो दूसरी ओर अर्थ के माध्यम से संस्कृति, जाति, धर्म आदि विविध क्षेत्रों से जुड़ जाती है। मराठी भाषी हिन्दी अनुवादकों ने अनुवाद कार्य सम्पन्न करते समय उच्चारण भिन्नता, पद-भिन्नता, वाक्य विन्यास आदि पर विशेष ध्यान केन्द्रित करने का प्रयत्न किया है।

मराठी भाषी हिन्दी अनुवादकों द्वारा अनूदित साहित्य में भाषायी स्तर भेद स्वाभाविक है जो कहीं-कहीं हिन्दी भाषा-भाषियों को आग्राह्य भी हो सकता है। इसका मतलब यह नहीं है कि मराठी भाषी हिन्दी अनुवादकों की हिन्दी भाषा व्याकरण सम्मत नहीं होती। यह बात दूसरी है कि प्रत्येक भाषा का अपना-अपना पृथक व्यक्तित्व होता है। अनुवाद के माध्यम से मूल भाषा का अर्थ अनूदित भाषा में ले आना असम्भव तो नहीं परन्तु कठिन अवश्य है।

जिन मराठी भाषी हिन्दी अनुवादकों का उल्लेख किया गया है वे व्यावसायिक अनुवादक नहीं हैं। अपने अध्ययन-अध्यापन कार्य करने के अतिरिक्त अनुवादक कार्य में उन्होंने जो योगदान दिया है वह सम्भवतः कुछ अंशों में त्रुटिपूर्ण होते हुए भी सराहनीय ही है।

संदर्भ ग्रन्थ व लेख

1. मराठी से हिन्दी अनुवाद की समस्याएँ—डॉ० दुर्गा दीक्षित का लेख 'भारतीय भाषाओं से हिन्दी अनुवाद की समस्याएँ' में संकलित हैं—सम्पादक भोलानाथ तिवारी/किरणबाला, पृ० 81

2. मराठी से हिन्दी अनुवाद की समस्याएँ—डॉ॰ दुर्गा दीक्षित का लेख—'भारतीय भाषाओं से हिन्दी अनुवाद की समस्याएँ'—में संकलित हैं। सम्पादक भोलानाथ तिवारी/किरणबाला, पृ॰ 79
3. महाराष्ट्र मानस—भा॰ वि॰ तथा मामा वरेरकर जन्मशताब्दी विशेषांक वर्ष 9, अंक-7, 25 जनवरी, 1984, पृ॰ 47
4. मराठी से हिन्दी अनुवाद की समस्याएँ—डॉ॰ दुर्गा दीक्षित का लेख—'भारतीय भाषाओं से हिन्दी अनुवाद की समस्याएँ'—में संकलित है। सम्पादक भोलानाथ तिवारी/किरणबाला, पृ॰ 80